非物质文化遗产数字化保护与可持续发展研究

刘岩妍◎著

吉林出版集团股份有限公司
全国百佳图书出版单位

图书在版编目（CIP）数据

非物质文化遗产数字化保护与可持续发展研究 / 刘岩妍著. -- 长春：吉林出版集团股份有限公司, 2024. 7. -- ISBN 978-7-5731-5385-2

Ⅰ. G122

中国国家版本馆CIP数据核字第2024BF5061号

FEIWUZHI WENHUA YICHAN SHUZIHUA BAOHU YU KECHIXU FAZHAN YANJIU

非物质文化遗产数字化保护与可持续发展研究

著　　者	刘岩妍
责任编辑	杨　爽
装帧设计	沈加坤

出　　版	吉林出版集团股份有限公司
发　　行	吉林出版集团社科图书有限公司
地　　址	吉林省长春市南关区福祉大路5788号　邮编：130118
印　　刷	北京亚吉飞数码科技有限公司
电　　话	0431-81629711（总编办）
抖 音 号	吉林出版集团社科图书有限公司 37009026326

开　　本	710 mm×1000 mm　1/16
印　　张	15.25
字　　数	242千字
版　　次	2025年1月第1版
印　　次	2025年1月第1次印刷

书　　号	ISBN 978-7-5731-5385-2
定　　价	76.00元

如有印装质量问题，请与市场营销中心联系调换。0431-81629729

前 言

  如何科学地保存和展示一种传承了千年的传统手工技艺呢？被列入《国家非物质文化遗产名录》的民间工艺如何在当代社会中得以延续和传承呢？如何完整而系统地记录和重现一种曾经流行但如今逐步消失的传统习俗呢？这些问题都是当前文化传承领域所面临的挑战。非物质文化遗产的保护与仅通过物理方式进行的物质文化遗产的保护有所不同，它需要采用更为多样和丰富的保护措施。在信息技术高速发展的今天，数字技术为人们提供了一个新的视角去审视这些古老而又鲜活的事物。数字化的快速发展为非物质文化遗产的保护和展示创造了无尽的可能性。

  文化遗产数字化保护是指在一定文化语境下，尊重文化遗产的原始形态，运用数字技术的方法和手段，对传统文化资源进行系统性、科学性的保存、维护与提升。这一过程强调对文化遗产原始形态的尊重，并致力于在维持其历史真实性的基础上，实现其在新时代的传承与发展。在这个过程中，除了利用数字技术保护文化遗产外，还应通过数字技术创造新的文化遗产，使传统文化遗产在新时代得到更好的传承。伴随着现代信息科技的不断进步，科学家们已经具备了绘制人类"生物基因谱系"的能力，同样地，文化和人类学家也有能力绘制出一个特定民族的"文化基因谱系"。数字化、信息化成为推动人类文明进步的重要力量。这场技术革命对于文化遗产的保护和传承产生了深远的影响。数字技术作为一种先进的科技手段，为文化遗产的数字化、信息化、全球化提供了可能。利用数字技术来保护和保存文化遗产，本质上是在创建一个国家和民族的"文化基因库"。数字技术的介入，不仅为非物质文化遗产的保护提供了全新的手段，同时也促进了传统文化艺术的创新与发展。更重要的是，数字技术的广泛应用打破了各文化类型原有的封闭状态，为不同文化之间的交流、碰撞与融合提供了广阔的空间。这种交流不仅加深了对各文化类型的深入理解，也为各种文化之间的相互借鉴提供了可能，更是一种对文化多样性的尊重与提升。在数字技术的推动下，文字、音乐、图画、影像等各种文化内容得以在数字化媒介中互通互融，逐渐形成了一种全球共享的文化资源。这种文化资源的形成不仅推动了人类文化成果在全球范围内的广泛传播，也为各种文化的共同发展提供了强大的动力。在这一背景下，数字技术无疑成为推动人类文化发展的新引擎。

当前，全球正在经历一场以"文化内容"为核心的数字化革命。为了迎接这个信息化的时代，各国都在大规模地将其文化遗产转化为数字形式，人类文化史上的一次前所未有的"媒介转移"正在如火如荼地进行。这种转变与纸质和电磁媒介所带来的人类文明的巨大进步相似，为电子媒介提供了新的发展机会。数字技术为人类文化的进步指明了一个新的方向。联合国教科文组织（UNESCO）最近发布的一份报告，呼吁各成员国利用数字技术保护和传播其文化遗产，确保这些宝贵资源在信息时代得到充分的保存和传承。同时，该组织还倡导建立全球性的文化遗产数字化共享平台，促进各国之间的文化交流与合作。在欧盟层面，欧洲议会已通过一系列关于文化遗产数字化的政策文件，旨在通过资金支持和技术指导，推动成员国将文化遗产数字化作为国家战略的重要组成部分。此外，欧盟还设立了专项基金，用于支持文化遗产数字化项目的研发与实施。我国早在2000年的"十五规划"纲要中，就明确提出了"加速国民经济与社会信息化"的建议，并特别强调了"促进信息产业与相关文化产业的融合"；2018年，中共中央办公厅、国务院办公厅联合印发了《关于实施中华优秀传统文化传承发展工程的意见》的文件，明确提出要加强文化遗产的数字化保护与传播，打造中华优秀传统文化的数字资源库。同年，我国文化和旅游部发布了《非物质文化遗产数字传承与利用工程实施方案》，该方案旨在通过数字化技术，将非遗文化进行数字化、信息化、智能化处理，推动非遗资源的数字化传承和利用，包括非遗文化资源数字化采集、数字传承平台建设、数字化展示推广等多个方面。2020年，文化和旅游部、国家文物局等部门联合发布了《关于推动文化文物单位文化创意产品开发的若干意见》，鼓励文化文物单位利用数字化技术，开发具有市场竞争力的文化创意产品，以此推动文化遗产的数字化保护和利用。2021年，国务院办公厅发布了《关于加强非物质文化遗产保护工作的意见》，强调非物质文化遗产保护工作的重要性，并提出了利用数字化技术加强非遗保护和传承的具体措施，如建立非遗数字化资源库、推广非遗数字化产品等。同时，中国政府还设立了国家文化遗产数字化保护中心，负责统筹协调全国范围内的文化遗产数字化工作。此外，世界各国还通过立法手段确保文化遗产数字化的规范与合法，积极推动文化遗产的数字化保护工作。例如，美国通过《版权法》对文化遗产数字化作品的版权保护进行了明确规定，鼓励创新的同时保障原作者的合法权益。中国政府为了规范非遗文化的数字化传承工作，出台了《非遗数字化传承管理办法》。该办法明确了非遗数字化的管理制度和技术要求，规定了非遗数字化传承工作的组织、管理、监督和评估方式。这些政策不仅为文化遗产的数字化提供了方向和支持，而且通过资金、技术和法规等多种手段，确保了文化遗产数字化工作的顺利进行。同时，它们也促进了全球范围内文化遗产数字化保护的交流与合作，推动了人类文化的发展和创新。

　　文化产业与信息产业已被公认为现代社会的两大支柱产业，共同构成国家软实力的核心要素。两大产业的深度融合与相互渗透，特别是在数字技术的驱动下，呈现出前所未有的发展趋势，超越了传统产业的界定。信息产业的迅猛崛起为文化产业提供了丰富的解读视角与成长机遇，而文化产业的创新与进步也为信息产业注入了深厚的文化底蕴与数字化元素。因此，实现文化产业与信息产业的全面、可持续发展，其根本在于推动文化遗产的数字化进程。加强对文化遗产数字化保护的研究，并在全球数字时代的竞争中占据有利地位，已成为关乎国家长远发展的重大课题。从学术视角来看，文化遗产数字化保护不仅涉及对传统文化遗产的数字化采集、存储和展示，更重要的是，它需要在深入理解文化遗产内涵与价值的基础上，借助先进的数字技术手段，对传统文化资源进行创新性的再利用和再创造。这种"文化再造"是一种"自我革新"，不仅有助于保护和传承传统文化遗产，还能够为新时代的文化发展注入新的活力。此外，文化遗产数字化保护还需要关注文化遗产在新时代的传播与普及。通过数字技术的广泛应用，可以让更多的人了解和接触传统文化遗产，从而增强公众对文化遗产保护的意识，推动文化遗产保护事业的可持续发展。

鉴于上述思考，本书致力于探讨非物质文化遗产在数字时代下的保护与发展策略，以数字化保护为核心议题，深入剖析当前数字技术如何应用于非物质文化遗产的保护实践。通过系统性地介绍相关数字技术，并结合作者的实践经验，本书旨在构建一套完整的非物质文化遗产数字化保护方法论，涵盖理论阐述与实践操作两个层面。全书分为上下两部分，共计六章，以期全面、深入地探讨非物质文化遗产数字化保护的各个方面，为相关领域的研究与实践提供有益的参考。上半部分专注于理论探讨，涵盖了从第一章到第三章的内容。第一章主要介绍非物质文化遗产的概念、特点、价值、分类，以及当前非遗保护的现状与采取的保护措施；第二章对非物质文化遗产的数字化保护理论进行了深入探讨，并强调其对非物质文化遗产数字化保护的指导意义，提出非物质文化遗产数字化保护标准与原则，以及对学界现有的非物质文化遗产数字化保护技术手段和研究成果的综合总结；第三章探讨了非物质文化遗产数字化保护机制的实现，从保护机制的建立、保护机制的类型、保护机制的实现路径角度进行全方位系统化的解析，结合非物质文化遗产的制度建设着重探讨科技创新、立法保护、人才培养等问题。下半部分（第四章至第六章）侧重于实践应用；第四章从国家、社会、产业三个层面给出非物质文化遗产数字化保护的建议，围绕完善制度建设，强化人才培养，深化宣传，引导传承，转化资源，提升核心竞争力，推进协同发展等方面精准施策；第五章从教育传承的视角对非物质文化遗产发展的可行性进行全面解析，主要分析传承的内涵、目的、意义、主体、方式、路径；第六章主要从可持续发展的角度，通过非物质文化遗产与乡村振兴、品牌设计、文旅融合、数字化传承几个方面的案例解析，探讨数字化文化遗产与文化产业的关系问题，为实现非物质文化遗产可持续发展提供实践依据。

本书是教育部哲学社会科学课题"可持续视角下农耕民俗文化协同创新策略与实践研究"的主要成果。结合作者近年来在学习非物质文化遗产相关理论的基础上，充分汲取同领域学者的研究成果，从可持续发展的角度系统全面地分析和研究了非物质文化遗产数字化保护理论与实践问题。

书稿能够完成，得益于众多同事和学术界朋友的鼎力支持与无私帮助。在此，特别感谢山西师范大学的王潞伟教授、济南大学的刘强博士，他们不仅提供了宝贵的意见，还给予了积极的协助。此外，浙江普世文旅农创发展机构董事长胡彦鹏先生也为本书提供了重要的资料和技术指导。同时，我要感谢参与本书工作的硕士研究生李佳瑶、王锦玉、李华颖等同学，他们协助收集了大量有价值的参考资料，并参与了田野调查、图表绘制和书稿校对等工作。

在本书的研究中，我尝试从理论和实践两个层面对非物质文化遗产的数字化保护进行初步的探讨。然而，由于本人才疏学浅，可能会有许多有价值的研究成果和实践方法被遗漏，不少问题也还有待进一步深入研究和探讨。因此，我诚挚地希望各位专家和同仁能对本书中的观点和方法提出宝贵的批评和建议，以帮助我不断完善和进步。同时，在本书的撰写过程中，也借鉴和吸收了国内外部分专家学者的学术观点和相关材料，我已尽最大可能在书中进行了标注和说明，并向相关专家学者表示衷心的感谢。

最后，我要再次感谢所有支持和帮助过我的人，是你们的关心和支持让我能够顺利完成这本书的撰写。同时，我也希望本书能够为非物质文化遗产的数字化保护领域提供有益的参考和启示，为推动该领域的发展作出微薄的贡献。

非物质文化遗产的数字化保护是一项跨学科、跨领域的系统工程，需要理论与实践的紧密结合。它不仅涉及对传统文化资源的数字化保存与传承，还需要借助数字技术手段对文化遗产进行创新性的再利用和再创造，以及在新时代的传播与普及。这一工作对保护和传承传统文化遗产，推动文化事业的发展具有重要意义。这一全球性的数字化革命不仅为文化遗产的传承与发展提供了新的机遇，也为人类文化的交流与融合开辟了新的道路。

刘岩妍

2024年3月

目 录

第一章 非物质文化遗产概述   1

    第一节   非物质文化遗产的内涵   2
    第二节   非物质文化遗产的特点   11
    第三节   非物质文化遗产的价值   24
    第四节   非物质文化遗产的分类   29
    第五节   非物质文化遗产的保护   33

第二章 非物质文化遗产的数字化保护   45

    第一节   非物质文化遗产数字化   46
    第二节   非物质文化遗产数字化研究的意义   49
    第三节   非物质文化遗产数字化保护的标准与原则   53
    第四节   非物质文化遗产数字化研究的技术分析   56
    第五节   非物质文化遗产数字化研究现状   63

第三章 非物质文化遗产数字化保护机制的实现   85

    第一节   非物质文化遗产数字化保护机制的建立与类型   86
    第二节   非物质文化遗产数字化保护机制的实现路径   97

第三节 非物质文化遗产数字化保护机制的实现保障　　106

第四章　非物质文化遗产数字化保护的建议　　127

第一节 国家层面的建议：完善制度，强化人才，以夯实非遗数字化保护之基　　129

第二节 社会层面的保护建议：深化宣传，引导传承，以筑牢非遗数字化保护之墙　　133

第三节 产业层面的保护建议：转化资源，推动升级，以拓展非遗数字化保护之路　　136

第五章　非物质文化遗产教育化传承的实现　　141

第一节 非物质文化遗产教育传承的内涵　　143

第二节 非物质文化遗产教育化传承的目的与意义　　144

第三节 非物质文化遗产教育化传承的实施主体　　148

第四节 非物质文化遗产教育化传承的实践方式　　153

第五节 非物质文化遗产教育化传承的实施策略　　158

第六章　非物质文化遗产的可持续发展实践　　163

第一节 乡村振兴战略框架下的非物质文化遗产的传承与发展　　165

第二节 品牌设计引领下的非物质文化遗产传承与创新　　181

第三节 文旅融合推动下的非物质文化遗产的传承发展　　192

第四节 数字化时代非物质文化遗产传承发展的新篇章　　202

参考文献　　220

第一章

非物质文化遗产概述

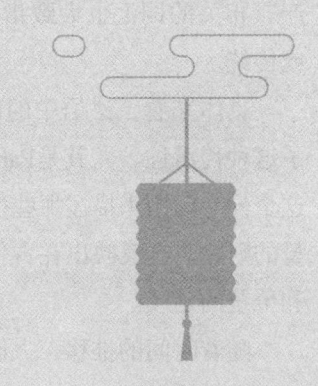

在人类历史的长河中，非物质文化遗产如同一部无声的史诗，诉说着民族的记忆、情感和智慧。它们以无形的形态存在于我们的生活之中，却又以深刻的影响塑造着我们的精神世界。本章将深入探索非物质文化遗产的内涵、特点、价值、分类及保护，以期从理论层面更好地理解和传承这一宝贵的文化遗产。

第一节　非物质文化遗产的内涵

一、非物质文化遗产概念的缘起

（一）遗产

当我们在探讨"非物质文化遗产"这一概念前，首先需要对"遗产"这一概念的原始含义进行追溯。在古代，"遗产"一词主要指的是"死者留下的财产"，这在《后汉书·郭丹传》中有明确的记载，描述了某人去世后，其财产如何被处理。在多种西方语系中，如法语和英语，与"遗产"相关的词汇也大致指向了相似的概念，即从前辈那里传承下来的物品或传统。

具体来看，法语中的Héritage和Patrimoine以及英语中的Heritage都强调了这种传承性。尤其是Patrimoine，它源于拉丁词patrimonium，在罗马语中，这个词专门用来描述那些值得传承的家庭财产，而不仅仅是按经济价值来衡量的财物。这反映出在古代文化中，遗产不仅仅是物质财富，更是家族精神和传统的延续。

随着时间的推移，人们对"遗产"的理解逐渐深化，它不仅代表了物质

第一章
非物质文化遗产概述

上的继承,更融入了文化、精神和历史的内涵。如今,"遗产"一词所涵盖的内容已远超过去那种简单的财产继承,它涵盖了从祖先那里继承下来的一切,包括物质层面和精神层面的元素,这些元素被融入现代生活,并得以保留和继续传承。可以说,古老的东方和西方智慧在这一点上有着共同之处,都强调了对祖先遗留下来的事物的尊重和传承。因此,"遗产"这一概念在今天的语境中,已经超越了其原始的物质含义,成为一个包含丰富文化内涵的词汇。

法国历史学家皮埃尔·诺拉在其1997年的著作《一种正当其时的思想:法国对遗产的认识过程》中深入剖析了"遗产"概念的演变。在过去的20年间,"遗产"的内涵经历了显著的扩展,从最初主要定义为父母传给子女的财物,逐渐演变为涵盖历史证据和被视为当今社会继承物的广泛概念。

与"遗产"紧密相关的概念还有遗址、遗迹、遗物等,但"遗产"作为研究对象,具有其独特的意义。

首先,"遗产"代表着事物处于新生与失传之间的状态。这些事物曾经被制造或生长,不是全新之物;它们正在或已经停止制造或生长,并且难以再生,存量逐渐衰减并趋向消亡。这种状态不仅反映了人类文化和自然演变的重要信息,也揭示了文物价值形成的基本机制。

其次,"遗产"具有见证作用。它体现了一种"主从"关系,就像失去所有者的财产一样,成为人们了解过去的重要线索。遗产所遗留的是物质或非物质的财产,而失去的是关于它们产生和变化的信息。在遗产的制造过程中,凝聚了人们创造活动的信息,这些信息一旦凝固在物品上,就不会延续和增加,只会逐渐失去。因此,遗产的存在有助于人们了解那些消失的信息,成为人们认识历史和文化的重要工具。

此外,"遗产"的成因多种多样。可能是因为人们对其某种价值的否定,如物品功能的落后;也可能是受制造条件和能力的制约,如技术失传或自然物生长环境的变化;还可能是制造条件和能力受到破坏,如出于政治文化等原因确保物品的唯一性或稀有性,或环境破坏导致自然物种的毁灭。

最后,"遗产"是全世界、全人类的共同财富。虽然遗产通常是继承法律关系的客体，但其主体并非仅限于个人继承者。文化遗产失去的是文化环境或文化的创造者，自然遗产失去的是自然环境或自然的生长条件。这些环境和条件都是民族或人类的共同利益所在，属于世界所有。因此，"遗产"的继承者并非个人，甚至不是一个政府或国家，而是整个人类。不同类型的"遗产"都可能存在，只要人们认为它们具有值得传承的价值。尽管人们的价值观内容和标准各异，但越是得到世界公认的"遗产"，其保护价值就越大。

（二）非物质文化遗产

如果要对"非物质文化遗产"这一概念的产生追本溯源的话，可将目光转向日本。日本素以其强大的外来文化吸收能力与对本土传统文化的尊重而广受赞誉，其在非物质文化遗产保护方面亦展现出了极高的重视与关注。在日本的文化传统中，非物质文化遗产的保护与传承占据了举足轻重的地位，这也为其在非物质文化遗产概念的提出与发展中扮演了关键角色。联合国教科文组织文化部国际标准司前司长林德尔·普罗特在《定义"无形遗产"的概念：挑战和前景》一文中指出，非物质文化遗产这一术语系由日语译入英语。

值得一提的是，日本亦是首个对非物质文化遗产进行立法的国家。1950年，日本颁布了《文化财保护法》，其中明确界定了"无形文化财"的概念，涵盖了诸如传统戏剧、音乐、工艺技术及其他无形的文化载体，如歌舞伎、乐器、乐曲等艺能形式，以及陶瓷、纺纱、茶道等工艺技术。这一法律将文化遗产保护提升至国家宪章的高度，不仅重视"有形文化财"的保护，更明确规定了对"无形文化财"的保护，其目标与现今所提的非物质文化遗产保护的目标高度一致。因此，日本政府在非物质文化遗产保护方面取得了显著成效，成为全球非物质文化遗产保存的重要基地。

非物质文化遗产的概念根植于深厚的历史脉络中，并随着时代的变迁而逐渐发展完善。它的提出和形成不是偶然的，而是人类社会实践活动在文化领域中表现出来的必然产物。从另一个角度看，其产生与演进旨在保护那些无法以物质形态展现的文化遗产，以适应社会的进步并契合历史的需要。在命名这一概念时，全球学者和专家间存在着不同的观点与争论。在法语中，它被称为"Patrimoine Culturel Immatériel"，直接译为"非物质文化遗产"。在英文中，"Intangible Cultural Heritage"并不直接等同于"非物质文化遗产"，一些学者更倾向于将其译为"无形文化遗产"。而在日本，早年间非物质文化遗产被称为"无形文化财"，与之相对的是物质文化遗产，即"有形文化财"。为此，日本专门成立了"无形文化遗产保护条约特别委员会"，旨在有效保护非物质文化遗产。

在我国丰富的文化实践中，一直沿用"民族民间文化"这一概念，其与联合国教科文组织于1989年提出的"传统和民间文化"概念颇为相近，共同承载着对特定文化内涵与范畴的诠释。这一术语不仅体现了我国多元民族文化的独特魅力与深厚底蕴，同时也为学术界提供了研究民族文化的重要参考。然而，"民族民间文化"与"非物质文化遗产"虽然在文化传承、表现形式和文化价值等方面存在诸多相同点，但在文化主体和文化内涵上又有着各自的特点和差异。前者更多关注于民族和民间的文化表达与实践，而后者则涵盖了更为广泛的文化遗产领域。此外，"民族民间文化"亦难以全面涵盖"高雅、精品文化"以及宫廷艺术、宗教文化等特定文化门类，这些领域在文化传承与发展中同样占据着举足轻重的地位。

二、非物质文化遗产概念的演变

自1950年日本率先提出保护"无形文化财"的倡议以来，这一理念便获得了联合国教科文组织的高度赞赏与广泛推广。以此为契机，非物质文化遗产的概念逐渐进入人们的视野，并开启了长达几十年的演变与形成历程。在这一过程中，国际社会对于非物质文化遗产的认知与保护意识逐渐深化，为其在全球范围内的传承与发展奠定了坚实基础（图1-1）。

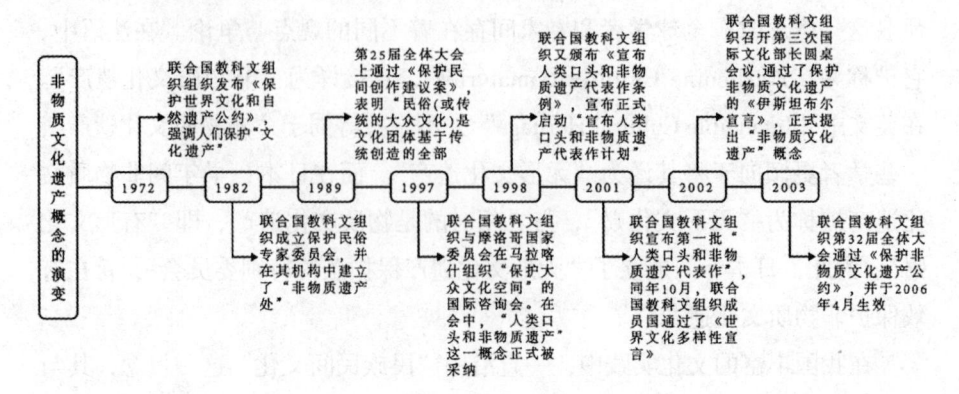

图1-1 非物质文化遗产概念发展时间轴

（图片来源：笔者自制）

（一）从"物质文化遗产"到"民俗"的延伸

第二次世界大战结束后，全球各国都在全力推进工业化进程，以促进经济和社会的快速发展。然而，这一进程也带来了一系列的负面影响，包括大量的传统文化、文明遗迹和珍贵的文化遗产都受到了严重的破坏。特别是一些重要历史建筑和文物古迹被人盗掘或毁坏，许多珍贵的历史文献被毁，大量珍贵文物流失海外等事件发生后，人们对文化遗产的重要性认识更加深刻。为了避免类似的情况再次发生，联合国教科文组织在1972年颁布了《保护世界文化和自然遗产公约》（以下简称《公约》），在该《公约》的首条中对"文化遗产"进行了明确的定义：

第一条　在本公约中，以下各项为"文化遗产"：

文物：从历史、艺术或科学角度看具有突出的普遍价值的建筑物、碑雕和碑画、具有考古性质成分或结构、铭文、窟洞以及联合体；

建筑群：从历史、艺术或科学角度看，在建筑式样、分布均匀或与环境景色结合方面，具有突出的普遍价值的单立或连接的建筑群；

遗址：从历史、审美、人种学或人类学角度看具有突出普遍价值的人类工程或自然与人联合工程以及考古地址等地方。①

虽然《公约》强调了保护"文化遗产"的重要性，但这个"文化遗产"的定义实际上是指物质层面的文化遗产，并没有涵盖所有形式的文化遗产。1976年，世界遗产委员会正式成立，并开始专注于全球范围内物质和文化遗产的维护与保护。1978年，第一批的遗址被正式纳入了《世界遗产名录》之中。在此期间就有会员国对保护无形的文化遗产表示了关注。②于是，在1982年，联合国教科文组织成立保护民俗专家委员会，并在其机构中建立了"非物质遗产处"，在1989年第25届全体大会上通过《保护民间创作建议案》（以下简称为《议案》），在《议案》中首次对"民俗"给出界定：

一　民俗的定义

本建议的目的：民俗（或传统的大众文化）是文化团体基于传统创造的全部，通过群体或个人表达出来，被认为是就文化和社会特性反映团体期望的方式；其标准和价值是通过模仿或其他方式口头流传的。其中，其形式包括语言、文学作品、音乐、舞蹈、游戏、神话、仪式、习俗、手工艺品、建筑及其他艺术。③

至此，文化遗产的涵盖范围已经不仅局限于"物质文化遗产"，而是进一步延伸至"民俗"或者说是"传统的民间文化"这一更为广泛的领域。

（二）从"民俗"到"人类口头和非物质遗产"的拓展

1997年6月，联合国教科文组织携手摩洛哥国家委员会于马拉喀什召开"保护大众文化空间"的国际咨询会议。此次会议中，一个全新的概念——"人类口头和非物质遗产"得以正式确立并采纳。紧随其后，在1998年，联合国教科文组织又颁布了《宣布人类口头和非物质遗产代表作条例》（以下

---

① 中华人民共和国文化和旅游部：保护世界文化和自然遗产公约[EB/OL].https://www.mct.gov.cn/whzx/bnsj/fwzwhycs/201111/t20111128_765131.htm

② 麻国庆.非物质文化遗产：文化的表达与文化的文法[J].学术研究，2011（05）：35-41.

③ 中国非物质文化遗产网：保护传统文化和民俗的建议（1989）[EB/OL].https://www.ihchina.cn/zhengce_details/15720

简称《条例》)。这一条例旨在激发各国政府、非政府组织和地方社区的积极性，鼓励他们投身于口头和非物质遗产的鉴别、保护和利用工作中。《条例》明确了各国、团体以及当地的文化资源的重要性，并要求他们加强对文化传统的认知、尊重、维护以及传承，以促进社会文化的发展。此外，《条例》还对其核心词汇"口头和非物质遗产"进行了详尽且学术化的定义，为相关领域的研究与实践提供了明确而有力的指导。

"口头和非物质遗产"一词的定义是指"来自某一文化社区的全部创作，这些创作以传统为依据、由某一群体或一些个体所表达并被认为是符合社区期望的作为其文化和社会特性的表达形式；其准则和价值通过模仿或其他方式口头相传，它的形式包括：语言、文学、音乐、舞蹈、游戏、神话、礼仪、习惯、手工艺、建筑术及其他艺术"。除了这些例子以外，还将考虑传播与信息的传统形式。①

随着"宣布人类口头和非物质遗产代表作计划"的正式启动，文化遗产的范畴得以进一步扩展，从原先的"民俗"或"传统的民间文化"延伸至更为广泛的"人类口头和非物质遗产"领域。这一扩展不仅丰富了文化遗产的内涵，也体现了对非物质文化遗产保护的重视和深化。

（三）从"人类口头和非物质遗产"到"非物质文化遗产"的深化

2001年5月，联合国教科文组织（UNESCO）公布了首批"人类口头和非物质遗产代表作"共计19个项目，其中，中国的"昆曲"成功入选。这是我国文化遗产领域首次获得联合国官方认可并列入该项目名录的国家级非遗之一。同年10月，《世界文化多样性宣言》（以下简称《宣言》）明确指出，文化多样性的保护和传承是至关重要的，而《宣言》中的第一条正是对这种文化多样性的深刻理解和确认：

---

① 中国非物质文化遗产网：宣布人类口头和非物质遗产代表作条例（1998）[EB/OL].https://www.ihchina.cn/Article/Index/detail?id=15719

第一章
非物质文化遗产概述

第1条 文化多样性——人类的共同遗产

文化在不同的时代和不同的地方具有各种不同的表现形式。这种多样性的具体表现是构成人类的各群体和各社会的特性所具有的独特性和多样化。文化多样性是交流、革新和创作的源泉，对人类来讲就像生物多样性对维持生物平衡那样必不可少。从这个意义上讲，文化多样性是人类的共同遗产，应当从当代人和子孙后代的利益考虑予以承认和肯定。[1]

《宣言》中强调文化遗产在促进人类社会发展中扮演着不可替代的角色，它们应当被尊崇、珍视、保护和传承，以支撑各种形式的创作，促进不同文明之间的沟通与交流[2]。

2002年9月，在联合国教科文组织（UNESCO）召开的第三届国际文化主席圆桌会议上，《伊斯坦布尔声明》首次明确阐述了"非物质文化遗产"是一个重要的文明理念，该声明强调了保护和传承各类传统优秀文化的重要性，以增进人类的多样性，增加社区力量，推动社会发展。[3]强调全球各国都应当遵守UNESCO发布的《伊斯坦布尔声明》，制定有助于保护和传承非物质文化遗产的政策措施，并且在这一领域开展全面的国际合作。至此，文化遗产的范围从"人类口头和非物质遗产"扩展到了"非物质文化遗产"。

2003年10月，联合国教科文组织（UNESCO）第32届全体代表大会宣布批准《保护非物质文化遗产公约》，该协定在2006年4月开始实施，以维护和继承人类宝贵的文化遗产。截至2023年，已经有180个国家加入了《保护非物质文化遗产公约》。

---

[1] 国际古迹遗址理事会西安国际保护中心：联合国教科文组织"世界文化多样性宣言"（全文）http://www.iicc.org.cn/Publicity1Detail.aspx?aid=904

[2] 联合国教科文组织：《保护非物质文化遗产公约》[EB/OL].https://unesdoc.unesco.org/ark:/48223/pf0000379949.locale=en

[3] 新浪网：联合国教科文组织通过《伊斯坦布尔宣言》[EB/OL].https://news.sina.com.cn/w/2002-09-19/0814732309.html

三、非物质文化遗产概念的确立

在文化遗产的研究与保护历程中,"民俗"与"人类口传与非物质文化遗产"等术语曾一度作为描述特定文化现象的专业术语而广泛使用。然而,随着对文化遗产认识的深入和全球化保护意识的增强,这些术语逐渐显露出其局限性。2003年,联合国教科文组织第32届大会通过的《保护非物质文化遗产公约》用包括中文在内的联合国6种官方语言明确了"非物质文化遗产"这一概念,从而在国际层面为这一术语确立了统一的标准,标志着"非物质文化遗产"一词在国际上得到广泛认同和接受。值得注意的是,这一概念的中文表述"非物质文化遗产"是在联合国教科文组织的《保护非物质文化遗产公约》的中文翻译版中首次使用,并逐渐被国内学术界和官方机构所采纳。2011年,我国颁布的《中华人民共和国非物质文化遗产法》以及国务院办公厅等相关官方文件,均正式采用了"非物质文化遗产"这一术语,这不仅体现了国内对国际文化遗产保护准则的积极响应,也标志着"非物质文化遗产"这一概念在中国的正式确立。

根据《保护非物质文化遗产公约》的定义,非物质文化遗产被定义为:"被各群体、团体、有时为个人视为其文化遗产的各种实践、表演、表现形式、知识和技能及其有关的工具、实物、工艺品和文化场所"。[1]

除了上面提到的几种,非物质文化遗产还涵盖着许多其他领域,包括口头传说、表达、舞蹈、日常生活、宗教信仰、历史习惯、节日、科学研究、手工艺品的创造等活态表现形式[2],这些表现形式不仅蕴含了丰富的人类智慧与创造力,更是传承和弘扬人类文明的重要载体,为全球人民提供了宝贵的精神财富。

在深入理解非物质文化遗产概念时,人们应认识到这一概念既凸显了对

---

[1] 中国人大网.十一届全国人大常委会专题讲座第十七讲——我国非物质文化遗产保护的若干问题[EB/OL].http://www.npc.gov.cn/npc/c12434/c541/201905/t20190522_66317.html

[2] 巴莫曲布嫫.何谓非物质文化遗产?[J].民间文化论坛,2020(01):114-119.

人类文化多样性的尊重与珍视，又体现了对时代变迁的灵活适应与包容。文化多样性是人类社会的基石，而非物质文化遗产正是这一多样性的生动体现。同时，随着时代的演进，非物质文化遗产也在不断地发展与创新，以适应新的社会环境和文化需求。

关于非物质文化遗产命名的争论，实际上反映了学术界对于这一概念认知的深入与拓展。这种争论并非无谓的争执，而是学术探讨中不可或缺的一部分。通过争论，人们可以更加深入地理解非物质文化遗产的内涵与价值，为其保护与传承提供更加坚实的理论基础。在学术阐述中，专家与学者应力求使用简明扼要、逻辑严密的语言，以精准地揭示非物质文化遗产的深层含义与历史价值。同时，专家与学者还应关注其在当代社会中的现实意义与影响，以推动非物质文化遗产的保护与传承工作更加深入、有效地开展。

通过对这一术语演变过程的理解可以看到，非物质文化遗产的概念并非一成不变，而是随着人类对自身文化遗产认识的深化而不断发展完善的。从最初的"民俗"到"人类口传与非物质文化遗产"，再到如今的"非物质文化遗产"，这一概念的演变不仅反映了人们对文化遗产保护理念的更新，也体现了对文化遗产内涵与外延的不断拓展。这一过程既是对文化遗产研究深化的体现，也是对人类文明传承与发展的深刻认识。

第二节　非物质文化遗产的特点

一、无形性

非物质文化遗产所展现的无形性特质，是其根本属性之一。这一属性显著地体现在其非物质形态上，具有不可触及、无实体的鲜明特点。这种无形性不仅是人们观察和研究非物质文化遗产的出发点，更是人们深入探索其内在价值的终极目标。尽管非物质文化遗产在某些情况下会借助物质载体进行呈现，但究其本质，它必须通过人的活动才能得以展现。无论是口头的讲述，还是身体的动作，都是非物质文化遗产传承和创新的重要途径。这些活动是无形文化遗产的生动展现，也是其独特魅力的源泉。

非物质文化遗产中所涵盖的风俗、技艺、歌舞等元素，均属于非物质形态范畴。它们以其独特的方式承载着民族的历史记忆和文化传统，是民族文化的重要组成部分。通过对这些非物质形态元素的深入研究，人们可以更好地理解非物质文化遗产的内涵和价值，进一步推动其传承与发展。例如，第一批列入国家级非物质文化遗产名录的傈僳族民歌，是云南省怒江傈僳族自治州的地方传统音乐。傈僳民歌是以傈僳族民间劳动生活为背景所创作的一种歌曲体裁，它在我国民族声乐艺术中占有重要地位。傈僳族民歌以其独特的歌种，如木刮、摆时和优叶等，展现了傈僳族人民对生活的热爱和对自然的敬畏。然而，这些歌曲并没有实体形态，它们只能通过人的声音得以展现，传递出朴实、低沉的曲调，充满了苍凉与古老的风情。值得注意的是，傈僳族民歌的传承方式独特而原始，传承者并未接受过专业的音乐训练，而是依赖老一辈人的口口相传，将这份宝贵的文化遗产代代相传。然而，随着老一辈传承人的相继离世，能够演唱傈僳族民歌的年轻一辈人数日益减少，也使这一非物质文化遗产正面临着后继无人的严峻挑战。

非物质文化遗产的无形性特性使它更易于受到忽视或遗忘。因此，相关部门应加强对这类遗产的保护工作，通过系统的记录和整理，将傈僳族民歌的精髓和魅力完整地保存下来，以便后代能够更好地了解和传承。同时，还应积极探索新的传承方式，以吸引更多的年轻人关注和参与到这一非物质文化遗产的传承中来，确保其能够在新的时代背景下焕发出新的生机与活力。

二、可变性

所谓非物质文化遗产的可变性，是指在传承过程中其并非静止不变的，而是会随着世代的更迭而经历创新与演变。这一特性源于非物质文化遗产的"活态"文化本质，它始终处于一个动态的发展过程中。非物质文化遗产的文化内涵并非凝固不变的，而是依赖于人的活动得以表现与传递，这使其在传承中具备了高度的灵活性和适应性。在非物质文化遗产的传承过程中，传承人发挥着至关重要的作用。他们作为文化传统的承载者和传承者，不仅承载着历史记忆，更具备着创新改变的能力。传承人会根据时代的变迁和社会的需求，对非物质文化遗产进行不断的创新和发展，使其更好地适应现代社会的需要。因此，非物质文化遗产的可变性是其文化生命力的体现，也是其得以延续和发展的重要保障。在未来的传承与发展中，我们应充分认识和尊重非物质文化遗产的可变性，鼓励传承人在保持传统精髓的基础上，进行适度的创新与发展，使非物质文化遗产能够在新的时代背景下焕发出更加绚丽的光彩。以核雕为例，核雕作为中国第二批国家级非物质文化遗产之一，就是将桃核、杏核和其他果壳鲜活的核桃微型雕刻制成文玩使其雕刻成山、诗文和其他图画，所刻核雕小巧玲珑，形象逼真令人叫绝。但是，随着时代的发展，核雕这种文玩局限性过大，所以传承者将核雕和北京结合在一起制作出了多种文创衍生品并获得了大量的青睐，核雕也因此被越来越多的人所熟知。非物质文化遗产的可变性使其有了越来越多的可能，在传承中不断发展，在发展中持续创新。

三、地域性

地域性作为非物质文化遗产的核心特征之一，深刻地反映着地域环境与文化对其形成的决定性影响。这一特征主要体现在不同地域的人们，由于各自独特的人文环境、价值观、生产和生活方式的差异，所创造和传承的非物质文化遗产也呈现出鲜明的地域特色。以山西运城的盐池为例,作为中国著名的产盐地,其特殊的地域环境孕育了独特的河东制盐技艺,这一技艺不仅体现了当地人民对盐资源的巧妙利用,更承载了深厚的地域文化内涵,因而被列为第五批国家级非物质文化遗产。同样地,在不同的地域背景下,即便是相同的非物质文化遗产,也会因环境和文化的差异而展现出截然不同的特点。从这一视角出发可以更加清晰地认识到,在我国众多的非物质文化遗产中,具有代表性的非遗项目很多,但它们却有着自己鲜明的特征。比如,布老虎作为第二批国家级非物质文化遗产,在山西、山东、河南、河北四省均有分布,然而由于各省风俗习惯和文化传统的不同,布老虎在形态、制作工艺以及文化内涵等方面都呈现出多样化的特点(表1-1)。因此,在研究非物质文化遗产时,我们必须充分认识到地域性对其形成与发展的深刻影响。只有深入了解并尊重各地非物质文化遗产的地域特色,才能更好地推动其传承与发展,使这些宝贵的文化遗产在新的历史时期展现出更加丰富多元引人注目的文化魅力。

表1-1 布老虎特点比较表

地域	图片	特点
山东		宽大的嘴、洁白锋利的牙齿、两只粗壮的牙齿向两边吐露、嘴角微微向上、一双又大又圆的眼睛上长着乌黑的眉毛
河南		外貌凶猛、表情夸张、牙齿尖锐并向下展露出来、长长的胡须分别在嘴两侧、身体四肢变得粗短、尾巴高高上翘

续表

地域	图片	特点
山西		四肢短胖微微外撇、虎背上阴阳相合的波纹可以区分性别、虎身上旋风一样的花纹、朝向同一方向、寓意顺顺当当
陕西		擅长刺绣，特别在虎背上刺绣出"五毒"的纹样和农耕时期的纹样，有着浓厚的民间情趣

四、集体性

非物质文化遗产的集体性特质深刻揭示了其与周边自然及人文环境的紧密互动关系。这种特质表明非物质文化遗产的产生、发展及演变并非孤立进行，而是与特定环境等多元因素相互交织、共同塑造的结果。[①]它往往由某一集体乃至整个民族共同创作和传承，借此展现当地独特而丰富的文化价值。

以热贡艺术为例，这一源于青海省的民间传统艺术，自13世纪起便孕育并发展。作为藏地特有的艺术形式，热贡艺术在漫长的岁月里不断演变和完

---

① 朴爱善.公共图书馆与非物质文化遗产保护[J].科学咨询（科技·管理），2013（05）：31-32.

善，形成独特而丰富的体系，具有鲜明的民族特色。该作品包含了如绘画、雕塑和堆绣等多样的艺术形式，主要内容集中在藏传佛教起源的故事、藏族的历史人物以及各种神话、传说和史诗之中。从最初简单的宗教装饰到后来逐渐演变成具有鲜明民族风格的艺术作品，都是藏族劳动人民在长期生活实践过程中总结出来的智慧结晶。工匠们以精湛的技艺，创作出了一幅幅既刚劲有力又细腻华美的作品，这些作品不仅展现了藏族人民的勤劳与智慧，更是对藏族灿烂文化的一种生动诠释。同时，这种集体劳动也是藏民族精神生活和审美情趣的集中体现，其独特的艺术风格成为藏区文化重要的组成部分之一，而其中最引人注目的便是藏族人民所特有的集体性。藏族人民的集体智慧在非物质文化遗产中的展现，主要体现在以下几个方面。

首先，集体性强调非物质文化遗产的产生与发展是由整个藏族社会共同参与的，这本身便是藏族人民集体智慧的结晶。藏族人民在长期的历史进程中，通过共同的努力和创造，不断丰富和发展着热贡艺术等非物质文化遗产，使其成为展现藏族文化魅力的重要载体。

其次，非物质文化遗产的集体性反映出了藏民族独特的生活方式、审美情趣及思维模式，体现了藏族人特有的精神世界和情感体验。在漫长的历史长河中，藏族人民通过集体的努力和创新，持续地丰富和发展了热贡艺术等非物质文化遗产，使之成为展示藏族文化魅力的重要平台。在非物质文化遗产的创作过程中，藏族工匠们展现出了卓越的技艺和智慧。他们通过长期的实践积累和学习，创造出藏民族特有的工艺技法与制作风格。以精湛的艺术手法，将藏族文化中的佛本生故事、历史人物、神话传说等元素融入作品中，创作出了一幅幅既具有深刻文化内涵又充满艺术美感的作品。这些作品不仅体现了藏族工匠们的艺术造诣，更展现了他们深厚的文化底蕴和智慧。

此外，非物质文化遗产的集体性还体现在藏族人民对其传承与保护的重视上。从历史来看，藏族人民一直以自己独特的方式来进行传承和保护这种古老而优秀的文化。藏族民众深刻认识到这些文化遗产的价值，因此他们世代传承，持续地推广和发扬这些宝贵的传统文化。随着社会经济的飞速发展以及全球化进程的加快，藏族非物质文化遗产面临着前所未有的冲击与挑战。在文化传承的过程中，藏族人民不只是重视技能的教授，更加看重文化精神的传递，使藏族非物质文化遗产在新时代背景下焕发蓬勃生机。

非物质文化遗产的集体性不仅凸显了我国各族人民优秀传统文化的独特魅力，更为中华文化的多样性与丰富性提供了坚实的保障。这一特质强调了非物质文化遗产作为文化表达和交流的重要载体，在促进文化认同、传承与创新方面的不可替代作用，是传统文化得以延续和发展的重要支撑。因此，我们应当深入研究和理解非物质文化遗产的集体性特质，并利用这一特征在新时代更好地传播、传承、发展、弘扬传统文化。

五、连续性

非物质文化遗产的连续性特征是其最为鲜明且不可或缺的核心属性，这一特征不仅体现了文化遗产在时间维度上的稳定性和持久性，更揭示了其在社会、文化及历史发展中的重要意义。

首先，从时间维度来看，非物质文化遗产的连续性意味着其历经千年而依然保持活力。无论是传统手工艺、民间表演艺术还是节庆习俗，它们都在一代又一代人的努力与坚守下，不断得到传承与发展。这种连续性不仅是对过去的继承，更是对未来的承诺，它确保了非物质文化遗产能够跨越时空，与现代社会保持紧密的联系。

其次，在社会与文化层面，非物质文化遗产的连续性反映了其深厚的文化根基和广泛的社会认同。这些文化遗产往往根植于特定的民族、地域或社会群体之中，通过世代相传的方式，不断得到强化与巩固。这种连续性不仅增强了文化认同感和归属感，更促进了社会的和谐与稳定。

此外，从历史发展的角度看，非物质文化遗产的连续性为我们提供了宝贵的历史见证和文化记忆。这些文化遗产不仅记录了人类社会的发展历程，更蕴含了丰富的历史信息和文化内涵。通过对非物质文化遗产的研究与解读，我们可以更深入地了解过去，认识现在，并展望未来。

然而，值得注意的是，非物质文化遗产的连续性并非一成不变。在现代化、全球化的冲击下，许多非物质文化遗产面临着传承危机和变革挑战。因此，我们需要加强对非物质文化遗产的保护与传承工作，确保其连续性特征得以延续和发展。连续性作为非物质文化遗产的核心特质，彰显着其在历史长河中的持久与稳定。这一特质源于中国深厚的历史底蕴、广袤的地域空间、多元的民族构成以及对传统文化的重视与包容。正是这些因素共同作用下，使我国的非物质文化遗产得以完好保留，并持续传承至今。

以山西省清徐县徐沟镇的背铁棍表演艺术为例，其作为传统民间表演艺术，展现了非物质文化遗产连续性的显著特征。徐沟背铁棍的传承方式多样，包括家族传承和社会传承两种主要形式。在家庭传承中，父传子、子传孙的模式确保了技艺的代代相传，而师傅带徒弟或观众通过自学的方式，也进一步丰富了传承途径。[①]这种多元且稳定的传承机制，使徐沟背铁棍自明嘉靖年间起，历经数百年而未曾中断，其连续性特点显而易见。非物质文化遗产的这种连续性特质不仅有助于我们在古代文献资料稀缺的情况下认识和理解世界，更为中华文化提供了宝贵的内容与资料。通过非物质文化遗产的传承与发展，我们能够窥见历史的脉络，理解文化的演变，从而为当代社会提供丰富的文化资源和精神滋养。因此，对非物质文化遗产连续性的深入研究与保护，对于传承中华文化、弘扬民族精神具有重要意义。

六、口头性

口头性作为非物质文化遗产的核心属性之一，深刻反映了其传承方式的独特性。在中国这一历史悠久的农耕大国中，口头传播在非物质文化遗产的传承中占据了举足轻重的地位。尤其在20世纪50年代，农村人口占据绝对多数，普遍学识有限，不识汉字，甚至部分民族缺乏书面文化，这更加凸显了口头传播在非物质文化遗产传承中的关键作用。

口头性具有双重性质：一方面，它表现为通过声音进行的直接传播，如人们面对面的交谈、歌唱等；另一方面，口头性也涵盖了各种传统文化表达方式的传承，如歌曲、故事、历史记载以及抒情诗等。这些形式通过口头方

---

① 王俊苗.山西徐沟背铁棍的传承研究[D].临汾：山西师范大学，2014.

式得以流传，不仅传递了文化信息，也维系了社群之间的情感联系。以陕西民歌为例，这一非物质文化遗产起源于明代，历经数百年的传承，至今仍然活跃在陕西人民的日常生活中。在婚嫁、祝寿、休憩等场合，人们会进行对唱，通过口头传唱的方式将这一艺术形式代代相传。这种口头性的传承方式不仅保留了民歌的原汁原味，也使其成为陕西文化的重要载体。然而，口头性也带来了一定的研究困难。由于非物质文化遗产主要依赖口头传播，缺乏书面记录，因此在研究过程中往往难以获取完整、准确的信息。此外，随着现代化进程的加速，大工业化的时代背景对非物质文化遗产的传承构成了威胁，许多口头传统面临着消亡的风险。

因此，在对非物质文化遗产进行保护和研究的过程中，我们应当更加注重其口头表达的特性，并采取有力的手段来确保其得到妥善的保护和传承。这包括加强口头传统的记录和整理工作，推动非物质文化遗产的数字化保存和传播，以及提高公众对非物质文化遗产的认识和重视程度。只有这样，我们才能确保非物质文化遗产的连续性得到保障，为未来的文化传承和发展奠定坚实的基础。

七、多样性

非物质文化遗产所展现出的多元性不仅是其深厚的文化底蕴的体现，同时也是其传承价值的显著标志。作为中华优秀传统文化的一部分，非物质文化遗产具有鲜明的"多层次性"特征，它不仅包括物质层面的遗存，还包含精神层面的积淀。从学术的视角出发，这一特点主要在以下几个方面得到体现：

首先，非物质文化遗产的多样性主要体现在其形式和内容的丰富性上。不管是口头传统、表演艺术、社会实践、节庆活动，还是关于自然界和宇宙的知识和实践，每一种形式都包含了独特的文化信息，展示了人类创造力的多样性。

其次，非物质文化遗产的丰富多样性揭示了各个地区、民族和文化集团的独特性。受到历史、地理和社会等多种因素的影响，各个地区的非物质文化遗产都展现出了其独特的地域和民族特色，这些文化差异是人类文化多样性的核心部分。从这一意义上说，非物质文化遗产是一个区域乃至整个国家文明发展程度的标志之一。

另外，非物质文化遗产的丰富多样性也反映在其多样的传承方法上。从我国目前来看，许多地方都建立了自己特有的非物质文化遗产保护体系。有些传承是基于家族的，有些是通过师徒关系，而有些则是通过社区的集体方式进行的。这几种不同的传承方式都是为了让非物质文化遗产能够得以长久地发展下去。这些不同的传承方式不仅保证了非物质文化遗产的延续，也为其注入了新的活力。

综上所述，非物质文化遗产的多样性特征是其文化价值的重要体现，也是人类文化多样性的重要源泉。在保护和传承非物质文化遗产的过程中，我们应充分认识到其多样性的重要性，采取有效措施加以保护和传承，以维护人类文化的多元性和丰富性。

非物质文化遗产的多样性意味着我们不仅可以通过多种方式来展示、宣传和保护这些遗产，还可以采用各种不同的方法、工具或媒介来进行艺术创作、制作和推广。由图1-2至图1-7的数据可知，截至2023年12月，中国的国家级非物质文化遗产项目数量已经达到3610个。其中，传统的技艺项目有629项，占比17.4%，民俗有492项，占比13.6%，传统戏剧有473项，占比13.1%，传统音乐有431项，占比11.9%，传统美术417项，占比11.5%，传统舞蹈有356项，占比9.8%，民间文学有251项，占比6.9%，曲艺有213项，占比5.9%，传统医药有182项，占比5%，传统体育、游艺与杂技有166项，占比4.9%。从数量上看，我国国家级非物质文化遗产的保护和传承工作取得显著成绩。在国家级非物质文化遗产代表性项目中，共有3057名代表性传承人。其中，传统技艺有513人，占比16.7%，民俗有160人，占比5.2%，传统戏剧有782人，占比25.6%，传统音乐有380人，占比12.4%，传统美术377项，占比12.3%，传统舞蹈有298人，占比9.7%，民间文学有123人，占比4%，曲艺有207人，占比6.8%，传统医药有130人，占比4.3%，传统体育、游艺与杂技有87人，占比3%。从全国范围来看，非遗数量众多且分布广泛。

第一章
非物质文化遗产概述

这些丰富多彩的非物质文化遗产项目不仅是中国文化多样性和丰富性的象征，同时也构成了中国文化传承与发展的关键基础。随着经济全球化进程加快，我国非遗保护面临着严峻挑战，因此我们必须持续致力于非物质文化遗产的维护与保护，以确保这些遗产能够持续稳定地发展。

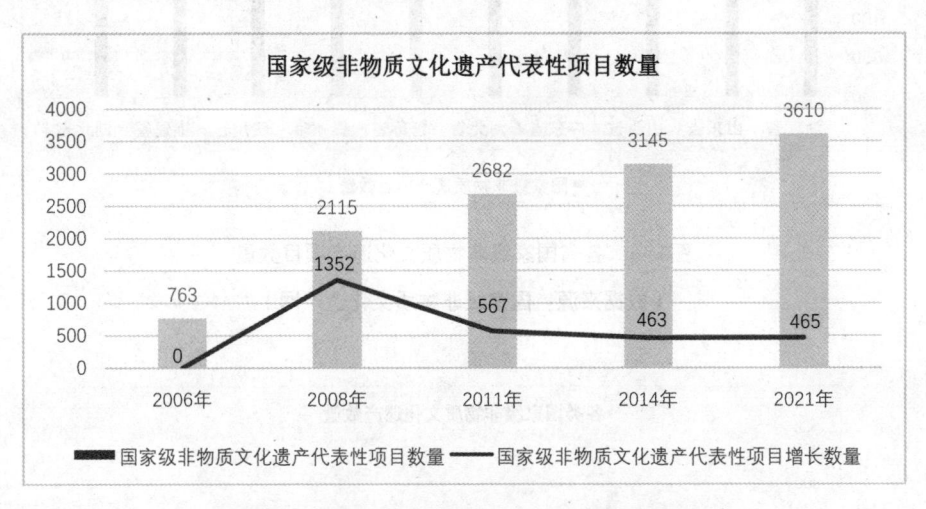

图1-2 国家级非物质文化遗产代表性项目数量
（数据来源：国家级非物质文化遗产网）

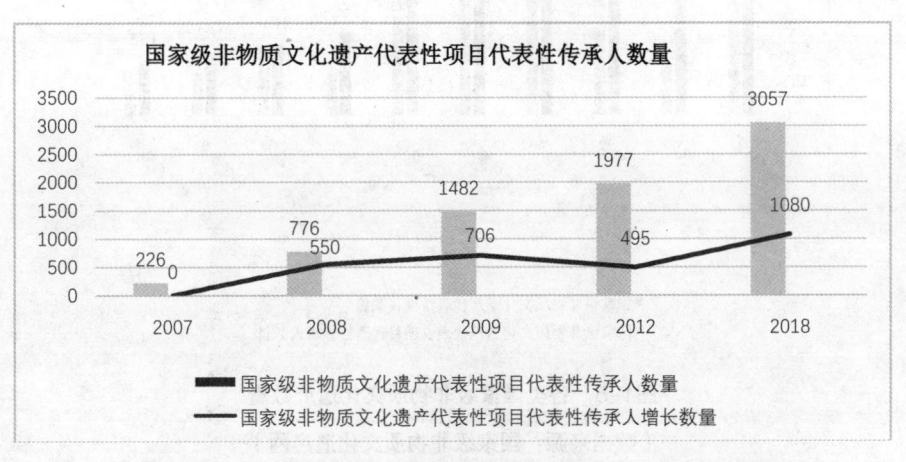

图1-3 国家级非物质文化遗产代表性项目代表性传承人数量
（数据来源：国家级非物质文化遗产网）

各省国家级非物质文化遗产项目数量

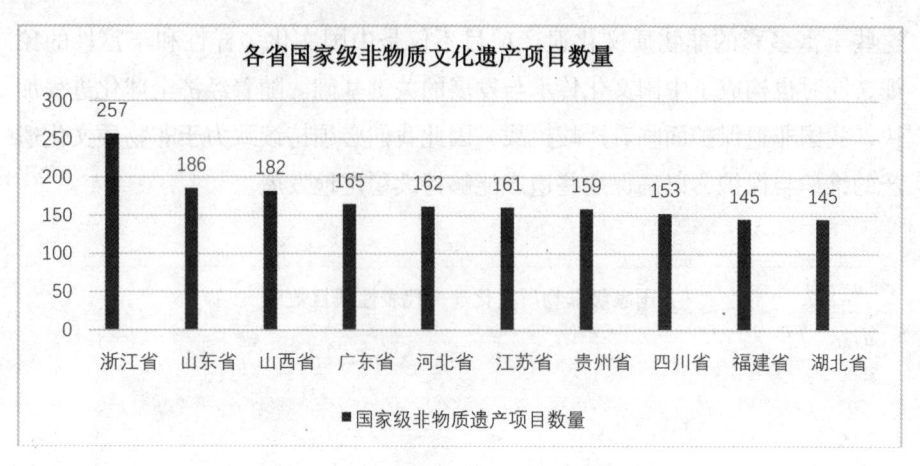

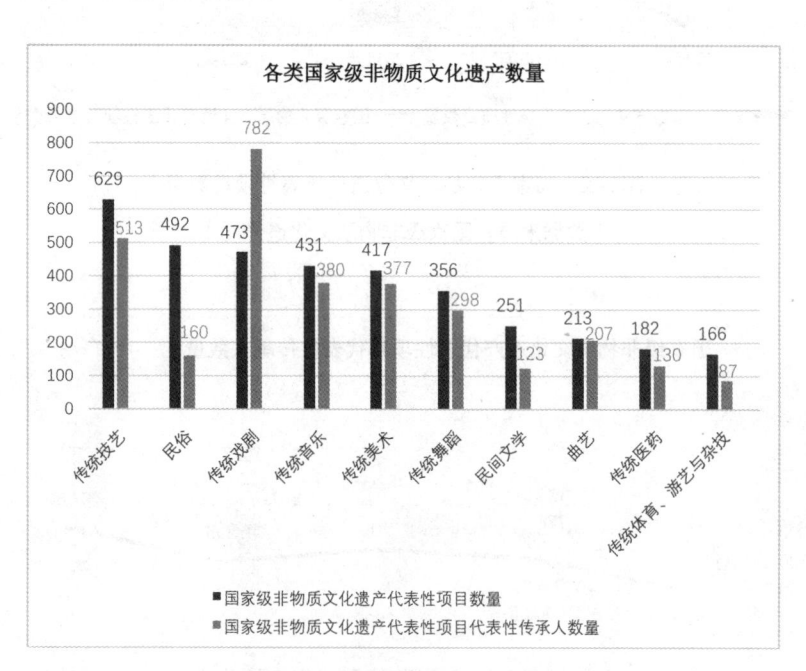

省份	数量
浙江省	257
山东省	186
山西省	182
广东省	165
河北省	162
江苏省	161
贵州省	159
四川省	153
福建省	145
湖北省	145

图1-4　各省国家级非物质文化遗产项目数量

（数据来源：国家级非物质文化遗产网）

各类国家级非物质文化遗产数量

类别	代表性项目数量	代表性传承人数量
传统技艺	629	513
民俗	492	160
传统戏剧	473	782
传统音乐	431	380
传统美术	417	377
传统舞蹈	356	298
民间文学	251	123
曲艺	213	207
传统医药	182	130
传统体育、游艺与杂技	166	87

图1-5　各类国家级非物质文化遗产数量

（数据来源：国家级非物质文化遗产网）

各类国家级非物质文化遗产代表性项目占比

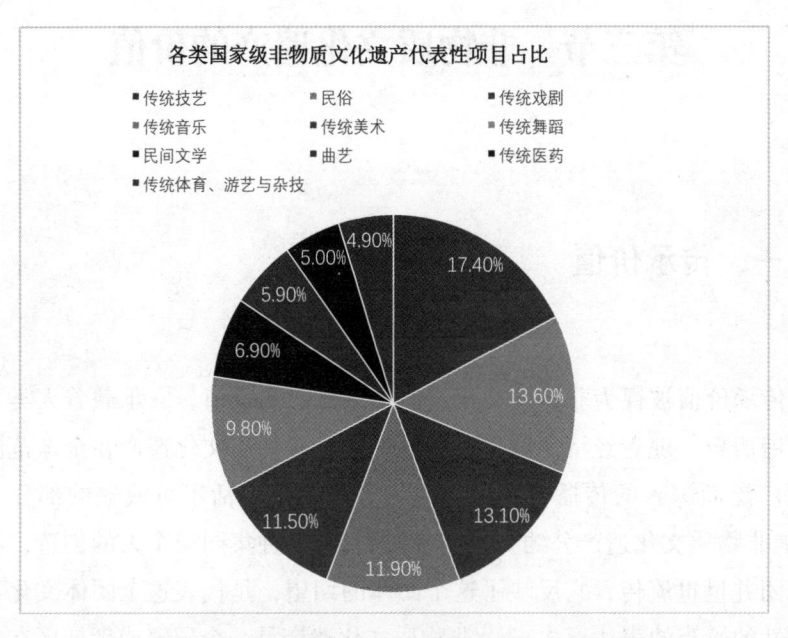

- 传统技艺
- 民俗
- 传统戏剧
- 传统音乐
- 传统美术
- 传统舞蹈
- 民间文学
- 曲艺
- 传统医药
- 传统体育、游艺与杂技

饼图数据：17.40%、13.60%、13.10%、11.90%、11.50%、9.80%、6.90%、5.90%、5.00%、4.90%

图1-6 各类国家级非物质文化遗产代表性项目占比

（数据来源：国家级非物质文化遗产网）

各类国家级非物质文化遗产代表性项目代表性传承人数量占比

- 传统戏剧
- 传统技艺
- 传统音乐
- 传统美术
- 传统舞蹈
- 曲艺
- 民俗
- 传统医药
- 民间文学
- 传统体育、游艺与杂技

饼图数据：25.60%、16.70%、12.40%、12.30%、9.70%、6.80%、5.20%、4.30%、4.00%、3.00%

图1-7 各类国家级非物质文化遗产代表性项目代表性传承人数量占比

（数据来源：国家级非物质文化遗产网）

第三节 非物质文化遗产的价值

一、传承价值

传承价值被视为非物质文化遗产中最核心的价值，它承载着人类文明的发展历史。随着经济全球化进程的加快，非物质文化遗产在全球范围内得到广泛而深入的传播与利用，成为各国人民生活不可或缺的部分。在《保护非物质文化遗产公约》里明确提到："一种集团或个人的创造，面向该集团并世世流传，它反映了这个团体的期望，是代表这个团体文化和社会个性的恰当的表达形式。"[1]非物质文化遗产是一个国家或者地区在一定时期内对传统文化进行继承、创新与开发而形成的各种具有鲜明地域特色和民族特色的民间表演艺术、民俗活动及相关实物等遗产资源，融合了我国各个民族的文化基因和民族精神，拥有着丰富的历史价值，反映了我国历史文化的变迁和发展，承载了过去，孕育了未来。随着时代的进步与科学技术的迅猛发展，我们已经进入新媒体环境下，非物质文化遗产面临巨大挑战。如果我们能够妥善传承非物质文化遗产，将有助于填补历史文化中的部分知识体系的缺失，使人们对中华文化有更深入、更明确的认识，这是非物质文化遗产的传承价值所在。以傩戏为例，"傩舞"是我国最古老的一种祭神跳鬼、驱瘟避疫、表示安庆的娱神舞蹈[2]，同时也是历史、民俗、民间宗教和原始戏剧的综合体。傩舞作为中国传统民俗文化重要组成部分，是中华民族独特的艺术瑰宝之一，其起源可追溯至远古时期，具有

---

[1] 刘洪艳，王宇.非物质文化遗产的多元价值探讨——以山东吕剧艺术为例[J].山东社会科学，2010（07）：32-39.

[2] 人民网：徽派建筑实景亮相武汉街头[EB/OL].http：//art.people.com.cn/n/2013/0402/c226026-20993712.html

非常重要的研究价值。通过观看傩戏，人们能够深入了解古代的历史文化、民俗风情和宗教结构是如何发展和变化的，这具有巨大的文化传承意义。

二、文化价值

在非物质文化遗产的价值体系中，文化价值被认为是最普遍存在的。它深刻体现了各民族独特的生活方式、文化内核与审美取向。通过保护非物质文化遗产，人们能够深入探究各民族纷繁复杂的社会文化现象，进而增进对多元文化的理解与尊重。以侗族大歌为例，作为侗族人民特有的民间合唱形式，它以其无伴奏、无指挥的演唱方式独树一帜。侗族大歌通常由多人共同演唱，每个人负责不同的声部，这种协同合作的演唱形式不仅体现了侗族人民的团结精神，也展现了他们深厚的音乐造诣。侗族大歌的演唱内容紧密关联着侗族人民的生活实践，从中我们可以窥见侗族人民的性格特点、生活环境以及风俗人情。侗族大歌的文化价值不仅在于其艺术表现形式，更在于其承载的侗族文化和精神内核。它不仅是侗族人民情感表达与沟通的桥梁，也是侗族文化传承的重要载体。通过侗族大歌，人们能够深入了解侗族文化的精髓，感受其独特的审美观念和生活智慧。此外，非物质文化遗产中的各民族元素在交流与融合中相互碰撞，激发出新的文化火花，进一步丰富了中华文化的多元性与独特性。这种文化的交流与融合不仅促进了各民族之间的相互理解与尊重，也推动了中华文化的创新与发展。因此，我们应当充分认识到非物质文化遗产的文化价值，加大对其保护与传承的力度。通过深入研究与挖掘非物质文化遗产的文化内涵，我们能够更好地传承和弘扬中华民族的优秀传统文化，为构建文化强国提供有力的支撑。

三、科研价值

科研价值是非物质文化遗产价值体系不可缺少的一环，作为一种价值标准与准则，反映着非物质文化遗产对科学领域所产生的深刻影响。科研是人类认识自然与社会规律并运用于实践的过程，而非物质文化遗产则是一种以人为载体，具有文化传承性的精神产品。非物质文化遗产汇集了多个领域和学科的精华，包含了丰富的科学知识，为未来的科研创新提供了珍贵的素材和灵感。

例如，我国中医药领域拥有丰富的非物质文化遗产，包括中药炮制技术、针灸、中医正骨疗法和中医传统制剂方法等。这些遗产不仅承载着深厚的文化内涵，更展现了古代医疗科技的卓越成就。医药领域的每一项非物质文化遗产都是古代智者的智慧结晶，这些遗产在千百年的实践中得到了验证，为未来的医疗事业发展奠定了坚实的基础。以中药炮制技术为例，这一古老的医疗方法最早可以追溯到原始社会时期，经过世代相传，不断完善与创新。中药的炮制方法包括中药材的处理、制备和组合等多个步骤，其主要目的是增强药材的药效并减少其可能的毒性和副作用。在中医临床中，许多药物都需要进行不同程度的炮制才能应用于疾病的预防和治疗当中。经过精心炮制，中药材可以更有效地展现其治疗效果，为大众的健康提供坚实的保障。中药炮制技术的科研价值体现在多个方面。首先，它揭示了古代医疗科技的发展脉络，使人们能够了解当时的生产力水平、科技水平以及人们对自然界的认识。其次，通过对中药炮制技术的研究，人们可以深入挖掘其科学原理，为现代药物研发提供新的思路和方法。此外，中药炮制技术还为现代医疗提供了丰富的临床经验和治疗案例，为医学实践提供了有力的支持。

随着科技革命和知识经济时代的到来，非物质文化遗产面临着前所未有的机遇和挑战，我们有责任加大对非物质文化遗产科学研究的投入，深化对其科学含义的理解，以便为现代科技进步和创新提供持续不断的推动力。只有这样，才能使我国传统文化得以更好地发扬光大，从而推动人类文明的进步。与此同时，我们也应该高度重视并继承这些无价的文化财富，使其在新的时代里展现出更为夺目的光辉。

四、艺术价值

  在非物质文化遗产中,艺术价值被视为最直接的价值体现。从古至今,人们始终致力于追寻美的真谛,无论是在音乐演出还是在绘画艺术中,美的元素都无处不在,它们揭示了一个地区或民族的日常生活、风俗习惯、审美品位和艺术创新能力,展现了其深厚的艺术价值。诸多非物质文化遗产运用独特的艺术创作手法,呈现出精妙绝伦的艺术效果,令人叹为观止,进而引发观众深刻的情感共鸣。这些文化遗产不仅为我们提供了丰富的艺术体验,更为后人的艺术创作提供了宝贵的素材和灵感来源。它们被融入小说、电视剧、舞台剧等多种艺术形式中,为这些作品增添了独特的魅力。

  以著名导演张艺谋的作品为例,他对非物质文化遗产的热爱和深入挖掘,使其影视作品独具特色。在《红高粱》这部作品中,张艺谋巧妙地运用了三十只唢呐、四只笙以及一架中国大箭鼓,通过多声部重叠的方式,构建出具有鲜明民族交响乐特点的音响造型。[1]这种音乐元素的运用不仅丰富了影片的听觉体验,更凸显了非物质文化遗产的艺术价值。此外,张艺谋在电影中还融入了豫剧、茂腔、秦腔等民乐类非物质文化遗产元素。这些传统戏曲形式的出现不仅为影片增添了浓厚的地域色彩和文化底蕴,更使观众在欣赏电影的同时,能够感受到非物质文化遗产所蕴含的艺术魅力。

  未来,非物质文化遗产仍将是艺术创作的重要源泉。我们应当不断拓宽非物质文化遗产与艺术创作的合作领域,让这些珍贵的文化遗产在新的艺术形式中焕发出新的生机与活力。通过深入挖掘和传承非物质文化遗产的艺术价值,可以为现代艺术创作注入更多的文化内涵和创意灵感,推动文化艺术的繁荣发展。

---

[1] 马波.赵季平电影音乐创作论(上)[J].交响(西安音乐学院学报),2005(01):49-56.

五、经济价值

非物质文化遗产的经济价值作为一种潜在价值，往往无法直接显现，而是需要通过将其深厚的文化价值转化为文化生产力，进而实现经济价值的挖掘与提升。换言之，非物质文化遗产的文化价值与其经济价值之间存在着密切的正相关关系，文化价值的丰富性直接决定了其经济价值的潜力大小。当非物质文化遗产的文化内涵得到充分挖掘和传承时，其经济价值也得以彰显；反之，若脱离文化价值，其经济价值则难以独立实现。[1]我国作为一个拥有丰富非物质文化遗产资源的国家，各地区均拥有独特的非遗特色。这些非遗资源不仅承载了深厚的历史文化内涵，更具备转化为经济价值的巨大潜力。因此，各地区应充分利用当地的非遗资源，通过开发旅游产业、创造文创衍生品等途径，将非遗资源转化为经济效益，为地方财政增收，推动当地经济发展，并提升地区的知名度与影响力。

以傣族泼水节这一典型的非物质文化遗产为例，其作为傣族人民盛大的传统节日，每年在云南举办，吸引了大量游客前来参与。泼水节期间，人们相互泼水送祝福，并举行赛龙舟、放孔明灯等丰富多彩的活动，充分展现了傣族文化的独特魅力。通过媒体和各方面的宣传，泼水节成为云南旅游的一大亮点，吸引了众多游客前来观光旅游。当地政府也积极利用这一契机，增加了文艺汇演、节日晚会、展览等供游客参观的活动，进一步丰富了游客的旅游体验，带动了云南的经济发展。

由此可见，傣族泼水节这一非物质文化遗产不仅具有深厚的文化内涵，更具备巨大的经济价值。傣族泼水节作为一种传统民俗节庆活动，它蕴含着丰富的社会历史文化信息。通过合理开发和利用，不仅能够有效传承和弘扬傣族文化，还能够为当地经济发展注入新的活力，实现社会效益和经济效益的双赢。因此，在保护非物质文化遗产的同时，我们更应注重其经济价值的开发与利用，推动中国经济的持续发展。

---

[1] 陈天培.非物质文化遗产的经济价值[J].改革与战略，2006，（05）：99-101.

六、和谐价值

和谐价值是非物质文化遗产价值体系的总目标。非物质文化遗产的集体性表明大多非物质文化遗产都是在集体中产生，有着很好的社会氛围，各民族团结友爱，凝聚力强。同时，非物质文化遗产在代代相传的过程当中也存在着良好的父慈子孝、兄弟团结友爱等社会伦理道德，有助于社会的和谐建设。例如，在山西，每当有婴儿满月的时候，长辈们都会送上一只黎侯虎，并将其放在婴儿怀中，寓意着希望孩子像老虎一样健壮，有胆识，保佑孩子能健康成长。黎侯虎也可以在婚嫁、祝寿、开业时作为礼品相送，互相交流情感，促进人们之间的情谊。

第四节 非物质文化遗产的分类

非物质文化遗产被视为人类文明中的宝贵财富，但其分类标准因文化背景和保护需求的差异而有所不同。我国目前对非物质文化资源的管理还处于初级阶段，这与国际上较为先进的"非遗"管理模式有较大差距。因此，科学地对非物质文化遗产进行分类显得尤为关键。作者认为，在国家级别对非物质文化遗产实施分类管理既是必要的，也是完全可行的。

目前，在非物质文化遗产分类方面，我国和国际社会主要是依据《保护非物质文化遗产公约》《中华人民共和国非物质遗产法》以及《国家级非物质文化遗产代表性项目名录》三个标准来进行的。这几种划分方式都是基于特定历史时期或国家政治、经济等因素所形成的具体实践，反映了人们对非物质文化遗产进行分类时的价值取向和基本原则。这些标准虽各有侧重，但共同构成了非物质文化遗产分类的多维度框架。

一、《保护非物质文化遗产公约》中的分类

《保护非物质文化遗产公约》在对非物质文化遗产的分类上展现了更广阔的覆盖面和深度。从其内容来看，它不仅包含了文化领域的各种门类，还包括了社会生活中所创造出来的各种艺术形式。它涵盖了口头传统和多种表达方式，其中也包括作为非物质文化遗产传播工具的语言，艺术表演，涉及社会实践、各种节庆活动以及与自然界和宇宙相关的知识与实践活动，包括传统的手工技艺在内。非物质文化遗产是人类世代相承的、与群众生活密切相关并作为人们精神财富享受的民间手工技艺及其表现形式。这种分类方法不仅包括了多种非物质文化遗产的形式，还强调了它们在社会生活中的实践性和传承性，有助于更深入地理解非物质文化遗产的社会价值和文化意义。

《保护非物质文化遗产公约》第一章总则第二条，对非物质文化遗产作出如下定义：

在本公约中：

（一）"非物质文化遗产"，指被各社区、群体，有时是个人，视为其文化遗产组成部分的各种社会实践、观念表述、表现形式、知识、技能以及相关的工具、实物、手工艺品和文化场所。这种非物质文化遗产世代相传，在各社区和群体适应周围环境以及与自然和历史的互动中，被不断地再创造，为这些社区和群体提供认同感和持续感，从而增强对文化多样性和人类创造力的尊重。在本公约中，只考虑符合现有的国际人权文件，各社区、群体和个人之间相互尊重的需要和顺应可持续发展的非物质文化遗产。

（二）按上述第（一）项的定义，"非物质文化遗产"包括以下方面：

1.口头传统和表现形式，包括作为非物质文化遗产媒介的语言；

2.表演艺术；

3.社会实践、仪式、节庆活动；

4.有关自然界和宇宙的知识和实践；

5.传统手工艺。①

二、《中华人民共和国非物质遗产法》中的分类

从《中华人民共和国非物质遗产法》的划分角度来看,非物质文化遗产的分类注重于传统口头文学以及作为其载体的语言、传统美术、书法、音乐、舞蹈、戏剧、曲艺和杂技、传统技艺、医药和历法、传统礼仪、节庆等民俗活动、传统体育和游艺、其他非物质文化遗产。对非物质文化遗产进行分类是基于对其价值与意义的认识而提出来的,即通过不同类型文化之间或同一类别文化内部所包含的多种形态加以区分。这种分类方法强调了非物质文化遗产的多元性和丰富性,涵盖了从口头传统到民俗活动等多个方面,体现了对非物质文化遗产全面保护的考虑。

根据该法第一章总则第二条,将非物质文化遗产明确地界定为:

本法所称非物质文化遗产,是指各族人民世代相传并视为其文化遗产组成部分的各种传统文化表现形式,以及与传统文化表现形式相关的实物和场所。包括:

（一）传统口头文学以及作为其载体的语言;

（二）传统美术、书法、音乐、舞蹈、戏剧、曲艺和杂技;

（三）传统技艺、医药和历法;

（四）传统礼仪、节庆等民俗;

（五）传统体育和游艺;

（六）其他非物质文化遗产。②

---

① UNESCO:《保护非物质文化遗产公约》[EB/OL].https://unesdoc.unesco.org/ark:/48223/pf0000132540_chi

② 中国政府网:《中华人民共和国非物质文化遗产法》[EB/OL].https://www.gov.cn/flfg/2011-02/25/content_1857449.htm

三、《国家级非物质文化遗产代表性项目名录》中的分类

《国家级非物质文化遗产代表性项目名录》的分类则更加具体和细致。它根据我国非物质文化遗产的实际情况和保护需求,将非物质文化遗产分为十大类,涵盖了民间文学、传统音乐、传统舞蹈、传统戏剧、曲艺、传统体育、游艺与杂技、传统美术、传统技艺、传统医药、民俗等多个方面。同时,还对每一类非遗进行了简要介绍,并给出相应的评价指标和分级标准。这一分类方式既体现了我国非物质文化遗产的特色和优势,又便于实际操作和管理,对于推进非物质文化遗产的保护和传承起到了积极作用。

目前,国家认可度较高的分类就是国家级非物质文化遗产网中发布的《国家级非物质文化遗产代表性项目名录》中的分类,将非物质文化遗产分为十大门类,如表1-2所示。

表1-2 非物质文化遗产十大门类

门类	种类	举例
民间文学	民间故事、传说、史诗等口头或书面形式的故事作品	苗族谷歌、刘三姐歌谣、梁祝传说等
传统音乐	古典音乐、民间音乐、民族音乐以及各种乐器演奏	绛州鼓乐、蒙古族呼麦、唢呐艺术等
传统舞蹈	民间舞蹈、宫廷舞蹈、宗教舞蹈以及其他形式的身体动作表现	秧歌、花鼓灯、傣族孔雀舞等
传统戏剧	京剧、昆曲、秦腔、豫剧等多种地方戏曲及表演艺术	昆曲、川剧、河北梆子、粤剧等
曲艺	相声、快板、评书等各种口头表演艺术形式	东北大鼓、苏州评弹、龙舟说唱等
传统体育、游艺与杂技	中国传统武术、风筝、射箭、摔跤等体育运动,以及杂技、魔术等表演艺术	少林功夫、太极拳、沧州武术等
传统美术	中国画、书法、雕刻、拼花、剪纸、刺绣等传统工艺和艺术形式	剪纸、刺绣、竹刻、土族盘绣等

续表

门类	种类	举例
传统技艺	手工技艺、烹饪技艺、医药技艺等传统的制作技能	苏州缂丝织造技艺、白族扎染技艺等
传统医药	中草药材、中医针灸、推拿按摩等传统医疗方法	针灸、中医诊法、中医正骨法等
民俗	节庆活动、仪式、信仰、生活方式等方面的传统文化表现形式	春节、端午节、傣族泼水节等

(资料来源:《国家级非物质文化遗产代表性项目名录》)

综上所述,非物质文化遗产的分类是一个多维度、多层次的复杂问题。在我国目前的研究中,对于"非遗"的界定有广义与狭义之分,并形成多种分类体系。尽管不同的分类准则有其特定的重点,但它们共同形成了我们对非物质文化遗产的全方位和深入的认识。因此,在具体研究过程中,应综合考虑多种因素,采用科学的方法进行判断和归类。通过深入分析和解释不同的分类准则,我们能够更全面地认识到非物质文化遗产所蕴含的丰富内涵和多元价值,从而为推动其保护和传承提供有力的学术支撑。

第五节　非物质文化遗产的保护

非物质文化遗产作为中华文明和中华民族的重要表征,其承载的价值观念是中华文化的核心体现。在文化历史的长河中,世界文明被划分为多个体系,而中华文明作为其中之一,以其独特的黄河流域文明为基石,展现出了别具一格的文化魅力。同时,现代西方文明以美国文化为代表,形成了与中华文明截然不同的文化体系。这些文明体系各自拥有独特的价值体系、核心思想和民族特征。从表面现象来看，中国结、京剧、唐装等元素无疑是中国文化的鲜明符号，而好莱坞电影、西部牛仔则代表了美国文化的特色。然而，更为深远的是，这些文化元素对各自国家和民族的影响，它们深刻塑造了人们的价值观念和行为方式，构成了世界文化的多元性。

在这个多元文化的背景下，不同文明之间的冲突与交融成为一个不可忽视的现象。美国哈佛大学教授萨缪尔·亨廷顿提出的"文明的冲突"理论，虽然带有一定的西方中心主义色彩，但其对文明差异和冲突的分析却具有一定的启示意义。在全球化日益深入的今天，我们必须认识到，保护好非物质文化遗产，不仅是维护文化安全的需要，更是保持民族身份特征、促进世界文化多样性的重要途径。

2023年6月2日，习近平总书记在北京出席文化传承发展座谈会并发表重要讲话，他强调，"中国文化源远流长，中华文明博大精深。只有全面深入了解中华文明的历史，才能更有效地推动中华优秀传统文化创造性转化、创新性发展，更有力地推进中国特色社会主义文化建设，建设中华民族现代文明"[1]。

因此，我们应当从学术性的角度出发，深入研究非物质文化遗产的价值和意义，加大对其保护和传承的力度。通过挖掘和传承这些宝贵的文化遗产，可以更好地理解和弘扬中华文明，推动文化创新和发展，为构建人类命运共同体贡献中国智慧、中国方案和中国力量。同时，我们也应当积极参与到世界文明的对话与交流中，促进不同文明之间的和谐共处与共同发展。

---

[1] 习近平出席文化传承发展座谈会并发表重要讲话[EB/OL].（2023-06-02）[2023-06-09]. https://www.gov.cn/yao-wen/liebiao/202306/content_6884316.htm?eqid=9c b8d7f30000 b0d300000006647d92ea

一、非物质文化遗产保护的现状分析

（一）宣传工作的推进与社群认知的局限性

近年来，我国在非遗保护宣传方面进行了诸多创新实践，力求以更加多元化、生动化的方式将非遗的魅力展现给公众。

首先，网络平台成为非遗宣传的重要阵地。随着互联网的普及，越来越多的非遗活动选择在网络平台上进行直播和展示。这些活动不仅吸引了大量网友的关注和参与，还通过社交媒体等渠道实现了信息的快速传播。同时，短视频、微博等新媒体平台也为非遗的传播提供了更多可能性，让非遗文化以更加直观、生动的方式呈现在公众面前①。

其次，实体场所的非遗活动也呈现出多样化的特点。在博物馆、文化馆等公共场所，通过举办非遗展览、演出等形式，将非遗技艺和传统文化展现给公众。这些活动不仅为市民提供了了解非遗的窗口，还通过互动体验、讲座等方式加深了公众对非遗的认识和理解。非物质文化遗产活动经常出现在公众假期中，而传承人作为表演者为观众和大众提供了一个极佳的宣传渠道，通过各种活动和展览展示，让市民深刻体验到非遗项目所具有的独特魅力。

此外，非遗宣传还注重与旅游、教育等产业的结合。通过开发非遗旅游线路、举办非遗进校园等活动，将非遗文化融入人们的日常生活和学习中，进一步提升了非遗的社会影响力和认知度。

经过一系列的创新实践，非遗保护宣传工作取得了显著成效。一方面，公众对非遗的认知度有了明显提升，越来越多的人开始关注和参与到非遗保护中来。另一方面，非遗文化也得到了更加广泛的传播和传承，一些濒危的非遗项目得到了有效的抢救和保护。然而，非遗保护宣传工作仍面临一些挑战。

首先，宣传渠道的拓展和整合仍需加强。虽然网络平台和实体场所都为

---

① 王春燕.新媒体视域下非物质文化遗产的传播与发展[J].上海工艺美术，2020（04）：95-97.

非遗宣传提供了重要途径，但如何将这些渠道有效整合，形成合力，仍是一个需要解决的问题。

其次，非遗宣传的内容和质量也需进一步提升。当前，部分非遗宣传存在内容单一、形式雷同等问题，难以吸引公众的关注和兴趣。因此，需要不断创新宣传方式，提高宣传内容的多样性和趣味性。

虽然非物质文化遗产的宣传保护工作在社会上引起了一定程度的关注，但仍面临着社群认知局限的问题，社会认识力和影响力都有待提升。

首先，社群对非遗价值的认知不足，公众对非遗保护的认识与参与度有待提高，非遗保护的社会氛围尚未形成。非遗保护需要全社会的广泛参与和深入支持，但当前部分社群对非遗文化的独特价值和意义缺乏深入了解，往往将其视为过时或落后的文化现象，从而忽视了非遗在文化传承、社会和谐等方面的重要作用。这种认知的局限性导致非遗保护工作难以得到社群的广泛认同和支持。

其次，社群对非遗保护方式的认知有限。非遗保护涉及多个方面，包括技艺传承、文化展示、市场开发等。然而，部分社群往往只关注非遗的技艺传承，忽视了非遗文化在现代社会中的多元发展可能。这种单一的认知方式限制了非遗保护工作的创新和发展，使非遗难以在现代社会中获得更广泛的传播和认可。

再次，社群对非遗保护工作的参与度不高。非遗保护工作需要社会各界的共同参与和支持，然而，由于社群对非遗的认知局限，很多人对非遗保护工作缺乏兴趣和热情，导致非遗保护工作难以形成合力。这种参与度的不足制约了非遗保护工作的深入开展和有效推进。尤其对于偏远地区的人们来说，非物质文化遗产还是一个陌生的概念，尚未深入人心。究其原因，一方面是偏远地区的人们对非遗的认知仍然较为陌生。这主要是由于地理位置的限制和信息传播的不畅，导致这些地区的非遗资源未能得到充分的挖掘和展示。另一方面，传承人对非遗保护的积极主动性不足。部分传承人缺乏保护非遗的意识和动力，导致非遗技艺的传承面临困境。这既有经济利益的考量，也有文化自觉的不足。

此外，青少年对非遗的认知和兴趣也普遍较低。这主要是由于教育体系中缺乏对非遗内容的融入，以及社会对非遗价值的宣传力度不够。

综上所述，非物质文化遗产保护的宣传工作虽然取得了一定成效，但仍需进一步加强。同时，社群认知的局限性也是制约非遗保护工作的重要因素之一。只有通过全社会的共同努力，才能提升非遗的保护水平，实现其可持续发展。

（二）抢救工作的实施与落实效果的欠缺

随着城市化进程的不断推进和人口老龄化的加剧，我国民间文化遗产面临着日益严重的消亡风险。以川江号子为例，这种源于川渝地区船工的传统歌唱形式，在机动船替代木船后，其传承与保护已陷入濒危境地。因此，抢救和保护非物质文化遗产工作显得尤为重要。近年来，国家已相继出台多项政策与条例，旨在加强非物质文化遗产的保护。2021年8月发布的《关于进一步加强非物质文化遗产保护工作的意见》明确提出了"保护为主、抢救第一、合理利用、传承发展"的基本原则，强调积极推动非遗的传播与应用，并优化相关体制机制。与此同时，全国各地纷纷制定和实施相应措施，以实现对非物质文化资源的有效开发和利用，为我国文化产业的持续健康快速发展奠定坚实基础。此外，全国政协委员、文化和旅游部原副部长周和平也在政协会议中强调了非物质文化遗产保护工作的重要性，呼吁社会各界及地方政府共同参与。然而，尽管有诸多政策与倡导，抢救非物质文化遗产工作的落实效果仍存在不足。在非遗保护方面，部分地方政府展现出了不够积极的态度，其工作进展缓慢，并且资金的投入也相对有限。一些地区的非遗部门则采取了一种简单粗暴的做法，将其视为是一项政绩工程。这种态度显然不能有效地应对非遗保护的迫切需求。另外，"非遗热"背后也隐含着一种文化霸权心态，将非遗视为一种商品来对待，这不仅不利于非物质文化遗产的发展和传播，还容易引发民众的反感。因此，我们必须摒弃这种表面化的工作态度，从内心深处认识到非物质文化遗产保护工作的重要性，并采取实际行动，确保非物质文化遗产得到有效的传承和保护。

综上所述，抢救非物质文化遗产工作不仅是一项文化任务，更是对历史和未来的责任担当。只有各级政府、社会各界共同努力，才能真正实现非遗的有效保护。

（三）保护体系的逐步完善与机制建设的不完备

当前，我国对于非物质文化遗产的保护意识正日益增强，这体现在多个方面。首先，政策与法规的完善是非遗保护意识增强的显著标志。我国通过出台一系列相关法规，2011年，《中华人民共和国非物质文化遗产法》的颁布标志着我国在非遗保护立法体系上的重大进步，不仅明确了非遗的定义、分类和保护原则，还规定了非遗保护的责任主体、保护措施和监督机制，借助法律的力量，为非遗的保护与传承提供了坚实的法律保障。其次，组织架构的完善也是非遗保护意识增强的重要体现。我国逐步建立起包括国家级、省级和市县级非遗保护中心在内的多层次保护体系，为非遗保护提供了组织保障。同时，各级文化部门也加强了对非遗保护工作的指导和监督，确保非遗保护工作的有效实施。至2023年，我国31个省份均设立了省级非遗保护中心，其中近九成省份在文化和旅游厅成立了非遗处，这显示了我国在非遗保护组织体系上的不断完善。此外，数字化与信息化手段的运用是非遗保护意识增强的又一体现。通过数字博物馆等平台的建立，非遗资源得以数字化存储、传播和展示，为公众提供了更加便捷、丰富的非遗体验。这不仅扩大了非遗的知名度和影响力，还促进了非遗的传承与创新。例如，中国艺术研究院推出的数字博物馆为公众提供了便捷的途径，以获取国家级和地方级的非物质文化遗产信息，并深入追踪和研究代表性传承者的身份与贡献。这一举措不仅丰富了数字化资源，更为全球文化体验带来了更加多元的色彩。

然而，尽管保护体系正在逐步深化，但机制建设方面仍存在诸多不足。这些不足不仅限制了保护工作的深入开展，也影响了非遗传承的可持续性与系统性。具体而言呈现以下几个方面特点。

一是法律法规体系精细化与前瞻性不足。当前，非遗保护的法律法规体系虽已初步建立，但在精细化与前瞻性方面仍有欠缺。一方面，现有法规对于非遗项目的认定标准、保护程序及责任追究等细节缺乏明确规定，导致实际操作中常出现模糊地带，难以精确指导保护工作。另一方面，随着非遗保护工作的深入与社会环境的变迁，新的非遗项目与问题不断涌现，而现有法规往往滞后于这些变化，缺乏前瞻性的规划与调整。

二是资金投入机制稳定性与持续性不足。非遗保护是一项长期且复杂的工程，需要稳定的资金投入作为支撑。然而，当前非遗保护的资金投入机制尚不稳定，资金来源单一且缺乏持续性。这导致非遗保护工作常因资金短缺而陷入困境，一些关键的保护措施无法得到有效实施。此外，资金投入的分配与监管机制也需进一步完善，以确保资金使用的透明与高效。

三是传承人培养与激励机制系统化与科学化不足。传承人是非遗保护的核心力量，但当前传承人培养与激励机制的系统化与科学化程度尚显不足。一方面，传承人的选拔、培养与管理体系尚未完善，缺乏科学的评估与激励机制，导致传承人的技艺传承与创新发展受限。另一方面，传承人的社会地位与待遇尚未得到充分保障，影响了他们参与非遗保护工作的积极性与稳定性。

综上所述，非物质文化遗产保护机制的建设在法律法规体系、资金投入机制、传承人培养与激励机制以及社会参与机制等方面均存在不足，这些不足限制了非遗保护工作的深入开展与有效实施，需要我们从实际的保护出发，深入剖析问题根源，提出切实可行的改进措施，以推动非遗保护事业的持续发展。

二、非物质文化遗产保护的措施

（一）长期开展保护工作

维护非物质文化遗产是一项长期且艰巨的任务，其重要性需从长远的视角来审视。我国的非物质文化遗产承载着深厚的历史底蕴，多数源于古代民间。然而，随着时间的推移和社会的变迁，许多珍贵的非物质文化遗产已经消亡，大量记录着这些非物质文化遗产的实物与资料也遭到破坏。如果保护工作不能持久进行，更多非物质文化遗产将面临消亡的威胁，这将严重损害非物质文化遗产的多样性。因此，长期开展非物质文化遗产的保护工作，是非物质文化遗产传承保护工作中的一项核心任务。

长期开展非物质文化遗产保护工作，不仅是对历史文化的尊重与传承，更是对文明多样性的维护与弘扬。要确保非遗保护工作的长期有效进行，必须采取一系列具有前瞻性和可持续性的措施。为此，各级政府及相关部门应该协同合作，做好打"持久仗"的准备。将非物质文化遗产的保护工作作为一项持久性的任务来开展。制定并实施长期的保护策略，确保我国丰富的非物质文化遗产得到有效保护，传承发展。这不仅是对历史的尊重，更是对未来世代负责的体现。

首先，加强非遗保护的学术研究和人才培养是关键所在。要深化对非遗项目的研究，挖掘其内在价值和文化内涵，为保护工作提供理论支持。同时，加强非遗保护专业人才的培养和引进，建立一支高素质、专业化的非遗保护队伍，提高保护工作的科学性和有效性。

其次，推动非遗与现代生活的融合是重要途径。通过创新非遗表现形式和传播方式，让非遗融入现代生活，增强非遗的吸引力和影响力。同时，开发非遗衍生品和文化创意产品，拓宽非遗的经济价值和社会功能，实现非遗保护与经济社会发展的良性互动。

此外，加强国际合作与交流是提升非遗保护工作水平的有效途径。通过参与国际非遗保护活动，学习借鉴先进经验和技术手段，推动非遗保护的国际化进程。同时，加强与其他国家和地区的文化交流，促进非遗文化的传播与共享，提升中华文化的国际影响力。

（二）增强社群保护认同

增强社会群体对非物质文化遗产的保护认同感是非物质文化遗产传承保护的基本前提。在当前社会中，由于大众对非物质文化遗产认识不足，导致了很多非物质文化资源被遗忘或破坏，这就需要我们加大对非物质文化遗产的重视程度，提高对非物质文化遗产的保护意识。我国拥有极为丰富的非物质文化遗产资源，其中有许多是我国特有的具有极高价值的类型。而大众的非物质文化遗产保护意识比较薄弱，需要进一步加大非物质文化遗产保护力度，强化对社会群体与非物质文化遗产保护认同关系的培养。

首先，加强非遗文化的普及教育，提高社群对非遗价值的认识和理解。通过举办讲座、展览等活动，向公众展示非遗文化的独特魅力，引导人们更加关注和尊重非遗文化。我们应该通过网络、报纸和广播等多种渠道进行广泛的宣传，定期组织与非物质文化遗产相关的讲座，并邀请有代表性的传承者进行演讲、实物展览和实地教学，以增强非物质文化遗产与社会各群体之间的交流和互动。同时，还要利用各种方式将一些优秀传统艺术形式传播给大众，使他们能够更加清晰地了解非物质文化遗产。以2023年11月山西省人民政府与文化和旅游部在山西潇河国际会展中心联合举办的"2023黄河非遗大展"为例。在这次展览中，不仅展示了沿黄九省区的超过600个非物质文化遗产的代表性项目，还邀请了超过300名非物质文化遗产的代表性传承人参与，为大众提供了一个展示、介绍和互动的平台，深入体验非物质文化遗产的深厚历史和文化价值，从而增强了社会大众对其保护的认同感。

其次，推动非遗保护方式的创新，拓展非遗在现代社会中的应用领域。结合市场需求和现代科技手段，开发具有创意和市场潜力的非遗产品，让非遗文化在现代社会中焕发新的活力。

最后，加强社群参与非遗保护工作的引导和激励，通过设立奖励机制、搭建合作平台等方式，吸引更多的人参与到非遗保护工作中来，形成全社会共同参与的良好氛围。

（三）全面建立保护体系

全面建立非物质文化遗产的保护体系，是非物质文化遗产传承保护工作的重要保障。这一体系的完善不仅关乎文化多样性的保持，更关乎民族精神的传承与发展。在"非遗"被列入国家战略之后，我国对非物质文化遗产进行保护的制度框架已经初步形成，并取得了阶段性成果。2021年8月，中共中央办公厅、国务院办公厅联合印发的《关于进一步加强非物质文化遗产保护工作的意见》（以下简称《意见》）为我们指明了方向，提出了具体要求。其中提到，"建立健全非物质文化遗产保护的长效机制，是当前和今后一个时期做好非物质文化遗产保护与利用的根本遵循。"在《意见》第二部分提出"要健全非物质文化遗产保护传承体系，具体包括完善调查记录体系、完善代表性项目制度、完善代表性传承人制度、完善区域性整体保护制度、完善传承体验设施体系、完善理论研究体系六个方面"[1]。针对《意见》我们可以从以下几个方面进行具体实施。

一要对非物质文化遗产进行全面普查，挖掘整理其背后深层的文化内涵、历史脉络以及生存状况等。这是非遗保护工作的基础，通过全面、深入的调查，我们能够准确掌握非遗项目的种类、数量、分布状况、保护现状及存在问题。这不仅能够为后续的保护决策提供科学依据，还能为传承人的培养与认定提供有力支持。包括：（1）制定普查计划。设立专项工作小组，结合地域文化和历史背景，制定详尽的非物质文化遗产普查计划，明确普查的目标、范围、时间节点等；（2）完善普查手段。利用现代科技手段，如数字化记录、大数据分析等，对非遗项目进行全面、深入的调查与记录，确保信息的准确性和完整性；（3）建立普查数据库。构建非遗普查数据库，对普查数据进行系统整理、分类和存储，为后续的保护与传承工作提供数据支持。

二要对代表性传承人进行全面保护，建立完善的传承人保护机制，健全传承人法律保护制度，加大传承人的扶持力度，并对传承人进行等级考核。传承人是非遗项目的核心载体，他们的技艺和经验是非遗传承的关键。通过认定和管理传承人，可以确保非遗技艺得到有效传承，并激发更多年轻人投身于非遗保护事业。包括：（1）加强传承人认定与管理。制定明确的传承人认定标准与程序，确保传承人的权威性和代表性，同时，建立传承人档案，对其技艺传承、创新发展等情况进行动态跟踪与管理；（2）提升传承人待遇与社会地位，通过政策扶持、资金奖励等方式，提高传承人的生活水平和社会地位，激发他们传承非遗的积极性和责任感；（3）加强传承人培训与交流，定期组织传承人参加培训与交流活动，提升他们的技艺水平和文化素养，促进非遗项目的传承与创新发展。

三要建立健全非物质文化遗产申报制度，确保非物质文化遗产的长期发展。将其分为不同等级，以确保申报流程顺利进行，并且能够全面保护所有的非物质文化遗产，从而实现非物质文化遗产的长期可持续发展。包括：

---

[1] 中国政府网：中共中央办公厅国务院办公厅印发《关于进一步加强非物质文化遗产保护工作的意见》https://www.gov.cn/zhengce/2021-08/12/content_5630974.htm

(1) 明确申报标准与程序，制定清晰、具体的非遗申报标准与程序，确保申报工作的规范性和公正性，同时，加强申报工作的宣传与推广，提高社会认知度和参与度；(2) 优化评审机制，建立专业的评审团队，对申报项目进行严格把关和评审，确保非遗项目的真实性和价值性，同时，引入社会监督机制，增强评审工作的透明度和公信力；(3) 加强后续管理与监督：对已成功申报的非遗项目，建立后续管理与监督机制，确保保护措施的有效实施和项目的持续发展，同时，定期对申报机制进行评估与调整，以适应非遗保护工作的实际需求和发展变化。

通过以上措施的实施，全面建立非物质文化遗产保护体系，为非遗项目的传承与发展提供有力保障。同时，这也需要政府、社会组织、传承人及公众的共同努力与参与，形成全社会共同参与的良好氛围。

（四）科学运用保护方法

科学运用保护方法是非物质文化遗产传承保护中的关键途径。随着我国非遗保护工作的不断推进，保护的科学性也逐渐增强。在这一背景下，曾博伟教授提出的分类保护理念以及分级保护策略，为我们提供了宝贵的思路。分类保护理念强调根据非物质文化遗产的不同性质和特点，制定针对性的保护措施。这一理念凸显了对非遗多样性的深刻认识，也体现了保护工作的精准性和有效性。通过分类保护，我们能够更好地把握不同非遗项目的内在规律和发展趋势，为其量身定制保护方案，从而确保其得到科学有效的保护。分级保护策略则是基于非遗项目的文化价值和濒危程度进行差异化保护。通过评估非遗项目的文化价值高低和濒危程度深浅，将其划分为不同的等级，并据此分配保护资源。这种策略有助于实现资源的优化配置，使保护工作更加精准和高效。同时，对于文化价值高、濒危程度深的非遗项目，我们更应加大保护力度，确保其得到充分的关注和保障。此外，南开大学马小晓龙教授也指出"非遗的非物质化特征使其形态、类型等较物质文化遗产更为复杂，保护难度更大，很难采取一刀切的保护措施和方法。"① 因此，要根据其特征，采取不同的保护措施和手段，以确保它们的长期可持续发展。

　　未来，我国的非遗保护宣传工作仍有很大的发展空间和潜力。一方面，可以进一步拓展宣传渠道，利用新技术手段如虚拟现实、增强现实等，为公众提供更加沉浸式的非遗体验。另一方面，可以加强与非遗传承人的合作，深入挖掘和展示非遗技艺的独特魅力，让公众更加直观地感受到非遗文化的精髓和价值。同时，还应注重非遗宣传的针对性和实效性。针对不同地区、不同人群的特点和需求，制定个性化的宣传方案，提高宣传的针对性和实效性。此外，还应加强与非遗保护相关法律法规的衔接，确保宣传工作的合法性和规范性。总之，非遗保护宣传工作在取得一定成效的同时，仍需不断创新和完善。只有通过全社会的共同努力和持续投入，才能推动非遗文化的传承和发展，让其在现代社会中焕发出新的光彩。

---

① 人民网：健全保护非遗传承体系推动传统文化创新性发展[EB/OL].http://ent.people.com.cn/n1/2021/0818/c1012-32197733.html

第二章

非物质文化遗产的数字化保护

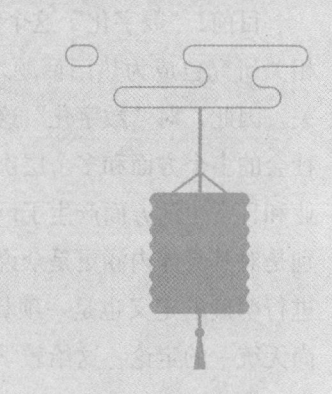

在信息爆炸的时代，如何借助数字化技术，将那些承载着深厚文化底蕴的非物质文化遗产传承下去，成为摆在全人类面前的重要课题。本章将聚焦非物质文化遗产的数字化保护，深入探索其内涵、意义、标准、原则以及技术研究现状，以期为推动非物质文化遗产的数字化转型提供有益的理论参考。

第一节 非物质文化遗产数字化

一、数字化的概念

数字化源自拉丁语"digitus"，即"手指"，这与原始的十进制计数方式紧密相连，后来引申为一切事物都有其数量界限，以达到准确地描述客观事实的目的。数字化最初指的是一种技术或工具，后被赋予新含义，如"数字化设计"。随着数学与计算机科学的发展，数字化的内涵与外延均得到了极大的拓展。它不再仅仅局限于数学领域，而是成为一个跨学科的综合性概念，深刻影响着现代社会的各个领域。

目前，"数字化"这个词汇已经为大众所熟知。围绕"数字化"展开的相关研究也成为热门话题之一，它既涉及理论问题，又与实际应用密切相关。因此，对"数字化"这个名词进行研究是很有必要的。数字技术已经在社会的多个方面和多个层次中得到了广泛和深入的应用，对人们在学习、职业和日常生活方面产生了巨大的影响。对于"数字化"的理解并非易事，特别是对其具体内涵更是众说纷纭、莫衷一是。然而，对"数字化"这个术语进行明确的定义也是一项具有挑战性的任务。因此，对于"数字化"，目前尚无统一的定论，这给教学带来了很大不便。所面临的挑战不仅仅是因为数字化本质上是一个新兴的现象，还因为数字化的快速变化和明显的动态性，使其很难用一个固定不变的概念来定义。本书试图将"数字化"这一术语放在历史与逻辑相统一的角度来分析。然而，在这一概念定义的部分中，有必要对数字化的定义进行简要的总结。下面主要从两个不同的维度进行详细解释。

从科技层面来看，数字化是指将各种信息转换为二进制代码的过程。二进制是从古希腊数学家毕达哥拉斯开始发明的一种数字符号体系。二进制的应用，起初主要限于数据处理，通过数据转换和处理，将文字、语言、图像、声音等转化为计算机能够理解的0和1的序列。在此过程中，每个0或1代表一个比特，它是数据存储的最小单位。数字技术的应用使二进制具有了更大的灵活性，它不仅可以用来描述各种不同类型的数值信息，还能够对它们加以压缩，以便于保存。因此，数字被认为是对事物特征最简单有效的描述方式。现在，数字化的定义已经远远超出了比特组合的含义——它不再仅仅是一个静态和直观的标志，而是成为一种能够深刻影响社会各个领域、各个层面的强大力量。数字技术已经广泛而深入地渗透到我们的学习、工作和生活中，对人们的思维方式、行为模式乃至整个社会结构都产生了深远的影响。

当我们讨论数字化时，网络成为一个不可回避的议题。网络使我们进入了一种全新的信息时代——网络时代。网络在很大的范围内似乎已经变成了数字的同义词。在数字化的网络环境中，信息和知识有能力跨越由空间、时间、语言和学科等多种因素带来的障碍。这些信息和知识如同"日夜不舍"和"跨海越洋"，打破了学科和语言之间的界限，从而在速度、范围和深度上增强了信息和知识的共享和交流效率。伯纳斯·李曾经如此阐述他对网络的感受："网络梦背后的目的是创建一个共享的信息空间，从而实现信息的共享和相互交流。"它的通用性和普适性是非常重要的，超文本链接可以连接任何事物，无论是个体的、本土的还是全球的，无论是初步的初稿还是经过精心编辑的。

从文化层面来看，数字化指对数字技术的人文观念、态度、理念等方面。虽然科技构成了数字化的根基和核心，但仅仅从一个角度去解读数字化，无疑是一种偏颇的看法。数字化不只是在技术层面上重新定义了信息的传播方式，同时也对人们的信息获取方法、思维方式以及工作与生活方式产生了深远的影响。数字化不仅仅是科技进步的体现，它还代表了文化价值观的转变，可以说"技术的进步是对整体生态的改变"。它象征着一种创新的价值观念，并因此催生了一种全新的文化形态，即数字化文化。从一个特定的视角出发，数字化已逐步演变为现代社会进步的一个不同模式。利用数字技术，可以为客观与主观的世界塑造一个创新的文化生态，这将被人们所认同，也就是数字化的生活模式。在探讨"数字化生存"的话题时，麻省理工学院的著名教授尼葛洛庞帝（Nicholas Negroponte）显得尤为关键，他一直倡导利用数字化技术来推动社会生活的变革。其在著作《数字化生存》一书中指出："数字化的生活方式为我们创造了一个数字化和虚拟化的空间。这个空间基本上是由数字技术所构建的，它是一个真实的、虚拟的交流平台，而不是一个虚构的交流场所。"数字化的生活模式作为一种创新的、可选的生产、生活和生存方式，将不可避免地对人们的认知和行为模式产生根本性的改变。

鉴于当前非物质文化遗产数字化技术和实践的飞速发展，深入探讨其理论和原则的重要性愈发凸显。作为非专业人士在数字化技术领域往往只具备浅层次的了解，因此不宜轻易涉足技术研究领域。此外，数字化技术的日新月异使任何局限于特定技术或方法的探讨都可能迅速失去时效性和实际意义。因此，本书旨在从非遗传承的视角出发，通过对近20年来国内外关于非物质文化遗产数字化的文献及研究成果进行全面梳理和总结，提炼出具有深度和广度的理论见解。尽管非遗数字化的理论研究尚待进一步深入，但这也是本书致力于探索的核心议题。在现有的非遗数字化研究成果中，已多次提及加强理论研究的重要性。非遗数字化的过程不仅是一个技术应用的过程，更是一个涉及文化传承、价值认同和社会发展的复杂过程。因此，建立一套系统、完整的非遗数字化理论框架至关重要。这一框架应涵盖非遗数字化的基本原则、方法论、技术选择以及与传统文化的融合等方面，为非遗传承的数字化进程提供坚实的理论支撑。同时，还应深刻认识到数字技术对传统文化传承的深刻影响。数字技术不仅为非遗传承提供了新的手段和平台，也对其传承方式、传播范围和受众群体产生了深远影响。因此，在非遗数字化的过程中，需要充分考虑数字技术的特点和优势，结合非遗自身的文化特性和价值内涵，探索出更加符合非遗传承规律的数字化路径。

二、非物质文化遗产数字化保护

非物质文化遗产的数字化保护是指利用数字采集、存储、处理、展示和传播等多种技术手段,将其转化、再现和恢复为可共享和可再生的数字形态,并从一个全新的角度进行解读,以创新的方式进行保存,并根据新的需求进行有效利用。它是一种全新的保护理念和模式,其核心问题就是对"非遗"进行数字化的表达、记录、储存、传输、呈现以及再创造。借助数字技术和信息技术等现代科技工具,可以实现无形文化的可视化、有形化和情境化。这将使我们能够将其转化为各种数字化形态,创新传统的保护手段和方法,为采集、保存、展示和传播、开发和利用提供有效的技术手段。我们的目标是既能更好地保存和保护无形文化,也能在现代社会环境中以新的方式得到开发、利用、展示、传播和传承。

第二节 非物质文化遗产数字化研究的意义

一、有利于传统文化的赓续传承

非物质文化遗产数字化研究使非物质文化遗产传播更加广泛。在2006年颁布的《国家级非物质文化遗产保护与管理暂行办法》中就提到"鼓励地方通过大众传媒等手段普及非遗知识,促进社会共享"[①]。中央财经大学魏鹏举

---

① 中国政府网:国家级非物质文化遗产保护与管理暂行办法[EB/OL].https://www.gov.cn/zhengce/2022-09/26/ content_5712549.htm

院长也说道："非遗的保护、传承、发展，数字化是目前最优选择。因为它可以把最原生态文化或者非物质文化遗产保护好，而且实现更广泛的跨距离、跨时空的传播。"所以，在非遗保护方面，数字化是一种非常有效的方法和途径。在运用数字化保护技术之前，非物质文化遗产只能通过书面记载的方式进行保护，通过报纸刊登的方式进行传播，保护效果受到传播途径的限制，并不是很理想。但是，随着科学技术的发展，数字化技术为非物质文化遗产保护提供了更加科学的手段，专家学者能够利用数字化技术对非物质文化遗产进行采集与记录，并将其上传到互联网云端，从而实现对非物质文化遗产更为安全和持久的针对性保护。以"中国非物质文化遗产网·中国非物质文化遗产数字博物馆"为例，截至2023年12月，该网站上已经发布了3610项国家级非物质文化遗产和3057名国家级代表性传承人的信息。除此之外，该网站还提供了与非物质文化遗产相关的图片和影视资料，使人们通过网站就能够更全面地了解丰富的非物质文化遗产资源，更有效地传承中国丰富多彩的传统文化。

二、有利于社会和谐发展

数字化技术对于社会和谐发展的推动具有深远影响。它通过互联网平台将世界各地的人们紧密地连接在一起，实现了跨地域、跨文化的交流与合作。这种互动与交流不仅促进了文化间的融合，也丰富了人们的精神世界。在全球化背景下，非物质文化遗产作为全人类共有的珍贵遗产，其多元性和独特性在不同国家和地区得到了充分的体现。然而，地域的限制往往使人们难以深入了解和体验这些非物质文化遗产。数字化技术的出现为打破这一局限提供了有力支持，使非物质文化遗产的知识得以在全球范围内共享、传递与交流。具体而言，数字化技术通过构建网络平台，为人们提供了轻松浏览世界各地非物质文化遗产的途径。人们可以欣赏到不同文化背景下的独特魅力，进一步加深对非物质文化遗产多样性的认识。同时，社交媒体平台的兴起也为人们提供了实时互动的机会，使来自不同国家的网友能够分享彼此的感受与见解，共同参与到非物质文化遗产的传承与保护中来。"中国非物质文化遗产数字博物馆"就是数字化技术实现跨文化交流的鲜活例证。该平台利用数字化技术将中国的非遗文化呈现给全球观众。通过图片、视频和音频等多媒体资料，人们可以详细了解中国各地的非遗项目，如京剧、剪纸、陶瓷制作等。这不仅让全球观众能够近距离感受中国非遗的魅力，也极大地促进了中国文化的国际传播。此外，数字化技术还为国际文化交流活动提供了广阔的平台。通过在线论坛、直播互动和虚拟现实技术等形式，人们可以跨越时空界限，共同参与到非遗的庆祝和传承中来。这种无障碍的沟通与交流方式有助于增进不同国家人民之间的相互理解和友谊，推动世界文化的多样性与和谐共生。

综上所述，数字化技术在助力文化多样性传播方面发挥了巨大作用。它能够跨越国界，将不同文化背景下的艺术作品、传统习俗、历史故事等展示给全球观众，从而增进人们对不同文化的了解和尊重。通过数字化技术的助力，我们可以更好地保护和传承非物质文化遗产，促进不同国家和地区之间的友好交流与合作，共同构建一个更加和谐美好的世界。

三、有利于创新力与创造力的激发

数字化技术在非物质文化遗产领域的运用不仅为大众带来了全新的体验，更在深层次上激发了创新力与创造力的发展。在当前的信息化时代，VR、AR等前沿数字化技术被广泛应用于非物质文化遗产的展示与传承，使大众能够身临其境地感受传统文化的魅力。这种沉浸式的体验方式打破了传统展示形式的局限性，让大众在虚拟世界中与非物质文化遗产进行深度互动。通过这种互动，大众能够更直观地了解非物质文化遗产的制作过程、技艺特点以及文化内涵，从而引发对传统文化的浓厚兴趣。

数字化技术的应用激发了技术人员的开发创新能力。他们不再局限于传统的展示手段，而是将非物质文化遗产与现代科技相结合，开发出形式多样、互动感极强的数字产品。这些产品包括游戏、电影等，通过生动有趣的方式向大众展示非物质文化遗产的魅力。以《雁丘陵》这款游戏为例，它巧妙地将汝窑制作技艺和皮影戏等非物质文化遗产融入游戏情节中，让玩家在娱乐的同时，也能了解到这些传统文化的精髓。这种寓教于乐的方式不仅提高了大众对非物质文化遗产的认知度，也促进了传统文化的传承与创新。

因此，数字化技术在非物质文化遗产领域的运用具有重要的现实意义和深远的历史意义。数字化技术不仅为非物质文化遗产的传承提供了新途径，更在激发大众创新能力方面发挥了重要作用。通过数字化技术的不断创新与应用，我们能够让传统文化在现代社会中焕发出新的活力，推动文化多样性的发展，为构建和谐社会贡献智慧与力量。

四、有利于文化产业的历久弥新

非物质文化遗产的数字化对文化产业的影响深远，不仅为文化产业带来前所未有的发展机遇，同时也为其注入了新的活力，使之历久弥新。一方面，在数字化技术的推动下，文化产业的传播面得到了极大的拓宽。传统非物质文化遗产的传播往往受限于地域、时间等因素，而数字化技术的应用则打破了这些限制，使文化产业的传播范围得以无限扩大。通过数字化平台，无论是国内还是国外的受众，都能随时随地接触到丰富的非物质文化遗产内容，这无疑为文化产业的国际化发展提供了有力的支持。另一方面，非物质文化遗产的数字化也为文化产业带来了新的发展方向。借助数字化技术，非物质文化遗产可以与现代设计元素相结合，创造出既具有传统韵味又符合时代潮流的文创产品。这些产品不仅能够满足现代消费者的审美需求，还能够推动非物质文化遗产的传播和普及。同时，这也为文化产业提供了新的经济增长点，促进了文化产业与非物质文化遗产的深度融合。此外，政策层面也对文化产业与非物质文化遗产的数字化结合给予了高度关注和支持。例如，2017年国家就出台了相关政策，鼓励现代科技与文化、技术的结合，支持在互联网上创立相关网站帮助销售文化创意产品。这一政策的出台既为文化产业的发展提供了有力的政策保障，也为非物质文化遗产的数字化发展创造了良好的外部环境。

在实践中，已经有许多成功的案例表明非物质文化遗产的数字化可以为文化产业带来巨大的经济效益和社会效益。例如，上海创图网络科技股份有限公司的创始人、董事长李欣就提出了将非物质文化遗产产品授权给文化机构，让新一代有创意的青年人才对非物质文化遗产的产品与数字化相结合，进行二次加工的想法。这种创新性的做法不仅推动了非物质文化遗产的传播，也为文化产业的发展注入了新的活力。以昆"戏"积木为例，这一文创产品以昆剧为原型进行设计，通过几何化处理将昆剧中最具代表性的人物形象转化为现代感十足的积木形式。这种创新的设计不仅使孩子们在娱乐的过程中能够了解到昆剧这一非物质文化遗产，而且通过数字化的方式将非物质文化遗产转化为了巨大的经济财富。这种成功的尝试不仅证明了非物质文化遗产数字化在文化产业中的巨大潜力，也为其他非遗项目的数字化开发提供了有益的借鉴和启示。

综上所述，非物质文化遗产的数字化对文化产业的发展具有重要意义。它不仅拓宽了文化产业的传播面，为文化产业带来了新的发展方向，还通过创新性的实践探索为文化产业的发展注入了新的活力。未来，随着数字化技术的不断发展和完善，相信非物质文化遗产的数字化将会在文化产业中发挥更加重要的作用，推动文化产业实现更加繁荣的发展。

第三节　非物质文化遗产数字化保护的标准与原则

非物质文化遗产作为人类文明的瑰宝，承载着丰富的历史记忆与深厚的文化内涵。在数字化浪潮的冲击下，如何科学、合理地进行非物质文化遗产的数字化保护，已成为文化领域亟待解决的问题。

一、真实性原则：守护非遗原貌

真实性是非物质文化遗产数字化保护的首要原则。在数字化采集过程中，应秉持严谨的态度，确保非物质文化遗产的原始风貌得以完整呈现。无论是照片、视频还是其他形式的数字化记录，都应力求真实还原，避免任何形式的歪曲变形。同时，在构建非物质文化遗产数据库时，应严格核实数据来源，杜绝编造现象，确保数据库内容的真实可靠。此外，还需定期对数据库进行更新与维护，以反映非物质文化遗产的最新动态和变化，从而确保数字化保护的时效性和真实性。

二、整体性原则：全面系统记录

整体性原则强调非物质文化遗产数字化保护的全面性和系统性。在数字化过程中，应坚持全面调查与了解，不遗漏任何一项非物质文化遗产。因此，需要建立一个涵盖整个文化领域、具有一定完整性的"非遗"数据库。这包括对每个种类非物质文化遗产的历史、特点、表现形式以及分布等信息的详细记录，同时还应关注代表性传承人的技能、年龄、数量等关键要素。对于每一种具体类型的非遗项目，要根据其自身特点进行分类，并针对不同类别的内容采取针对性的措施加以保存。通过对非物质文化遗产进行全方位和系统性的记录，可以构建出完整、翔实的非物质文化遗产数据库，为后续的查询、研究和传承工作提供便捷的条件。

三、适用性原则：技术与目的相统一

在非物质文化遗产数字化保护过程中，应坚持适用性原则，即根据非物质文化遗产的特点和需求选择合适的数字化技术。不同的非物质文化遗产具有不同的表现形式和特点，因此不能盲目追求技术的新颖和先进，而应注重技术的适用性和实用性。当前我国的非物质文化遗产数字化保护中存在的一些问题，很多是由于对数字技术了解不足以及缺乏有效的使用方法所致。我们应根据非物质文化遗产的实际情况，选用最直接、准确的数字化技术进行采集、展示与传播，以确保数字化保护的针对性和有效性。同时，我们还应关注数字化保护的成本与效益，避免过度投入而造成资源浪费。

四、安全性原则：确保数据安全稳定

安全性原则是非物质文化遗产数字化保护的重要保障。在数字化过程中，应高度重视网络安全和数字化技术的稳定性。一方面，要构建一个健全的网络安全保护机制，以避免网络攻击和病毒的入侵，确保非物质文化遗产数据库的绝对安全。同时，要重视数据库应用系统的兼容性，提高用户体验，增强用户黏性。另一方面，还需要密切关注数据库的稳定性和可扩展性，以确保该数据库能有效地应对大规模的并发访问和不断增长的数据需求。同时，应加强数据库的维护与管理，使其具有较强的安全性和可靠性，从而更好地发挥数据库的作用。除此之外，还应该周期性地对数据库进行数据备份和恢复测试，以预防可能发生的数据丢失或损坏的风险。

五、可持续性原则：传承非遗文化

可持续性原则强调非物质文化遗产数字化保护的长期性和可持续性。通过数字化技术，可以将非物质文化遗产转化为可重复利用的电子资源，从而避免传统方式的易损性和易失性。这不仅提高了非物质文化遗产的传播效率和范围，也为其长期保存和传承提供了有力支持。同时，还应注重数字化保护的可持续发展，不断探索和创新数字化技术和方法，以适应非物质文化遗产保护的新需求和新挑战。

非物质文化遗产数字化保护的标准与原则构成了进行数字化任务时的基础指导原则。遵循这些核心原则，可以确保非物质文化遗产在数字化过程中得到真实、完整和可持续的保护，使其在新时代的大背景下展现出更为夺目的光辉。

第四节 非物质文化遗产数字化研究的技术分析

一、数字化采集与储存技术

随着科技的迅猛进步，非物质文化遗产的保存与传承方式正经历着前所未有的变革。传统的书籍、画册储存方式已无法满足非物质文化遗产保护与传承的多元化需求，而数字化采集技术的出现为非物质文化遗产的可持续发展提供了坚实的技术支撑。目前，数字化采集与储存技术主要包括高清摄影技术、图像处理技术和三维扫描技术。

（一）高清摄影技术

高清摄影技术是非物质文化遗产数字化采集的主要手段。在进行非物质文化遗产的保护中，要想更好地对其进行记录与传播，就需要使用相应的拍摄技术。高清摄影技术的工作原理是利用传感器来捕捉光信号，然后将这些光信号转化为数字格式，接着经过编码技术将其转化为图像，最后通过终端设备播放，从而将非物质文化遗产转换为电子形式的影像。在拍摄时不需要使用专业器材就能达到很好的效果。目前，市面上拥有高清摄影技术的设备种类繁多，包括但不限于胶片成像照相机和数字成像照相机等。其中数码摄像机以其轻便便携而受到广大工作者的喜爱。工作者可以根据采集的内容、目的不同，选择不同型号的摄影机，快速地将非物质文化遗产转化为电子图像或视频记录下来，给工作带来了极大的便利。正是有了高清摄影技术的出现，大量的非物质文化遗产才能转化为电子数据储存在数据库中，非物质文化遗产数字化保护才能得以展开。

（二）图像处理技术

在高清摄影技术之后，图像处理技术利用计算机对数字图像进行多种处理和操作，旨在提升图像的质量、增加信息内容和提取其特征。图像处理技术主要包括图像的数字化处理、图像的增强与恢复、图像数据的编码、图像的切割以及图像的识别技术等。当利用高清摄影技术将非物质文化遗产转换为电子图像时，由于光线和角度等因素，所拍摄的图像可能并不完美。为确保非物质文化遗产的数字化保护真实性，我们需要使用图像处理技术对收集到的电子图像进行修复。例如，图像增强可以改善图像的视觉效果，主要包括对比度处理、直方图修正、噪声处理、边缘增强、变换处理和伪彩色等。图像增强技术能够提升图像的视觉体验，这主要涉及对比度的调整、直方图的修正、噪声的处理、边缘的增强、图像变换以及伪彩色的处理等方面。通过图像恢复技术，我们可以确保图像保持其原始状态，这有助于修正图像在生成、传递、储存、记录和展示过程中出现的质量下降和失真问题。

（三）三维扫描技术

非物质文化遗产的数字化储存主要通过三维扫描技术来完成。三维扫描技术是一种创新的方法，它通过激点扫描迅速获取物体表面各点的（x.y.z）坐标、反射率和（R.G.B）颜色等关键数据，为迅速重建1∶1真彩色的三维点云模型提供了一种全新的技术途径。可以快速准确地将实物三维扫描转化为数字立体模型储存下来，例如，2021年，一个先进的三维技术团队进入佛罗伦萨美术学院，对《大卫》这一作品进行了高精度的扫描。技术团队采用了海克斯康的Stereo Scan蓝光扫描测量系统，并结合了尖端的光栅投影技术，对文物进行高精度和高效率的测量，且不会对文物造成任何损伤。该系统还能自动识别参考点，并配备了数据自动拼接的技术。借助Leica激光跟踪仪和LAS系列激光扫描测头的辅助，能够轻松地完成雕像从头部到脚部的高精度扫描和数据拼接，使文物研究人员能够在电脑上查看所扫描的详细信息。过去，雕像的研究通常需要研究人员携带放大设备等去观察每个细节，而如今"数字大卫"项目的成功，在有效地提高了研究效率的同时，也给未来的非物质文化遗产的采集与储存提供了可靠的数据参考。

数字化采集与储存技术在非物质文化遗产保护领域的应用不仅提升了保护工作的效率和精度，还拓宽了非物质文化遗产传承与发展的途径。未来，随着技术的不断创新和发展，相信非物质文化遗产数字化保护工作将取得更加显著的成果。

二、数字化复原与再现技术

非物质文化遗产由于其无形和地理特性，在其保护过程中面临巨大的挑战，许多宝贵的非物质文化遗产资料很难得到妥善保存。因此，必须对其进行有效的保护，而目前最适合非物质文化保存和传承的就是数字技术，它能够为非遗的保护提供新的途径。随着数字化技术的涌现，那些濒临消失的非物质文化遗产得以恢复并重新呈现，其中主要包括3D打印技术、虚拟现实技术、增强现实技术以及混合现实技术，这些技术为非物质文化遗产的保护带来了巨大的突破。

（一）3D打印技术

3D打印技术在非物质文化遗产领域应用较为常见。这是一种创新的制造和加工方法，它基于数字模型（即3D设计）文件，运用粉末状金属或塑料等可黏合材料，通过3D打印机，逐层打印的方式来构造物体的技术。它是一种基于计算机图形学理论的数字化技术，能够将实物进行快速建模并实现虚拟仿真。近年来，3D打印技术以其独特的优势在多个领域得到了广泛应用，相较于传统的二维打印机，其显著区别在于能够打印出具有三维立体形态的作品。这一技术的应用不仅为非物质文化遗产的数字化保护提供了新的途径，还在文创、工业等领域展现出巨大的潜力。在非物质文化遗产保护方面，3D打印技术通过其高精度的复制能力，可以实现对文化遗产的复原与再现。与传统的复制方法相比，3D打印技术能够更准确地捕捉文物的形态和细节，从而确保文化遗产的真实性和完整性得到有效保护。此外，3D打印技术在文创领域的应用也愈发广泛。创作者们可以借助三维扫描技术，将文创产品的设计转化为数字模型，再通过3D打印技术实现实物的制作。这种技术的结合不仅提高了文创产品的制作效率，还使设计者的创意能够更加准确地呈现在实物上。以SCRAT3D联合创始人鲁琪为例，她成功地将剪纸艺术与3D打印技术相结合，创造出了一款独特的耳钉产品。这一创新不仅展示了非物质文化遗产与科技之间的完美融合，也为非物质文化遗产数字化保护开辟了新的道路。总之，3D打印技术以其独特的优势在非物质文化遗产保护、文创等领域发挥着重要作用。随着技术的不断进步和应用领域的不断拓展，相信3D打印技术将在未来为更多领域带来革命性的变革。

（二）虚拟现实技术

虚拟现实技术，也称为VR技术，是一种通过计算机仿真系统来模拟外部环境的技术。它主要模拟的对象包括环境、技能、传感设备和感知等，为用户提供了一个多信息、三维动态、交互式的仿真体验，具有沉浸感、交互性和想象性三个特点。技术专家可以通过虚拟现实技术来构建一个高度逼真和可交互的虚拟世界。在进入这个虚拟世界时，用户需要佩戴专用的头盔和带有触觉反馈功能的手套，这样可以让他们沉浸式地欣赏到非物质文化遗产的美，并与之进行深度的互动交流。这种方式打破了地理限制，让人们能够通过虚拟现实技术随时随地感受到非物质文化遗产的魅力。随着我国对非物质文化遗产保护工作的不断深入，越来越多的人开始关注虚拟现实技术应用于非物质文化遗产的展示当中。例如，2021年9月，烟台市举办了一个专门展示非物质文化遗产文创数字的展览。在这个展馆里，参观者可以利用虚拟现实技术来体验雕塑、剪纸和古船等多种非物质文化遗产的魅力。另外，还能看到一些传统技艺展示，如"鲁绣""烟台泥人"等都是采用虚拟现实技术制作出来的作品。利用虚拟现实技术，观众的参与热情得到了显著的激发，这进一步增强了人们对非物质文化遗产的关注，并推动了非物质文化遗产的持续传承和进步。

（三）增强现实技术

增强现实技术是虚拟现实技术的前身，又称为AR技术。增强现实技术利用电脑和其他科学技术进行模拟和仿真，然后进行叠加，将虚构的信息融入真实的世界中，使真实的环境和虚拟的物体能够实时地叠加在一个画面中，处于虚拟现实和真实世界之间。以佛山市为例，他们在2019年推出了一系列的AR明信片。每一张明信片都详细记录了佛山市丰富多彩的非物质文化遗产。只需用手机扫描这些明信片，与之相对应的非物质文化遗产就能浮现在明信片上，利用全新的数字化技术提升非遗文化的观赏性，给非物质文化遗产的传播带来更多的可能性。

（四）混合现实技术

混合现实技术也被称为MR技术，是指将增强现实技术和增强虚拟技术相结合，在现实世界的基础上融合虚拟信息，使观者真实感和沉浸感更强。混合现实技术的原理是通过空间定位技术、全息投影技术、人机交互技术和动作传感等技术混合显示，为用户提供了"实中有虚"的半沉浸式环境体验。[①]混合现实技术的一个显著特征是它不仅具有高度的互动性，还可以与

---

① 初毅，邵兆通，武涛.基于MR+BIM技术的信息化建筑工程应用探讨[J].土木建筑工程信息技术，2017，9（05）：94-97.

空间定位技术相结合。这使虚拟信息能够被放置在现实世界的任何一个角落,而不会因为观众的视线而发生移动,在区分现实和虚拟环境时具有很高的真实感。目前,国内外已经应用于博物馆、美术馆、纪念馆以及科技馆等场所。在对非物质文化遗产进行数字化保护的过程中,我们不仅可以利用混合现实技术来恢复这些遗产的原貌,还可以构建MR展示平台,以更有效地呈现这些文化遗产。南越王宫博物院的展示利用项目首次将MR技术、OLED透明屏和眼球追踪技术融合到遗址的数字化展示中,使南汉国的宫殿能够在它们曾经的旧址上"重现",使观众能够精准地切换到与古人相同的空间视角,真切地感受到他们曾经见证过的辉煌和壮丽。

表2-1　混合现实技术、增强现实技术与虚拟现实技术比较表

区分	混合现实技术（MR）	增强现实技术（AR）	虚拟现实技术（VR）
表现方式	在现实信息基础上融合虚拟信息	将计算机生成的虚拟南锡叠加到真实场景并实现互动	利用设备模拟产生一个三维空间的虚拟世界
优点	与现实的交互作用强、机制的真实感与沉浸感	虚拟信息叠加到真实世界,从而拥有超越现实的感官体验	用计算机图形实现立体影像、模拟感官从而形成沉浸感
缺点	需要处理的数据容量太大、受到目前装备和技术的约束	视野与信息分离、缺乏沉浸感	缺乏现实感,与现实交互作用弱

三、数字化展示与传播技术

数字化展示与传播技术在非物质文化遗产保护领域的应用,为传统文化遗产的传承注入了新的活力。当前,尽管国家已建立了非物质文化遗产名录,但随着传承人的老龄化,传统展示与传播方式面临诸多挑战。因此,为了更好地保护和传承非物质文化遗产,需要在非遗信息资源的基础上,结合新媒体时代发展所带来的机遇与挑战,构建一个全新的文化展示模式,而数字化技术的崛起为非物质文化遗产的展示与传播开辟了新的途径。

（一）数字化博物馆

在数字化展示与传播技术中，数字化博物馆发挥着举足轻重的作用。作为非物质文化遗产数字化展示与传播的重要场所，数字化博物馆集成了VR、AR、三维扫描等多项先进技术。相较于传统博物馆，数字化博物馆以其独特的互动性和趣味性，使参观者能够在一个积极和快乐的环境中体验非物质文化遗产，从而让数字化博物馆变得更加活跃。观众在数字化博物馆中能够身临其境地感受非物质文化遗产的魅力，这种沉浸式的体验方式极大地增强了观众对非物质文化遗产的认知和理解。以北京故宫博物院为例，它融合了数字化技术，当人们戴上VR眼镜时，便可以目睹乾隆皇帝戴着墨镜演唱RAP；当人们接近"数字屏风"时，可以随心所欲地尝试穿上龙袍；当人们步入"互动数字空间"，即使是静止的蝴蝶也会随着手指的移动而起舞和变换，它们会在人们的指尖稍作停顿后迅速飞离。这些都是数字技术在展示领域中应用的例子。数字化博物馆的诞生不仅为观众带来了更多的互动乐趣，同时也对非物质文化遗产的传承和守护起到了积极作用，进一步激发了人们对历史、艺术和非物质文化遗产的深入反思。

（二）人工智能技术

人工智能，也被称为AI技术，是指机器通过学习人类大脑的思维、工作和学习模式，使计算机能够智能地思考问题，并作出相应的指令或回答。人工智能是一项正在飞速发展的科技，它具有强大的运算能力，能够将人脑无法想象出来的事情变成现实。人工智能在多个领域都有广泛的应用，它不仅可以在自动驾驶、智能生活和智慧医疗等领域被采纳，还能在非物质文化遗产中发挥作用，助力其更好地展现和传播。随着科学技术水平不断提高，在非遗保护方面应用人工智能技术已经成为可能，并且取得一定成效。2019年的第二届进博会上，金山农民画采用了先进的人工智能技术。这些人工智能机器能够学习金山农民画的独特绘画风格。当人们在这些机器上绘制出简笔画时，他们可以迅速地创作出与之匹配的金山农民画。这就是人工智能与传统文化结合应用于非物质文化遗产方面的一个成功案例。人工智能技术为观众提供了一种全新和创新的方式来体验和交流非物质文化遗产，这对于非物质文化遗产的进一步发展是非常有益的。

第五节 非物质文化遗产数字化研究现状

一、数字化时代的非物质文化遗产保护

自计算机辅助设计系统的诞生以来，数字技术以其独特的优势，逐渐成为发达国家在设计创作、传播宣传中的核心辅助工具。尤其在美国、日本及英国等先进国家，科技手段在文化遗产数字化保护方面取得了显著进展。

回溯至1985年，英国凭借数字录像与影视合成技术的革新，创作了《建筑：谁来保护》这一划时代的数字影像作品，标志着数字技术在文化遗产保护领域的应用迈出了坚实的一步。1988年，美国利用数字摄影和计算机图形图像处理技术，摄制了大型纪录片《木建造：重建安德森铁匠店》，这一实践不仅丰富了文化遗产的表现形式，更推动了数字技术在文化遗产传播中的普及与应用。

进入20世纪90年代，数字影像技术呈现出爆发式的发展态势，在数字摄影、视觉传达设计、数字影视创作等领域均得到了广泛应用。随着计算机虚拟仿真图像技术和数字动画技术的兴起，文化遗产的数字化保护迎来了前所未有的机遇。特别是到了20世纪末，数字技术日趋成熟，美国、英国、日本等发达国家将数字技术广泛应用于文化遗产的复原、再现、建筑漫游及数字影视展示等多个方面，实现了从真实记录到虚拟仿真，再到数字化重现、复原与呈现的跨越式发展。

随着数字技术与现代科技的日新月异，联合国教科文组织于1971年成立了亚太地区文化中心，致力于在亚太地区构建动态的非物质文化遗产数字化数据库。这一举措不仅体现了国际组织对文化遗产数字化保护的高度重视，也为亚太地区各国提供了文化遗产数字化保护与交流的重要平台。

自20世纪90年代起，国际相关组织和发达国家便开始将文化遗产数字化作为数字图书馆建设的重大项目，旨在通过现代科学技术手段，对历史文献进行高效、充分的采集、保存、保护和传播。1992年，联合国教科文组织发起的"世界记忆"计划，更是在全球范围内呼吁各国和民族地区利用现代科技手段，加强对珍贵历史文献的保护与传承。至今，已有众多世界记忆项目被登记，这些项目的实施不仅丰富了人类的文化遗产宝库，也为后人留下了宝贵的历史记忆。

在数字化浪潮汹涌的时代背景下，非物质文化遗产的保护显得尤为关键和紧迫。作为中华民族世代传承的宝贵财富，非物质文化遗产不仅承载着深厚的文化底蕴，更是我们历史记忆的珍贵载体。自联合国教科文组织通过《保护非物质文化遗产公约》以来，我国高度重视这一领域，制定并实施了一系列政策措施，以加强对非物质文化遗产的保护。数字化时代的到来为非物质文化遗产的保护提供了新的机遇与挑战。在这个时代，非物质文化遗产与各学科之间的交流合作变得尤为重要，特别是数字化技术与非物质文化遗产之间的融合。通过数字采集、数字储存、数字传播等现代高科技手段，我们可以将非物质文化遗产有效转换、复原和再现为数字形态，进而更好地保护和利用这些珍贵的文化遗产。[1]然而，数字化技术在为我们带来便利的同时，也带来了一系列挑战。如何在数字化过程中保持非物质文化遗产的原真性和完整性？如何确保数字形态的非物质文化遗产能够得到有效的传播和利用？这些问题都需要我们进行深入思考和探索。未来，我们还需要在数字化技术与非物质文化遗产保护之间找到更加紧密的契合点，为非物质文化遗产的传承和发展注入新的活力。

---

[1] 欧阳爱辉.壮族师公舞非物质文化遗产数字化保护机制初探[J].北京舞蹈学院学报，2017（06）：78-83.

二、政策视角下的非物质文化遗产数字化保护研究

从1992年联合国教科文组织发起的"世界记忆"项目[①]开始，国内外学者将非物质文化遗产的保护聚焦到了数字化领域。2002年，联合国教科文组织起草了名为《数字文化遗产保护指导方针》（简称《指导方针》）和《数字文化遗产保护纲领》的草案。这些草案针对各类文化机构，如图书馆、档案馆、博物馆、研究所和数据档案馆等，长期致力于收集和保存包括文献、出版物、地图、手稿、艺术、图像、录音、电影、文化实物、研究和统计信息在内的世界"记忆"文化遗产。在这份文件中，《指导方针》规定了保护范围及目标、组织形式以及评估方法等内容[②]。《指导方针》也为人们提供了关于数字文化遗产保护的指导，这包括如何明确责任、管理知识产权、与出版社和制作者的合作、如何选择被保护的遗产、如何控制和描述数字文化遗产、如何管理以及如何进行国际合作等问题。此外，它还强调了为确保数字文化遗产得到妥善保护，应当建立一个详细的申报制度。在这一文件中，"国家负责对所有这些数字化资源及其相关活动实施监管，包括制定法律法规和政策以及建立专门的组织结构[③]。

日本是最早对非物质文化遗产进行立法的国家。在《文化财保护法》发布之后，日本遵循联合国教科文组织的建议，将庞大的非物质文化遗产数据库转化为数字资源进行了保护。此外，亚太非物质文化遗产数据库在日本已经建立，成为日本非物质文化遗产数字化保护的重要基石。美国和欧洲一些发达国家也纷纷建立自己的非物质文化遗产数据库，对其开展保护工作提供技术支持。法国也是世界上非物质文化遗产数量较多的国家，1840年，法国

[①] 中华人民共和国国家档案局：中国国家委员会世界记忆项目[EB/OL].https://www.saac.gov.cn/mowcn/cn/index.shtml

[②] 顾犇.数字文化遗产的保护和联合国教科文组织的指导方针[J].国家图书馆学刊，2003（01）：40-44.

[③] 学习公社数字图书馆：数字文化遗产的保护和联合国教科文组织的指导方针[EB/OL].http://www.bengu.cn/homepage/paper/paper84.htm

正式发布了《历史性建筑法案》，并将每年9月的第三个星期日命名为"文化遗产日"。这一重要的日子从法国传播到了世界各地，使人们共同意识到保护非物质文化遗产的至关重要性。法国在文化遗产保护领域也取得了显著成果。在20世纪60年代，法国在国家宏观政策的引导下，开展了一项系统性的文化遗产资源普查工作，并形成了丰富的文化遗产文献集。此外，法国国家图书馆在1995年非物质文化遗产年着手将大量图书数字化，成功构建了数字化图书、数字化检索、数字化图像数据库，为公众提供了便捷的文化遗产获取途径。

中国的非物质文化遗产的数字化保护开始于2005年，国务院办公厅发布的《关于加强我国非物质文化遗产保护工作的意见》，文件指出"要运用文字、录音、录像、数字化多媒体等各种方式，对非物质文化遗产进行真实、系统和全面的记录，建立档案和数据库"。[1]此外，2006年颁布的《国家级非物质文化遗产保护与管理暂行办法》中第十四条"国务院文化行政部门组织建立国家级非物质文化遗产数据库。有条件的地方，应建立国家级非物质文化遗产博物馆或者展示场所。"[2]及2011年执行的《中华人民共和国非物质文化遗产法》中第十三条"文化主管部门应当全面了解非物质文化遗产有关情况，建立非物质文化遗产档案及相关数据库。除依法应当保密的外，非物质文化遗产档案及相关数据信息应当公开，便于公众查阅。"[3]均强调了要建立非物质文化遗产数据库。2023年，我国发布《非物质文化遗产数字化保护数字资源采集和著录》，指导和规范非物质文化遗产十大门类代表性项目数字资源的采集和著录工作。[4]这有助于人们更准确地理解保护非物质文化遗产

---

[1] 中国政府网：国务院办公厅关于加强我国非物质文化遗产保护工作的意见[EB/OL].https://www.gov.cn/zwgk/2005-08/15/content_21681.htm

[2] 中国政府网：国家级非物质文化遗产保护与管理暂行办法[EB/OL].https://www.gov.cn/zhengce/2022-09/26/content_5712549.htm

[3] 中国政府网：《中华人民共和国非物质文化遗产法》[EB/OL].https://www.gov.cn/flfg/2011-02/25/content_1857449.htm

[4] 中国城市报：我国非遗数字化保护有了标准支撑[EB/OL].http://paper.people.com.cn/zgcsb/html/2023-09/04/content_26015341.htm

所需遵循的态度和原则，对于我国非物质文化遗产的长期数字化保护具有极其重要的意义。

三、理论文献中的非物质文化遗产数字化保护研究

作为保护和传承非物质文化遗产的重要手段，数字化技术日益受到学术界的关注。这也使理论文献中的非物质文化遗产数字化保护研究，近年来呈现出蓬勃发展的态势。从学术的角度来看，国外对于利用现代科技手段进行非物质文化遗产（ICH）保护的研究起步较早，且成果显著。早在1965年，Fielding Raymond便以其专著，深入探讨了影视镜头与动画电影中特技效果的设计与创作，这一开创性的工作对后续文化遗产数字化研究产生了深远的影响。它不仅启发了文化遗产数字化复原、展示与传播领域的研究，更引领了文化遗产数字化技术的研究热潮。随后，在1992年，Besl的研究进一步推动了该领域的发展。他们提出了一种基于复杂表面空间的三维造型设计配准方法，并通过算法推理与演算，成功应用于不规则对象的三维绘制中，以头部造型为例进行了实证研究。此后，Y. Chen与G. Medioni的研究则聚焦于多视角多张图像的复杂物体配准算法，旨在构建完整的三维模型。这一方法的提出为三维重建技术提供了新的思路。M. Levoy则从另一角度切入，提出了基于多张图像的容量法构建精细化三维几何模型的方法，进一步丰富了三维建模的技术手段。P. E. Debevec的研究则整合了摄影测量技术与立体算法，提出了一种基于少量静态图像的几何体建模和渲染方法。这种方法尤其适用于大型物质文化遗产场景的虚拟建模和渲染，为文化遗产的数字化保护提供了新的途径。最后，J. A. Beraldin等人则提出了一种激光测距方法，并通过实验验证了其激光测距原型的精准性。这一技术的引入为非物质文化遗产保护提供了新的测量与记录手段。

综上所述，国外在基于现代科技手段进行非物质文化遗产保护的研究方面，不仅起步早，而且研究深入、成果丰硕，为我国的非物质文化遗产保护工作提供了宝贵的经验和启示。在中国知网，以"非物质文化遗产的数字

化"为关键词进行搜索,从2012—2023年的时间跨度内,共检索到国外关于非物质文化遗产数字化保护的研究文献87篇。通过图2-1可以得知,这些文献不仅数量逐年增长,而且研究深度和广度也在不断提升。从时间维度分析,2012—2023年,国外关于非物质文化遗产数字化保护的研究文献呈现出稳步上升的趋势。这一现象表明随着数字技术的飞速发展,其在非遗保护领域的应用也日益广泛,为非遗传承注入了新的活力。特别是在2023年,相关文献的发表数量达到顶峰,这标志着非遗数字化保护研究已经步入了一个全新的发展阶段。从地域分布来看,各国在非物质文化遗产数字化保护研究方面均有所建树。日本、法国和韩国作为最早进行这方面研究的国家,其研究深度和广度均处于领先地位。而意大利和印度等国近年来也在非遗数字化保护领域取得了显著成果,成为该领域研究的重要力量[1]。

从图2-2和图2-3中可以得知,文献中除去非物质文化遗产热度最高的关键词包括数字化（Digitization）、继承与保护（Inheritance and Conservation）、数字保存（Digital Preservation）、数字通信（Digital Communication）、数字技术（Digital Technology）、新媒体（New Media）、区块链体验（Block Chain Experience）等。文献所属的类型主要有研究论文（Research Article）、新闻（News）和书评（Book Review）三大类,分布在计算机软件与计算机应用、档案及博物馆、新闻与传媒、旅游与电信技术等20个领域。

深入研究这些文献不难发现,非遗数字化保护研究正逐渐从单一的技术应用向多学科交叉融合的方向发展。研究者们不仅关注数字化技术在非遗保护中的实际应用,还从文化学、社会学、传播学等多个角度对非遗数字化保护进行深入探讨。这种多学科交叉的研究方式不仅丰富了非遗数字化保护的理论内涵,也为非遗保护实践提供了更加全面和深入的指导。

---

[1] 赵跃,周耀林.国际非物质文化遗产数字化保护研究综述[J].图书馆,2017（8）:10.

第二章
非物质文化遗产的数字化保护

国外非物质文化遗产数字化文献发文量

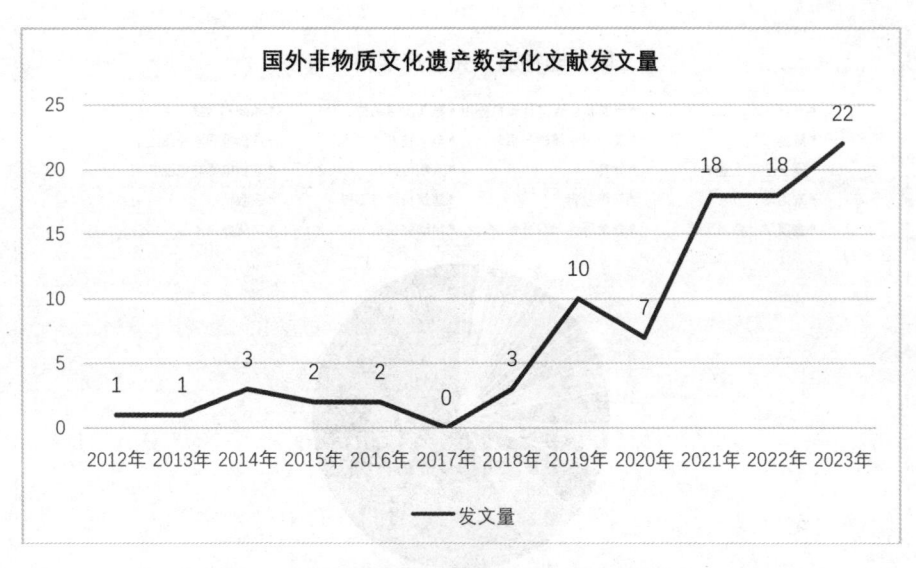

年份	2012	2013	2014	2015	2016	2017	2018	2019	2020	2021	2022	2023
发文量	1	1	3	2	2	0	3	10	7	18	18	22

图2-1　国外非物质文化遗产数字化文献发文量

（数据来源：中国知网）

国外非物质文化遗产数字化保护文献关键词统计

关键词	文献数（篇）
Intangible culture heritage	27
digitization	3
inheritance and conservation	2
Digital preservation	2
digital communication	2
New media	2
digital	2
Paper-cutting Digital technology	2
Digital display media	2
digitization	2
Inheritance protection	2
UNESCO	1
Cartography	1
Blockchain	1
Experience dissemination	1

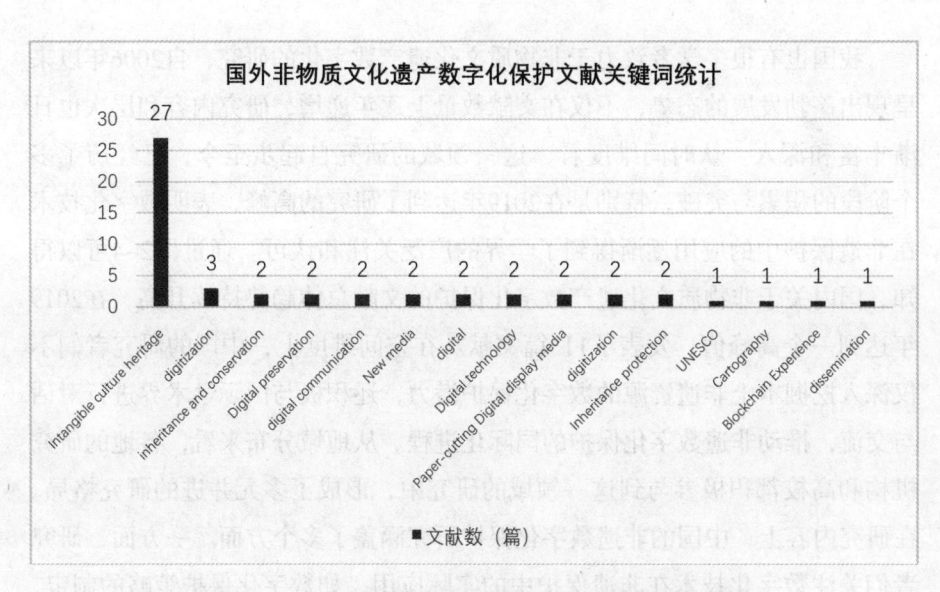

图2-2　国外非物质文化遗产数字化保护文献关键词统计

（数据来源：中国知网）

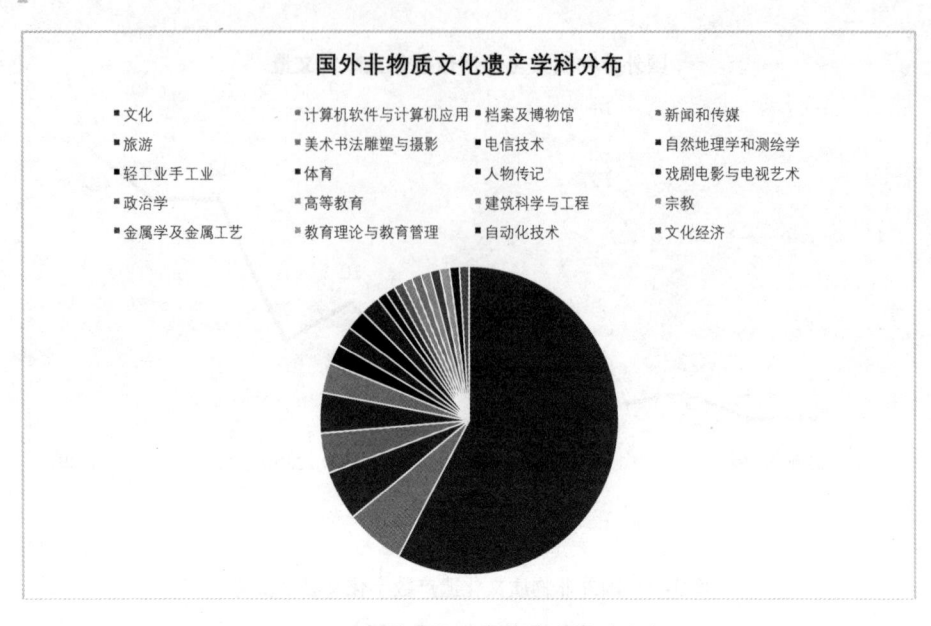

图2-3　国外非物质文化遗产学科分布

（数据来源：中国知网）

　　我国也有很多学者致力于非物质文化遗产数字化的研究，自2006年以来呈现出蓬勃发展的态势，不仅在文献数量上逐年递增，研究内容和层次也日渐丰富和深入。从时间维度看，这一领域的研究自起步至今，已经历了多个阶段的积累与突破，特别是在2019年达到了研究的高峰，表明数字化技术在非遗保护中的应用逐渐得到了学界的广泛关注和认可。通过图2-4可以得知，国内关于非物质文化遗产数字化保护的文献总体趋势持续升高，在2019年达到一个高峰值，发表了113篇文献。在空间维度上，中国的研究者们不仅深入挖掘本土非遗资源的数字化保护潜力，还积极与国际学术界进行对话与交流，推动非遗数字化保护的国际化进程。从地域分布来看，各地的研究机构和高校都积极参与到这一领域的研究中，形成了多元并进的研究格局。在研究内容上，中国的非遗数字化保护研究涵盖了多个方面。一方面，研究者们关注数字化技术在非遗保护中的实际应用，如数字化保护策略的制定、数字化技术的研发与应用等；另一方面，他们也从理论层面深入探讨非遗数字化保护的内涵、意义和价值，为非遗保护实践提供了理论支撑和指导。

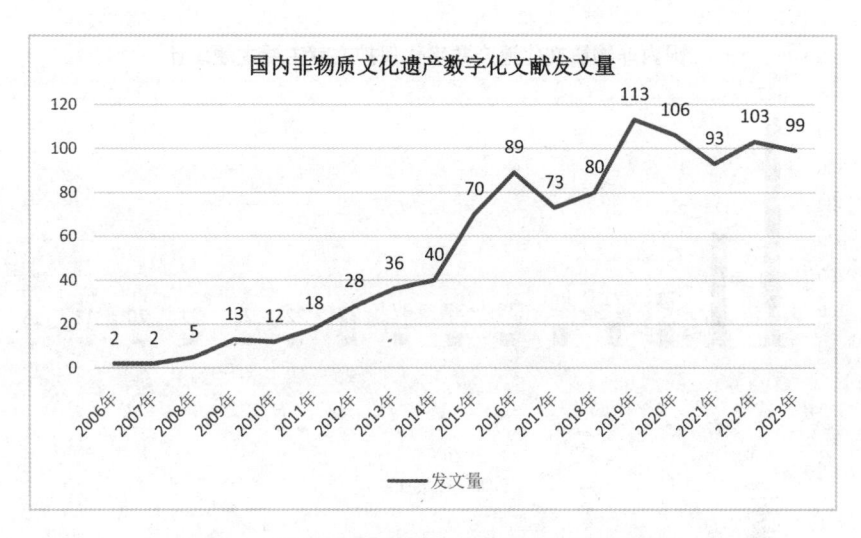

图2-4　国内非物质文化遗产数字化文献发文量

（数据来源：中国知网）

从图2-5和图2-6中可以得知，文献中除去非物质文化遗产主要主题分布包括数字化保护、保护与传承、数字化传播、数字化传承、数字化技术、数字化背景、保护与开发等；次要主题分布主要有数字化保护、数字化技术、非遗文化、传承人、数据库、数字化博物馆、数字化建设等。研究层次主要有理论研究、技术研究、开发研究、应用研究等。文献所属的类型主要在研究论文、资讯与综述三大类，分布在计算机软件与计算机应用、轻工业手工业、新闻与传媒、音乐舞蹈与档案与博物馆等领域。

近年来，我国政府加大了对非遗数字化保护研究的支持力度，从社会科学和自然科学两个维度都鼓励研究机构积极地参与到保护领域的研究和探索中。在此背景下，以清华大学为代表的一批高校科研机构积极投身到文化艺术领域的科学研究中去。在诸如国家社科基金项目、国家自然科学研究基金重大研究计划等多个研究课题中，都涉及了与文化和科技融合有关的多个研究领域。随着科学技术不断发展进步，越来越多的学科开始关注数字化保护技术在文化遗产保护中的运用。从当前研究现状来看，我国非遗数字化保护研究在基础问题、保护技术、数字博物馆及其数字化展示、传播和开发利用等方面均有所涉及，但仍需进一步深化和拓展。

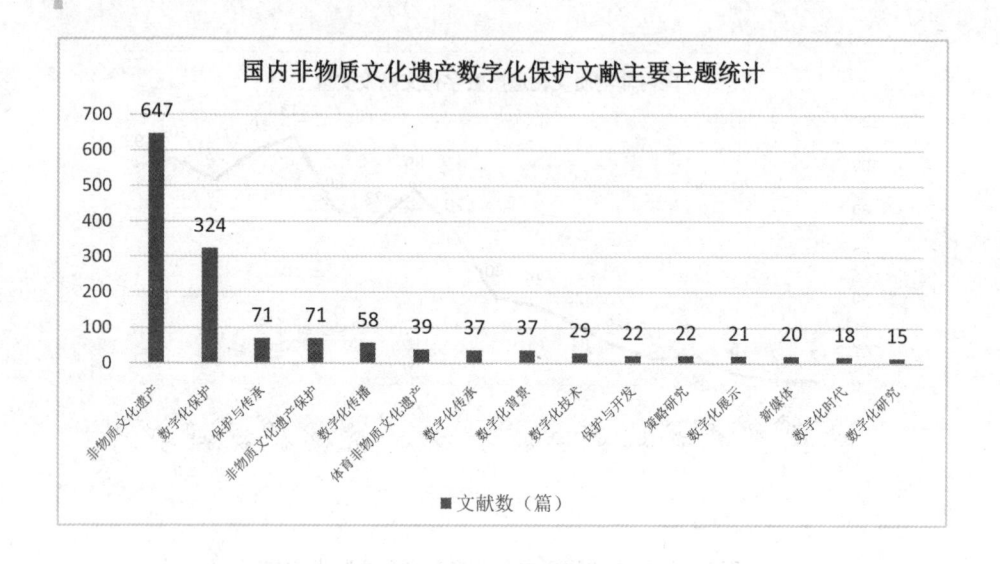

图2-5　国内非物质文化遗产数字化保护文献主要主题统计

（数据来源：中国知网）

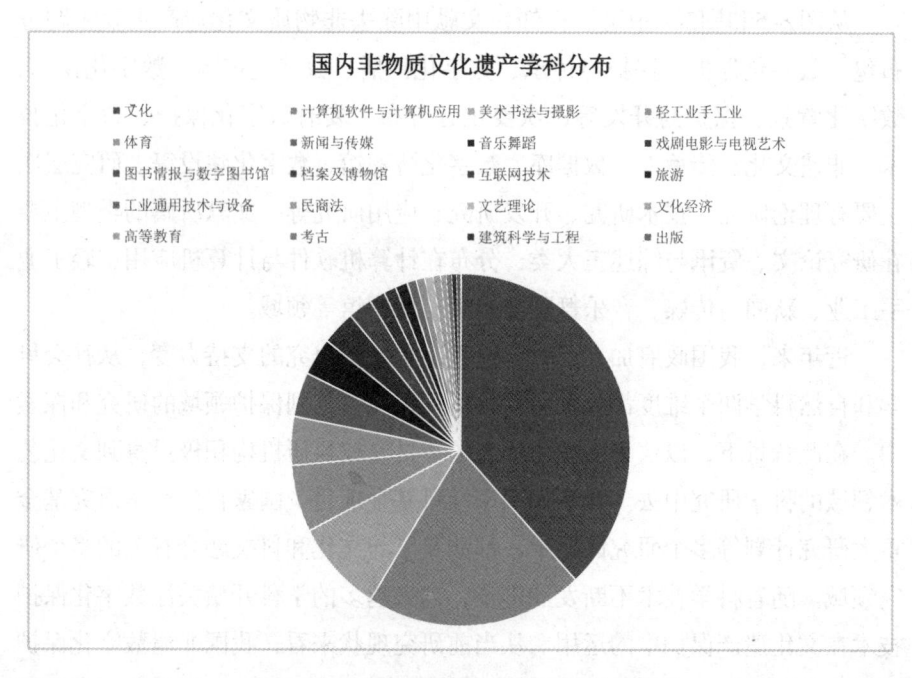

图2-6　国内非物质文化遗产学科分布

（数据来源：中国知网）

第二章
非物质文化遗产的数字化保护

对非物质文化遗产数字化保护中有关基础性问题的研究，主要体现在对数字化方式、理念、获取、元数据、存储和数据库建设等数字化问题的探讨。黄永林等人深入探讨了数字技术在非物质文化遗产数字化保护中的重要作用，并明确了其基本思维路线，如采集、储存、恢复、再现、展示和传播等方面的重要性和核心思路。李静从文化的角度分析了非物质文化遗产的特征及存在形态，为其数字化保护提供理论依据和方法论指导。谭必勇等人从技术、文化和制度这三个维度深入研究了数字化的研究框架。彭冬梅、刘肖健等人则从信息视角出发，探讨了非物质文化遗产内容数字化的信息编码、传播与解码问题，进一步丰富了数字化保护的理论基础。同时，一些学者还以具体案例为研究对象，如孙海英以赫哲族非物质文化遗产为例，阐述了数字化建设的思路和方法。徐金龙在他的博士论文中深入探讨了如何将民间文学类的非物质文化遗产与数字动画技术进行有效整合，提出了文化资源向文化资本转化的策略，为非遗的保护与开发提供了新的思路。在数字化保护的实践层面，研究者们也在不断探索。李波对信息资源模型进行了深入的分析，探讨了其设计理念、信息的结构和语义元素，并据此构建了一个元数据的框架模型。代俊波等人提出了基于平台的满族非遗数字化保护思路，以实现对非遗的数字化管理与应用。彭纲对数字化技术在保护方面的优点和具体应用领域进行了深入分析，并进一步提出了建立资源数据库以及地方数据库管理中心的数字化保护方案。此外，艺术档案、图书馆等文化机构在非遗数字化保护中也发挥着重要作用。张小芳分析了图书馆数字化视野下的保护特点与思路。唐晓蓉、童杰等人分别探讨了数字技术在公共图书馆数字化服务中的定义、核心要点等，提出艺术档案数字化建设和图书馆数字化服务对非遗保护的效能和途径，为文化机构参与非遗保护提供了指导。

在数字化保护技术领域的研究，主要有数字化处理、辅助设计、复原、再现与展示等数字化保护技术方面的研究。彭冬梅在《面向剪纸艺术的非物质文化遗产数字化保护技术研究》一文中基于非物质文化遗产的信息特征，利用I空间（I-Space）框架模型深入探讨了非物质文化遗产的保护目标、具体内容以及数字化技术的介入策略。同时，指出非物质文化遗产是一个动态开放的系统，具有开放性和流动性，需要借助信息技术手段对之加以改造。在非物质文化遗产的原生环境发生变化的背景下，我们提议利用数字化技术来重塑非遗信息，以更好地适应现代的信息环境，并推动非遗的数字化进程和持续发展。在此基础上，进一步对数字时代非遗所面临的挑战进行剖析，从文化自信的视角出发，探索如何通过数字化手段来提升非遗在新时期的价值与生命力[①]。李静雅、王卓尔和易晓在《非物质文化遗产数字化游戏设计策略研究——以基于傩文化的虚实结合游戏为例》一文中从非遗数字化游戏的概念及问题入手进行阐述，以非遗数字游戏化策略为研究载体，探究将数字化游戏以及虚实结合技术应用于非遗数字化保护与传承的设计策略，助力非遗数字化创新。[②]马云和张蕾在其《非物质文化遗产数字化产品创新设计实践》一文中立足于轻工纺织业领域，探讨非物质文化遗产数字化产品创新设计的实践与发展，并以典型的非物质文化遗产项目为例，提出数字化产品创新设计的方法和策略，研究将这些方法和策略应用在实际生产与技术创新中，促进非物质文化遗产的传承与发展。[③]未来，应加强对非遗数字化保护的理论研究，提升技术创新能力，完善数字化保护机制和体系，推动非遗数字化保护的全面发展。

关于数字博物馆和非物质文化遗产的数字化研究，主要集中在如何开发、展示、传播以及传承等方面的问题上。

在开发利用方面，研究者们积极探索数字技术在非遗保护中的应用路径。王静对现代数字影像技术进行了深入分析，提出了非遗数字化采集的具体实施方法；吴林娟团队则基于XML/Metadata构建了非遗元数据描述模型，为数字图书馆的建设提供了理论基础。这些研究不仅丰富了非遗数字化的技术手段，也为非遗资源的开发利用提供了有力支持。学术性观点上，我们可以认为，数字技术的不断发展为非遗的保护和开发提供了无限可能，通过深入挖掘和利用非遗资源，可以实现其文化价值和经济价值的双重提升。

在展示方面，研究者们关注数字博物馆在非遗展示中的优势和应用。张

[①] 彭冬梅.面向剪纸艺术的非物质文化遗产数字化保护技术研究[D].杭州：浙江大学，2008.

[②] 李静雅，王卓尔，易晓.非物质文化遗产数字化游戏设计策略研究——以基于傩文化的虚实结合游戏为例[J].包装工程，2023，44（22）：1-10+16.

[③] 马云，张蕾.非物质文化遗产数字化产品创新设计实践[J].轻纺工业与技术，2023，52（05）：122-124.

妮佳以浙江非遗数字博物馆为例,探讨了数字博物馆的发展方向和模型,展现了数字技术在非遗展示中的创新实践。林毅红则聚焦于黎族传统纺染织绣技术的数字化展示,凸显了数字技术在非遗展示中的优越性和潜力。学术性观点上,数字博物馆以其独特的展示方式,能够突破时间和空间的限制,使非遗文化更加生动、直观地呈现在公众面前,进而提升公众对非遗的认知和兴趣。

在传播方面,研究者们强调了数字技术在非遗传播中的重要作用。常凌翀指出,新媒体背景下非遗传播需与时俱进,从人际传播转向大众传播;赵倩则探讨了非遗数字化与文化旅游的结合,通过数字化手段推动非遗文化的广泛传播。学术性观点上,数字技术的介入使非遗传播更加高效、广泛,不仅提升了非遗的知名度和影响力,也促进了不同文化之间的交流与融合。

在传承方面,研究者们致力于通过数字化手段实现非遗文化的长久传承。李春燕探讨了非遗元素与数字产品设计的融合,为非遗的创新性传承提供了新思路;杨晓梅和刘莉则分别介绍了非遗数字化保存的基本原则和关键技术,为非遗的数字化传承提供了理论支撑和实践指导。学术性观点上,数字化传承是非遗保护的重要途径之一,通过数字技术的记录、保存和传播,可以使非遗文化得以长久留存,并为后代留下丰富的文化遗产。

数字技术在非物质文化遗产的保护、开发、展示、传播和传承等各个方面都发挥了重要的作用。展望未来,随着科技的持续发展和研究的进一步深化,我们坚信数字博物馆与非物质文化遗产的数字化结合会更为紧密,为保护和推广中华卓越的传统文化作出更大的贡献。

四、案例实践中的非物质文化遗产数字化保护研究

在非物质文化遗产的数字化保护实践中,国内外均涌现出众多成功案例,这些案例不仅展示了数字化技术在非遗保护中的广泛应用,也为非遗的传承与发展提供了强有力的支持。通过运用先进的数字化技术,各国能够更有效地收集、整理、保存和展示非物质文化遗产,让更多人了解和欣赏这些

宝贵的文化遗产。

意大利作为拥有丰富非物质文化遗产的国家，长期以来一直面临着非遗资源分散、管理困难的挑战。为了解决这一问题，意大利政府决定成立"因特网文化遗产项目"，旨在建立一个系统化的非遗网站，让公众能够随时通过网络查询到意大利的非物质文化遗产信息。这一举措不仅扩大了非遗的宣传路径，也提高了非遗保护的效率和效果。

美国的非遗数字化保护工作也取得了显著进展。通过"美国记忆"工程，将美国500多万件记录非遗的图书、手稿、影像和照片等转化为数字化格式储存，并设立了非遗检索网站，供市民免费查询。这一项目不仅方便了公众对非遗的了解和认识，也为非遗的保护和传承提供了重要的数据支持。

英国在非遗数字化保护方面也取得了不俗的成绩。"泰特在线网"作为英国著名的非遗数据库，储存了大量非遗资源，包括古典音乐、现代音乐及地方音乐等。此外，英国博物馆与沃里克图书馆的合作项目——移动图书馆，也为读者提供了在线介绍当地档案馆与博物馆资源与服务的机会，进一步提升了非遗数字化服务的水平。[1]

G7集团全球数字图书馆项目则是由美、英、法、德、意、加、日七国共同发起的一项宏大计划。该项目旨在构建一个大规模的数字化图书数据共享平台，以更好地服务公众，有效传播人类知识。这一举措不仅促进了国际文化交流与合作，也为全球文化遗产保护事业注入了新的活力。

1999年，欧盟启动了以文化遗产数字化为核心的内容创作计划项目，旨在推动文化遗产的数字化进程。随后，2005年英国文化部部长David Lammy宣布实施"欧洲文化和科学内容数字化协作行动计划"，进一步强调了文化遗产数字化与学习之间的紧密关系，并致力于保障公众通过公共平台更好地获取欧洲文化遗产知识。

2010年，欧盟正式发布了非物质文化遗产E-Europe计划。该计划旨在欧洲数字化议程框架下构建基于文化遗产数字化共享机制的整个欧洲博物馆、

---

[1] 谭必勇，张莹.中外非物质文化遗产数字化保护研究[J].图书与情报，2011（04）：7-11.

档案馆、图书馆的数字化资源平台。这一平台的建立实现了文化遗产存储媒介的数字化转移，使公众能够更快捷、自由地分享人类文化知识，实现文化遗产资源最大范围地传播、共享、开发与利用。

世界知识产权组织WIPO在2012年正式将传统知识、传统文化表现形式和遗产资源纳入世界知识产权保护的框架下。这一举措标志着在全球范围内开展ICH的知识产权保护工作已成为共识，目前已有186个成员国在WIPO框架下积极开展本国文化遗产资源的保护工作。

由英国、法国、瑞士、德国、瑞典、希腊、意大利、匈牙利、荷兰共同发起构建的"欧盟文化遗产在线"ECHO平台，其目标在于使欧洲的文化遗产资源能够最大范围地惠及广大民众。通过提供动态、实时而全面的文化遗产数字化信息，该平台为公众和科研人员提供了丰富的文化遗产资源，进一步推动了文化遗产保护事业的发展。

我国在非物质文化遗产的保护实践和研究方面起步相对较晚，特别是在数字化领域的研究，更是近些年的事情。虽然目前我国已初步形成了较为完备的数字化保护模式和机制，但从整体水平看还比较落后。在数字化的数据采集、存储、保护技术、展示、传播以及开发利用等多个方面，目前都正处于探索性的阶段。其中，对文化遗产数字化保护的认识和重视程度远远落后于对其理论方法、技术手段的开发与运用。在我国的数字化保护领域中，有两个项目产生了深远的影响。一个项目是敦煌研究所与美国西北大学合作的"数字化敦煌壁画合作研究"项目。通过虚拟现实、三维激光扫描等数字技术，为敦煌莫高窟的文化遗产提供了创新的数字化保护、展示与传播手段。另一项重要的合作是，中国故宫博物院与日本凸版公司签署了首期文化资产数字化应用研究合作协议。同年，故宫博物院建立了中国博物馆界首个中外合作研究实体——"故宫文化遗产数字化应用研究所"，并成功构建了中国博物馆领域的首个"虚拟现实"展示平台。该平台配备了当时相当先进的文化遗产数字化展示软硬件系统，并成功制作并推出了中国第一部大型三维数字文化影像作品，名为《紫禁城天子的宫殿》。这也是我国第一次将现代信息技术引入文物修复工作中，使其成为一种新的技术手段，为文物保护提供了全新思路。

在5G时代的浪潮之下，我国对于非物质文化遗产的数字化结合展现出愈发积极的态势。随着数字化技术的日臻完善，其为非物质文化遗产的传承与发展提供了强大的助力，使之得以在更广阔的舞台上绽放光彩。以《尼山萨满》这一音乐游戏为例，其在美术场景的构建上达到了令人叹为观止的视觉高度，通过细腻而精美的画面为观众带来震撼心灵的体验。更为重要的是，游戏巧妙地将叙事与情感体验融为一体，让玩家在游戏的过程中不仅能感受到尼山萨满的艺术魅力，更能深入体会其背后的文化内涵。《尼山萨满》以萨满鼓的鼓声作为游戏的核心背景音乐，其节奏鲜明且富有变化，不仅增强了玩家的沉浸感，使游戏体验更为真实而深刻，同时也通过鼓声的起伏变化，巧妙地传达出游戏所要表达的不同情感。这种将传统艺术与现代科技相结合的方式，不仅为非物质文化遗产的传承注入了新的活力，也为大众提供了一种全新的、更为直观和生动的文化体验方式。可以说，《尼山萨满》的成功实践为我国非物质文化遗产的数字化保护与创新提供了有益的借鉴与启示。

在杭州宋城景区，数字化AR技术的引入赋予了传统民间故事《白蛇传》中的小青角色全新的身份——"在线导游"。这一创新举措不仅体现了现代科技与传统文化的完美结合，更彰显了我们对非物质文化遗产传承方式的深度探索。游客通过下载宋城导览App，便能随时随地召唤出虚拟的小青，在其实景导航和专业解说的引导下，深入体验杭州的文化底蕴和独特魅力。小青的角色转变，不仅丰富了游客的旅行体验，也为我们提供了一种全新的视角来审视和传承传统文化。

这些国内外案例的成功实践表明，数字化技术在非遗保护中发挥着越来越重要的作用。通过不断创新和完善数字化保护手段，能够更好地保护和传承非物质文化遗产，让它们在当代社会中焕发出新的光彩。数字化AR和VR技术的应用，不仅拓宽了我们对传统文化的认知和理解，更为我们提供了一种全新的传承方式。在未来的发展中，我们应继续探索科技与文化相结合的更多可能性，让非物质文化遗产在数字时代焕发出更加绚丽的光彩。

五、文化可持续性与非物质文化遗产数字化保护研究

从20世纪70年代开始,联合国教科文组织便着手构思有关可持续发展的理念。1983年,联合国成立了世界环境与发展委员会。至此,全球范围内掀起了一场关于可持续发展议题的研究热潮。1987年,该委员会向联合国递交了一篇名为《我们共同的未来》的研究报告。它是人类第一次系统、全面而深刻地阐述和分析可持续发展问题。这篇报告首次清晰地阐述了可持续发展的理念,并将其定义为"一种既能满足当前一代人的需求,同时又不会对未来几代人满足这些需求的能力产生负面影响的发展方式"[①]。关于这一概念,学术界也存在着不同的解读。王伟忠在《国际可持续发展战略比较研究》一书中指出"可持续发展是经济、社会和生态三大领域和谐融合的体现,它包括经济可持续发展、生态可持续发展、社会可持续发展三个方面"[②]。在毛传新的著作《可持续发展:制度、政策与管理》中,他强调了"环境(包括资源)、经济和社会(包括人口和科教)三者共同构建了'可持续发展系统',它们之间存在紧密的联系、相互制衡和因果关系,共同形成了一个完整的系统。"[③]到目前为止,关于可持续发展的理论也在不断地丰富和完善。

可持续发展的理念是源于人类对于如何协调环境和资源发展问题的重视,逐步延伸到经济和文化等领域。文化是社会历史过程中人类所创造的精神财富的总和,它一直肩负着促进可持续发展的使命。只有保证文化世世代代传承下去,才能更好地维护本民族的独特性。2010年,联合国的"千年发展目标高峰论坛"批准了一份名为《履行诺言:团结一致实现千年发展目标》的文件,该文件突出了文化在发展进程中的核心地位以及其对达成千年发展目标的重要贡献。之后,联合国大会于2010年、2011年通过了"文化

[①] 刘胜.中国文化资源的可持续发展研究[D].上海:上海交通大学,2016.
[②] 王伟中.国际可持续发展战略比较研究[M].北京:商务印书馆,2006.
[③] 毛传新.可持续发展:制度、政策与管理[M].北京:光明日报出版社,2013.

与发展"的决议,重新提出要把文化纳入国家发展政策与战略主流,特别强调了文化在推动可持续发展过程中起着关键作用。2013年,由联合国教科文组织发布的《杭州宣言:文化与可持续发展》进一步强调了文化在可持续发展政策中的核心地位。[①]2015年,联合国采纳的可持续发展目标(SDGs)中,文化首次被明确列入国际发展议程,文化可持续性也被正式确认为可持续发展战略的第四大支柱。文化可持续发展就是在不伤害后代需要的前提下,满足当下社会的文化需要。它是实现社会、经济与生态可持续发展的关键所在,并强调在社会、经济和环境三个层面实现平衡发展,从而实现全面发展。

非物质文化遗产作为文化的重要组成部分,凝聚了各民族的智慧与创造力,理应得到充分的保护与传承。2003年,联合国教科文组织通过了《保护非物质文化遗产公约》,其中明确指出:"非物质文化遗产既是文化多样性的体现,又是实现可持续发展的关键"。为了进一步引导各缔约国如何将可持续发展理念融入非物质文化遗产的保护与传承中,2015年11月,联合国教科文组织发布了《非物质文化遗产与可持续发展》手册,从"包容性社会发展""环境可持续性""包容性经济发展"及"和平与安全"四个维度为缔约国提供了实践指导。[②]2016年6月,在《保护非物质文化遗产公约》缔约国大会第六届会议上通过了一项决议,即在《实施〈保护非物质文化遗产公约〉操作指南》中新增了"在国家层面保护非物质文化遗产和可持续发展"一章,向缔约国提供一个行动框架,将保护非物质文化遗产同可持续发展规划、政策及项目结合在一起。为了进一步促进非物质文化遗产与可持续发展的融合,2018年6月,缔约国大会第七届会议对《操作指南》进行了重新修订,为了与联合国的《2030年可持续发展议程》更紧密地结合,已经将《〈保护非物质文化遗产公约〉全面成果框架》纳入其中。[③]从联合国教科文组织发布的这些公约文件和指导手册来看,非物质文化遗产与可持续发展之

---

① 中央人民政府.联合国教科文组织发布"杭州宣言:文化与可持续发展"[EB/OL].https://www.gov.cn/jrzg/2013-05/17/content_2405169.htm.
② 张玲.非物质文化遗产与可持续发展[J].民间文化论坛,2021(01):119-124.
③ 宋俊华.可持续发展理念与非物质文化遗产系统性保护[J].文化遗产,2023(03):1-8.

间存在着紧密的联系。在非物质文化遗产的保护与传承过程中，我们必须坚持环境友好的原则，并融入可持续发展的理念。这意味着在保护非物质文化遗产时，我们不仅要满足当代人的需求，还要考虑到未来的可持续发展，确保非物质文化遗产能够长久地传承下去，从而实现经济、政治、文化的全面协调可持续发展。

在文化可持续发展的视角下，数字化研究对非物质文化遗产的保护、传承和推广具有重要意义。随着数字技术的不断发展，数字化手段成为保护、传承和展示非物质文化遗产的有效工具，也为非物质文化遗产的保护和传承提供了新的传播途径和可能性，从而促进非物质文化遗产的可持续传承和发展。近些年来，国内越来越多学者投入非物质文化遗产数字化相关内容的研究中。

首先是对于非物质文化遗产数字化理论层面的研究，是对非物质文化遗产数字化进行概念性和宏观性研究，包括非物质文化遗产数字化的概念、意义、现状、措施等方面的研究。王耀希在《民族文化遗产数字化》提出了关于"文化遗产数字化"的概念，随后黄永林、谈国新和卓么措等学者直接将该定义推广进而得出"非物质文化遗产数字化"的概念；谭必勇、徐拥军、张莹在《技术·文化·制度：非物质文化遗产数字化研究述评》一文中，针对国内外非物质文化遗产数字化体系，从技术、文化与制度三个维度展开深入探讨，为今后非物质文化遗产的研究提供了宝贵的参考意见[①]；彭纲在《非物质文化遗产的数字化保护》一文中指出了运用数字化技术进行非物质文化遗产保护的优势，以及数字化保护的具体领域等问题，并提出了要积极构建资源数据库和各地方资源数据库管理中心的数字化保护思路[②]；宋俊华、王明月在《我国非物质文化遗产数字化保护的现状与问题分析》一文中分析了我国非物质文化遗产数字化保护的现状，并指出了当前的数字化保护工作存在"以技术为主、以文化为辅"的情况，并

---

① 谭必勇，徐拥军，张莹.技术·文化·制度：非物质文化遗产数字化研究述评[J].浙江档案，2011（06）：30-33.
② 彭纲.非物质文化遗产的数字化保护[J].非物质文化遗产研究集刊，2009（00）：130-134.

且现有的非物质文化遗产数字化保护工作并没有考虑到传承人的重要性，因此作者指出要发挥传承人在数字化保护中的积极作用，并倡导"参与式数字化保护"的理念[1]；叶颖在其论文《民俗类非物质文化遗产数字化保护研究》中分析了民俗类非物质文化遗产数字化保护研究的必要性和重要性，并以泉州惠安女服饰为案例，提出非物质文化遗产数字化保护的应对策略，且从不同角度分析了在非物质文化遗产数字化保护中应该注意的一些问题。其次是对于非物质文化遗产数字化技术层面的研究，主要是介绍数字化处理与复原、展示与再现等数字化保护技术方面的研究[2]。彭冬梅在其博士论文《面向剪纸艺术的非物质文化遗产数字化保护技术研究》中探讨了数字化存储、数字虚拟博物馆、虚拟文物修复、数字化故事编排与讲述、数字化舞蹈与声音驱动等数字化保护技术，并以剪纸技艺类为例进行了数字化辅助设计系统和基于平台应用的展示系统的研究[3]；袁庆曙在《数字化互动陈展技术与系统研究》一文中以博物馆陈展为应用背景，主要研究数字化互动陈展技术，包括多投影校正拼接、陈展感知技术、实时数据合成展示等技术，并以敦煌莫高窟、金沙遗址、河姆渡遗址为对象进行数字化互动陈展系统应用研究[4]；孙传明在其博士论文《民俗舞蹈类非物质文化遗产数字化技术研究》中，融合了信息科学理论、虚拟现实技术、民俗学及非物质文化遗产学等诸多跨学科理论与方法，将信息空间理论与知识运用到民俗舞蹈数字化保护之中，并以土家族撒叶儿嗬民俗舞蹈为例，融合了二维扫描、动作捕捉和可视化构建等诸多前沿技术方法，开展具有创新意义的数字化运用实践活动[5]；余日季在其博士论文《基于AR技术的非物质文化遗产数字化开发研究》中，将AR技术与非物质文化遗产相结合，针对非物质文化遗产在数字化开发利用过程中遇到的问题与不足，创新性

---

[1] 宋俊华,王明月.我国非物质文化遗产数字化保护的现状与问题分析[J].文化遗产,2015(06): 1-9+157.
[2] 叶颖.民俗类非物质文化遗产数字化保护研究[D].福州：福建师范大学,2016.
[3] 彭冬梅.面向剪纸艺术的非物质文化遗产数字化保护技术研究[D].杭州：浙江大学,2008.
[4] 袁庆曙.数字化互动陈展技术与系统研究[D].杭州：浙江大学,2009.
[5] 孙传明.民俗舞蹈类非物质文化遗产数字化[M].武汉：华中师范大学出版社,2018.

地构建了一个名为CDIM的开发模式理论框架，这一框架基于AR技术，为文化数字化的植入提供了全新的视角和方法，并进一步探索并设计了AR技术数字化植入系统原型——ARCDIS[①]。同时，以国家级非物质文化遗产黄鹤楼传说为例，进行了ARCDIS的应用实例开发，验证其理论框架和系统原型的实用性。

---

① 余日季.基于AR技术的非物质文化遗产数字化开发研究[D].武汉：武汉大学，2014.

第三章

非物质文化遗产数字化保护机制的实现

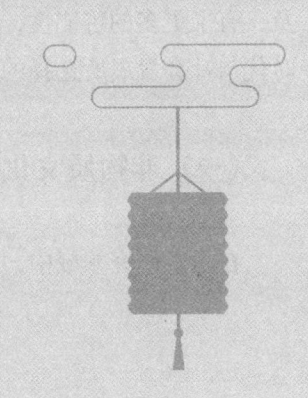

随着信息技术的迅猛发展，数字化保护已成为非物质文化遗产传承与发展的重要途径。在全球化、现代化的背景下，非物质文化遗产面临着前所未有的挑战与机遇。因此，构建完善的非物质文化遗产数字化保护机制，对于实现其有效保护与可持续发展具有重要意义。本章将深入探讨非物质文化遗产数字化保护机制的实现问题。

第一节 非物质文化遗产数字化保护机制的建立与类型

一、非物质文化遗产数字化保护机制的建立

随着全球经济的快速发展和社会的变革，人们的生产生活方式、外部环境等产生了极大的改变，但这种改变给非物质文化遗产带来的却是史无前例的巨大挑战，甚至使其处于濒危的境地，而传统的保护方式已经无法适应时代的发展。非物质文化遗产保护工作随着数字化、网络化技术的发展和普及，有了更多的可能性，而非物质文化遗产与数字化技术相结合也成为顺应时代与社会发展所选择的必然道路。

（一）非物质文化遗产数字化保护机制的概念

在学术研究领域中，学界关于非物质文化遗产数字化保护这一概念的界

第三章
非物质文化遗产数字化保护机制的实现

定,是经历了一个借鉴文化遗产数字化这一概念的历程。[1]2009年,王耀希在《民族文化遗产数字化》一书中将文化遗产数字化定义为:"文化遗产数字化是指利用数字采集,数字存储,数字处理,数字展示和数字传播等数字化技术,将文化遗产转换、再现、复原成可共享、可再生的数字形态,并从全新角度进行诠释,以新的方式加以保存、以新的需求加以利用。"[2]由于非物质文化遗产被纳入文化遗产的范畴内,因此黄永林、谈国新和卓么措等学者也将这个定义推广至"非物质文化遗产数字化",这一概念也得到学界的普遍认可。[3]随后2014年,杨红学者在《非物质文化遗产数字化研究》一书中提出:"非物质文化遗产数字化就是:运用数字化技术,将非物质文化遗产项目中最核心和最具代表性的内容,以文字、照片、录音、录像、数字化多媒体等载体进行记录,并将数据资源进行标准化输入和转化,实现系统化整合、专业化分类和信息化存储,最后以数据库的方式实现对非物质文化遗产资源的数字化保存、管理、交换与使用,实现非物质文化遗产数字化保存,这也是为了以一种不同的方式来维护和传承非物质文化遗产的最终目标。"[4]综上所述,我们认为非物质文化遗产数字化保护是指利用先进的数字化技术对非物质文化遗产进行保护,将其内容、形式、特点等方面进行记录、保存、传承和传播的过程,目的是更好地保护非物质文化遗产,弘扬非物质文化遗产的内涵及价值,从而推动文化与经济的发展相融合。

非物质文化遗产数字化保护机制是在非物质文化遗产数字化保护的范畴内,根据非物质文化遗产数字化保护的现状和特点,对保护组织中各个组成部分和运行环节起着制约和影响作用。[5]非物质文化遗产数字化保护机制的建立目的是实现非物质文化遗产数字化保护体系的保护功能,它积极吸收国

---

[1] 靳桂琳.我国非物质文化遗产的数字化保护研究[D].昆明:昆明理工大学,2019.
[2] 王耀希.民族文化遗产数字化[M].北京:人民出版社,2009:3-18.
[3] 黄永林,谈国新.中国非物质文化遗产数字化保护与开发研究[J].华中师范大学学报,2012,51(02):49-55.
[4] 杨红.非物质文化遗产数字化研究[M].北京:社会科学文献出版社,2014:8-17.
[5] 叶鹏.基于文化与科技融合的我国非物质文化遗产保护机制及实现研究[D].武汉:武汉大学,2015.

内外保护机制的经验和优秀研究成果，并融合先进的科学技术理论、方法和手段，对保护工作的运作方式、行为内容、实践方法等要素进行管理和约束，从而不断推动我国非物质文化遗产数字化保护事业的高效实施与全面发展。

（二）非物质文化遗产数字化保护机制的现状

国外在非物质文化遗产数字化保护的采集、存储、保存以及数据库的建设方面起步比较早，数字化保护技术的研究较为领先，大型数字化保护平台的建设比较完善，也基本完成了非物质文化遗产的资源载体形式从传统媒介向数字媒介的变迁，并已经开始转向对非物质文化遗产资源的数字化开发、利用等方面的研究。[1]而我国非物质文化遗产数字化保护工作起步较晚，但也取得了一定的成就，推动了我国非物质文化遗产保护的发展。在制度层面，我国积极制定非物质文化遗产数字化保护制度与政策。在2005年由国务院办公厅发布的《国家级非物质文化遗产代表作申报评定暂行办法》第七条法规指出："对非物质文化遗产采取相应的保护措施，进行切实保护。通过搜集、记录、分类、编目等方式，为非物质文化遗产项目建立完整的档案；使用文字、录音、录像、数字化多媒体等手段，对保护对象进行真实、全面、系统的记录，并积极搜集有关实物资料，选定有关机构妥善保存并合理利用。"此外，在《中华人民共和国非物质文化遗产法》第十二条、第十三条法规也明确指出："文化主管部门和其他有关部门进行非物质文化遗产调查，应当对非物质文化遗产予以认定、记录、建档，建立健全调查信息共享机制；文化主管部门应当全面了解非物质文化遗产有关情况，建立非物质文化遗产档案及相关数据库。除依法应当保密的外，非物质文化遗产档案及相关数据信息应当公开，便于公众查阅。"由此可见，我国的各级行政管理部门已经制定了相关政策，在法律规范层面和工作指导方面对非物质文化遗产数字化保护工作的开展提出了相关要求和未来发展方向。在技术层面，构建

---

[1] 余日季. AR技术与非物质文化遗产数字化开发[M].北京：人民出版社，2017：5-12.

中国非物质文化遗产数据库成为我国一项极其重要的数字化保护任务。在2006年6月9日开放的中国非物质文化遗产网，它利用数字化技术和借助互联网平台，向大众展示与传播我国丰富的非物质文化遗产项目，人们可以从数据库展示端查到自己需要的信息，充分调动全社会共同参与，加强非物质文化遗产数字化保护工作之间的信息交流，从而促进我国非物质文化遗产保护工作的有效开展。此外，还实施了"数字城墙""数字圆明园""数字敦煌""中国记忆"等项目，这些项目以云计算、3D地理信息系统、大数据、VR技术、AR技术及人工智能等数字化技术为支撑，都取得了一定的社会反响，并推动了我国非物质文化遗产的数字化保护进程。

但是当前非物质文化遗产数字化保护工作的开展过程中，数字化技术的应用方面还没有完全发掘出非物质文化遗产所蕴含的丰富内涵与文化价值，在保护与传承方面也存在一些不足。这使人们对于非物质文化遗产了解不够，从而导致很多不被大众所熟知的非物质文化遗产处于濒危状态。面对这些问题，在我国非物质文化遗产数字化保护机制的运行过程中要找到不足之处并予以改善。

1. 保护理论研究滞后

我国非物质文化遗产数字化保护在技术应用方面发展得很快，但在理论研究方面，针对数字化保护机制的基础性、理论性和系统性的学科体系尚未健全。从研究内容的视角来看，现代学者聚焦于非物质文化遗产数字化保护的技术、策略、功能以及意义等问题，而从政策、体制、管理等方面对非物质文化遗产数字化保护机制的研究则极为少见。从研究的深度来看，许多非物质文化遗产数字化保护论著多处于介绍性层面，研究的深度不够，局限性强。因此，面对当前保护理论研究滞后的问题，就需要结合国内外非物质文化遗产数字化保护的成功经验、更加系统、深入的保护理论以及运用新兴数字化技术，优化与革新我国的非物质文化遗产数字化保护机制。

2. 保护工作缺少规范

当前，我国非物质文化遗产数字化保护机制的数字技术、管理保障、操作章程、实施规范等内容尚未形成体系。从技术层面来看，由于技术、设备及操作流程具有多样性，因此使不同阶段、不同平台所收集和储存的非物质文化遗产数字化信息经常出现不兼容的现象，从而影响后期的数字信息的传输和运用。从集成方式来看，面对大量的非物质文化遗产资源，各地的非物质文化遗产数字化保护机制工作还局限于传统的管理、运行方式，保护不具有规范性，并未充分地利用先进的数字技术和规范的管理方式进行数字化保护工作。面对保护工作缺少规范的问题，就需要制定好非物质文化遗产数字化信息采集与鉴定标准以及数字化保护标准，并促进不同组织和机构之间的信息合作共享，同时要积极利用新兴的数字化技术，确保非物质文化遗产数字化保护机制的顺利开展及有效实施。

3.保护体系有待健全

目前，我国非物质文化遗产数字化保护现有的保护体系及研发体制尚未完全适应文化与科技相融合的发展趋势。从研究部门层面来看，非物质文化遗产的保护管理部门和技术研究部门还存在独立的现象，即保护管理部门不了解保护对象的价值与特性，使保护工作不具有规范性。而技术研究部门不了解保护工作的实际需求，出现研究成果与现实需求脱节的现象。从技术管理层面来看，存在非物质文化遗产数据库中信息互不兼容、互不连通等问题，这既增加了非物质文化遗产信息的收集和利用难度，也不利于我国非物质文化遗产数字化保护机制的全面开展。因此，面对保护体系有待健全的问题，就需要构建统一高效的保护平台，协调保护管理、技术研发、设备制造等多种保护要素，不断创新和改革保护体系，逐步创设适合我国非物质文化遗产数字化保护事业发展的新体系、新平台和新方式。

二、非物质文化遗产数字化保护机制的类型

（一）资源保护机制

资源保护机制是指对非物质文化遗产丰富的文化资源进行数字化保护所

采取的措施和机制，从而促进非物质文化遗产的传承与创新。资源保护机制的具体措施表现在对非物质文化遗产数据库的建构。[1]2005年，国务院办公厅印发的《关于加强我国非物质文化遗产保护工作的意见》的纲要中明确指出："要运用文字、录音、录像、数字化多媒体等各种方式，对非物质文化遗产进行真实、系统和全面的记录，建立档案和数据库。"[2]

非物质文化遗产数据库的建设是构建我国公共文化服务体系的一项重要的基础性工作。当今世界是一个以大量数据为基础的互联网世界，它充斥着大量的数据。数据库是一种用来存储和组织数据的软件系统。它可以被视为一个大型的电子文件仓库，用于存储和管理大量的数据。[3]而非物质文化遗产数据库是以非物质文化遗产的信息数据资源为核心的大型仓库，它能够更有效地运用非物质文化遗产中的数字信息内容，通过对信息数据的分析与整合，从而更好地保存和管理非物质文化遗产。

首先要对非物质文化遗产的信息数据进行集成与建档，由于非物质文化遗产的种类复杂，并且数字信息资源记录的方式不一样，有数据表格、文本图片、视频音频等多种。因此，要对不同数据之间的信息资料、硬件设备等资源进行分类与共享，并将所采集的数据按一定的逻辑语言进行加工处理、编码与存储，从而更好地实现数字信息资源的整合。

其次要对非物质文化遗产的信息数据进行管理与传播。在非物质文化遗产的数据采集、编码、记录及后期的维护、更新过程中，需要通过数据库对不同类别、不同地区的非物质文化遗产信息数据进行整合、分析与监测，并且对各项数字化保护工作进行监督、管理与决策。在互联网时代下，非物质文化遗产数字化资源本身就具有很强的传播性，而数据库将难以收集与整理的资料进行整合，并通过数字技术统一集合在数据库中，使人们能够在各个平台上搜索到更加全面的非物质文化遗产的信息内容，从而实现信息的共享与传播。

---

[1] 丁虹.非物质文化遗产数字化研究[M].云南：云南美术出版社，2021：43-46.

[2] 国务院办公厅关于加强我国非物质文化遗产保护工作的意见[EB/OL].https://www.gov.cn/gongbao/content/2005/content_63227.htm.

[3] 王延春.浅谈非物质文化遗产数字化保护[J].参花（上），2023（04）：44-46.

综上所述，在非物质文化遗产的数字化保护过程中，需要数据库对信息进行集成、管理，从而使数字化保护工作更加高效地开展。

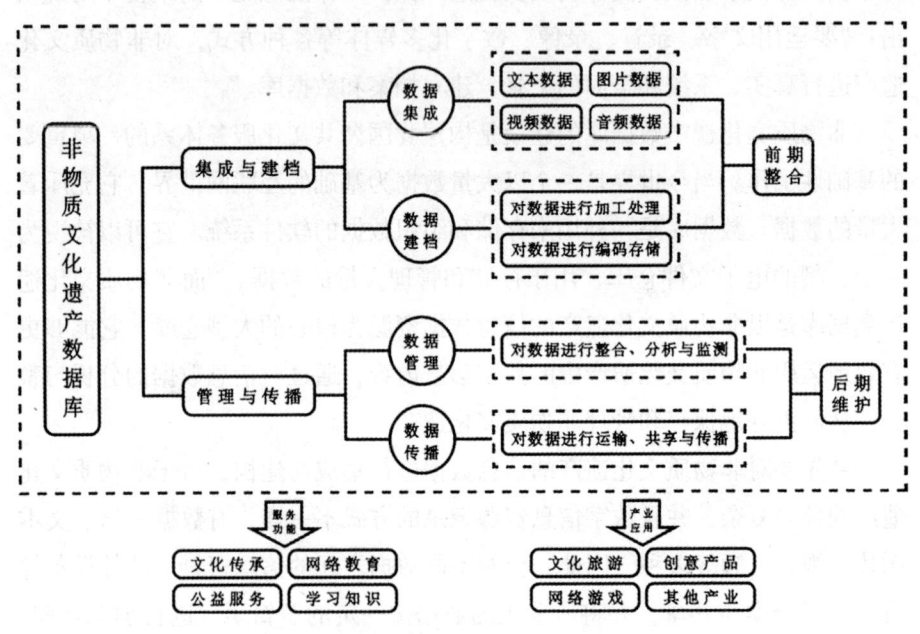

图3-1　非物质文化遗产数据库系统模型

（图片来源：作者自制）

（二）技术创新机制

在非物质文化遗产数字化保护的过程中离不开数字化技术的支持，技术创新机制是通过将科学研究过程中所采取的数字化技术，根据非物质文化遗产数字化保护的具体需求进行运用并且创新的过程。[①]《非物质文化遗产蓝皮书：中国非物质文化遗产保护发展报告（2017）》指出："非物质文化遗产

---

① 叶鹏.基于文化与科技融合的我国非物质文化遗产保护机制及实现研究[D].武汉：武汉大学，2015.

的保护要在互联网技术、数字化技术、AI技术等的广泛应用下不断发展。"[1]在构建非物质文化遗产数字化保护机制时，应立足于我国非物质文化遗产的基本信息，以现实需求为驱动力，以技术创新为支撑，从而确保非物质文化遗产数字化保护工作的顺利进行。

非物质文化遗产数字化保护是以当代计算机技术、多媒体技术不断进步发展为基础的，通过对信息数据进行采集、存储，以及数据库的构建，同时利用新兴的数字化技术，从而达到非物质文化遗产数字化保护的目的。随着科技的进步，云计算、大数据、人工智能、虚拟现实以及AR技术等数字技术的不断创新，为非物质文化遗产的数字化发展提供了强大的技术支撑。

首先，非物质文化遗产数据库的建设需要进行技术创新。在技术层面进行统一数据管理、数据存储的标准与策略，从而形成数据整合、共享和协作机制。

其次，在非物质文化遗产的数字化传播层面也要积极借助数字化技术。通过充分利用数字化技术，如增强现实技术、虚拟现实技术、人机交互技术等，人们可以沉浸式体验非物质文化遗产的魅力，将传统的单一体验转变为立体式的多维度感官体验，从而使非物质文化遗产的传播能力得到提高。[2]

除此之外，借助数字技术工具，可以对非物质文化遗产的三维模型、场景、记录视频及动态图形等进行创作，构建出详尽的数据建模信息，从而更好地实现非物质文化遗产的数字化传承。

（三）体制创新机制

非物质文化遗产数字化保护的体制创新机制是非物质文化遗产数字化保护机制形成的重要保障，它是文化与科技的结合。体制创新机制是指针对非物质文化遗产数字化保护机制现阶段面临的问题，而建立的一个既能使保护机制稳定运行及顺利开展，又能够发挥管理作用，解决更为重要和更深层次

---

[1] 宋俊华.非物质文化遗产蓝皮书：中国非物质文化遗产保护发展报告[M].北京：社会科学文献出版社，2017：56.
[2] 王东.非物质文化遗产数字化的实践路径研究[J].大舞台，2023（05）：59-63.

的问题。①

体制创新机制要立足于文化发展与科技进步，更新非物质文化遗产数字化保护与管理理念，整合相关的社会资源，不断强化各级文化行政管理部门的管理与服务职能。

首先，从体制创新机制的管理层面来看，要不断创新体制机制内的管理技术及方法，使保护机制内的信息、资源、人力、资本能够相互配合，促进信息共享、资源共享和合作创新，以确保保护机制内的文化与科技不断融合，从而使体制机制内的管理要素得到创新与发展。

其次，从体制创新机制的制度层面来看，它是根据非物质文化遗产数字化保护机制的特点和目标建立的，它不仅仅是制度的创新，还需要关注与组织结构、价值观和人才培养等方面的协同。因此，要在保护机制的运行过程中，能够制定与完善相关政策，激发创新能力，促进机制内的新技术、新资源、新措施不断创新与发展。

总之，体制创新机制要在非物质文化遗产数字化保护的基础上，创新管理方式与政策制度，营造体制创新环境，并推行有效的激励机制，激发创造活力，从而确保非物质文化遗产的数字化保护事业的均衡发展。

（四）多元化传播机制

多元化传播机制是指在传播过程中，采用多种方式和渠道来传达信息和触达受众的机制。这种机制可以包括使用不同的媒体平台以及结合各种传播手段等方式。②随着我国科技的发展及技术的进步，非物质文化遗产的传播形式也在不断地创新，改变以往的口头传播、文字传播的形式，结合新兴技术进行数字化传播，提高了传播效率，使大众更能了解非物质文化遗产，因此要积极构建多元化传播机制，拓宽传播的形式与渠道。文化和旅游部于2021年5月25日印发的《"十四五"非物质文化遗产保护规划》中指出："应

---

① 赵东.数字化生存下的历史文化资源保护与开发研究[D].济南：山东大学，2014.
② 苗艳.网络时代非物质文化遗产数字化传播路径[J].新闻文化建设，2023（04）：3-5.

根据非物质文化遗产特点和存续状况，实施分类保护；针对传统音乐（器乐、民歌）、舞蹈、曲艺、传统戏剧等非物质文化遗产的不同特点，探索与之相适应的保护方式。"①非物质文化遗产在进行传播时，要积极利用新技术不断进行创新，深入挖掘非物质文化遗产的文化价值、社会价值及经济价值。

多元化传播机制要求我们要积极创新非物质文化遗产数字化的传播方式。首先是加快自媒体的传播，自媒体是指个人或组织利用互联网和社交媒体平台，自主创作、发布和传播内容的一种形式。其优势在于拥有大量的用户群体，门槛相对较低，创作者自主性和灵活性高，信息传播也是具有针对性的。因此，非物质文化遗产数字化传播与发展应该重视自媒体的传播。将非物质文化遗产传承人作为传播主体，而传播的内容主要是介绍非物质文化遗产的文化内涵，由于他们更加了解非物质文化遗产的技艺、特性与价值，因此所传播的内容真实性强，权威性高。在传播过程中，需要了解受众的心理需求，紧密结合社会热点，使非物质文化遗产的内容更具吸引力。同时，我们还应与营销团队紧密合作，制定有效的营销策略和手段，以推动非物质文化遗产的广泛传播与推广；其次是注重短视频、直播的传播。短视频是以生动、直接、互动参与的传播形式来传递信息和表达创意的，如抖音、快手等短视频具有内容贴近生活、形式丰富、娱乐性等特点，受到人们的欢迎。要加强非物质文化遗产传承人与短视频专业团队之间的合作，从而充分利用专业团队在传播经验、数字技术等方面优势，为非物质文化遗产的传播与展示提供技术支持。同时，要借助市场的力量，将传播非物质文化遗产的短视频向文化产品的营销方向进行转变，可以利用直播电商等新型形式来打造文化产业链，从而加快非物质文化遗产的数字化进程，进一步拓宽其传播渠道。

---

① 文化和旅游部."十四五"非物质文化遗产保护规划[EB/OL].https://www.gov.cn/zhengce/zhengceku/2021-06/09/content_5616511.htm.

（五）人才培养机制

在非物质文化遗产数字化保护的过程中，建立人才培养机制是关键。人才培养机制是指为了满足特定领域或组织的人才需求，而设立的一套有序的、有针对性的培养体系和机制，旨在培养和发展组织所需的优秀人才，以满足不断变化的需求和挑战。现阶段面临非物质文化遗产传承人整体老龄化的问题，他们对新兴的数字化技术并不了解，并且人才培养模式单一，年轻的群体对非物质文化遗产缺乏了解，因此就需要采取措施、建立机制，培养相关人才，从而激发非物质文化遗产活力。国务院办公厅于2021年8月12日印发的《关于进一步加强非物质文化遗产保护工作的意见》中指出："要实施中国非物质文化遗产传承人研修培训计划，进一步提升传承人技能艺能。加强传承梯队建设，促进传统传承方式和现代教育体系相结合，拓宽人才培养渠道，不断壮大传承队伍。"[1]

首先，要加强保护意识。要提升非物质文化遗产传承人的数字素养，让他们了解和掌握数字化技术在非物质文化遗产保护与传承中的应用方式，开阔视野。提高年轻一代对非物质文化遗产数字化保护的认知意识，通过增强他们对非物质文化遗产文化内涵的感知，能够促使他们更加积极地参与到非物质文化遗产的保护与传承中来。

其次，要加强保护专业开设。高等教育学校应该结合现代教育体系，积极增设非物质文化遗产保护专业以及数字化技术专业。结合数字技术创新培养模式，创新课程体系，强化数字技术的教学内容，打造文化与科技相融合的人才培养方案。

另外，学校内的教师团队也是不可缺少的一部分，要加强新型非物质文化遗产数字化保护专业的教师团队建设，同时鼓励非物质文化遗产传承人进入学校参与教研、开展授课，从而更好地培养优秀的专业型人才。

此外，要加强国内外交流培训。非物质文化遗产数字化保护专业人才除

---

[1] 中共中央办公厅、国务院办公厅.关于进一步加强非物质文化遗产保护工作的意见[EB/OL].
https://www.gov.cn/xinwen/2021-08/12/content_5630974.htm.

了深入理解我国非物质文化遗产的内涵外，也应该加强与国外非物质文化遗产数字化保护技术方面的交流与学习。为此，国家可以设立专项保护资金，为专业技术人才提供学习国外先进数字化保护技术的机会。同时，国内也应积极创办一批与非物质文化遗产相关的数字技术专业学院，开展有针对性的培训活动，从而进一步提升我国非物质文化遗产数字化保护专业人才的水平。

第二节 非物质文化遗产数字化保护机制的实现路径

一、非物质文化遗产数字化保护机制的实现制度

为了使非物质文化遗产数字化保护机制能够更加有效、规范地开展，在保护机制的运行过程中要不断创新研究环境及保护体系，并能够根据已经出台的政策而不断地制定及完善相关政策制度，促进新兴技术与文化资源的合理配置，从而确保非物质文化遗产的数字化保护事业能够均衡发展。我国自2005年国务院办公厅发布的《关于加强我国非物质文化遗产保护工作的意见》中明确提出"要运用数字化技术对非物质文化遗产进行真实、系统和全面的记录、保护"以来，不断地制定与改善相关的政策制度，推动了我国非物质文化遗产数字化保护事业的进程。

表3-1 中国非物质文化遗产数字化保护制度建设情况一览表

时间	文件名称	主要内容
2005年3月26日	《关于加强我国非物质文化遗产保护工作的意见》	提出要运用数字化技术对非物质文化遗产进行真实、系统和全面的记录、保护
2006年10月25日	《国家级非物质文化遗产保护与管理暂行办法》	第十四条中对非物质文化遗产进行数字化记录、保护等做出了具体的安排
2011年2月25日	《中华人民共和国非物质文化遗产法》	首次以法律的形式对非物质文化遗产数字化保护进行了规范
2011年9月6日	《关于加强国家级非物质文化遗产代表性项目保护管理工作的通知》	对国家级非物质文化遗产及其代表性传承人进行文字、图片、影像记录，并建立数字化档案和数据库
2012年2月15日	《国家"十二五"时期文化改革发展规划纲要》	首次提出"实施文化数字化建设工程"，标志着"文化数字化"正式为国家级工程项目
2016年11月29日	《"十三五"国家战略性新兴产业发展规划》	首次将数字创意产业纳入发展规划中，提出"形成文化引领、技术先进、链条完整的数字创意产业发展格局"
2019年8月27日	《关于促进文化和科技深度融合的指导意见》	标志着我国文化数字化迈进更加系统化、体系化建设的新阶段
2021年5月25日	《"十四五"非物质文化遗产保护规划》	从加强建立档案和数据库建设、研究保护工作、多元化传播等多个角度明确了非物质文化遗产数字化战略的实现路径
2021年8月12日	《关于进一步加强非物质文化遗产保护工作的意见》	加强数字化建设，实施非物质文化遗产记录工程，加强对全国非物质文化遗产资源的整合共享等策略
2022年5月22日	《关于推进实施国家文化数字化战略的意见》	明确到"十四五"时期末，基本建成文化数字化基础设施和服务平台，形成线上线下融合互动、立体覆盖的文化服务供给体系

（一）以行政管理制度为核心

非物质文化遗产数字化保护的行政管理制度是指为了有效传承和保护非物质文化遗产，以非物质文化遗产"保护为主、抢救第一、合理利用、传承发展"为方针，以"真实性、整体性"为原则，并根据非物质文化遗产的实际现状而制定的法律法规、政策文件等，从而对非物质文化遗产进行更好的数字化保护、传承和管理。①在非物质文化遗产数字化保护的过程中，要不断创新非物质文化遗产的行政管理制度，强化规范行政管理，并根据实际情况，对各级行政部门的管理理念、管理方式等进行改革与创新。

1.明确管理主体

非物质文化遗产数字化保护机制的实现需要依靠文化行政管理部门全程进行管理，文化行政管理部门是针对我国各类非物质文化遗产的法律法规及规章制度进行制定和执行的主体。②在保护机制运行过程中，文化行政管理部门要不断加强对管理制度规范的建设，要严格按照国家的法律法规，合理使用自身的行政权力，做到依法行政。

在文化行政管理部门的管理过程中，首先要对管理职权进行分级。鉴于我国的非物质文化遗产数字化保护对象繁杂，并且分布广泛的情况，文化行政管理部门就需要按照管理的层级原则，根据我国非物质文化遗产数字化保护的现实需要，依法将管理工作逐级分布并逐级推进，从而确保全国范围内非物质文化遗产的管理权、行政权及监督权能够更好地实现。

其次要对管理行为进行规范。在非物质文化遗产数字化保护的过程中要严格遵循法定程序，根据法律规定的要求、步骤和程序，规范和监督管理行为，防止不作为现象，从而使保护工作更好地开展。

2.加强民主管理

非物质文化遗产数字化保护的民主管理制度是为了更好地规范管理行为，并依照相关法律法规和政策规定，参与非物质文化遗产数字化保护的决策、管理和监督的活动。③

在非物质文化遗产数字化保护的民主管理过程中，首先要完善民主决策。文化行政管理部门在进行管理决策之前，可以对具体的非物质文化遗产项目进行民意调查，从而获得群众的理解与支持；在决策过程中，要积极建

---

① 陈启科.象山县海洋渔文化非物质文化遗产管理制度研究[D].宁波：宁波大学，2017.
② 秦枫.非物质文化遗产数字化生存与发展研究[D].合肥：中国科学技术大学，2017.
③ 范丽娜.互联网+对中国企业民主管理历史变迁的作用探析[J].中国人力资源开发，2018，35（03）：126-135

立社会参与制度，制定社会公众参与非物质文化遗产数字化保护的规则及方法，从而引导和依靠社会公众对非物质文化遗产进行保护，最终实现非物质文化遗产数字化保护管理决策的民主化、公开化。

其次，要加强民主监督。在非物质文化遗产数字化保护工作的管理过程中，为了使民主管理更有效，就要充分发挥民主的监督权力。要健全监督主体，强化管理公开及政务公开，加强政党内部、各个国家机关、群众以及舆论的监督。同时，还要对非物质文化遗产数字化保护工作的重点项目及关键环节进行监督管理，并创建严格的法律法规，追究违法行为。

3.完善服务工作

非物质文化遗产数字化保护服务是基于政府主导、社会群众参与，通过数字化技术、网络化传播手段，而提供的服务设施、服务平台等其他服务工作以满足公众的需求。[①]

在非物质文化遗产数字化保护的服务工作中，首先要发展电子政务服务。文化行政管理部门是通过互联网络对全国的非物质文化遗产进行管理的，电子政务是各级政府部门使用最新的信息处理手段及信息平台，它能够合理重组各部门组织机构，整合政府职能，不断优化工作流程，从而更加全面地向公众提供规范的管理与服务。[②]文化行政管理部门应该对电子政务平台进行系统的管理，加强网络通信的基础建设，对数据库信息进行整合与归档，构建一个全范围的非物质文化遗产数据库，并推动各个部门的数据信息进行共享，同时要根据非物质文化遗产数字化保护和公众的需要，向社会开放各类非物质文化遗产信息，从而提高管理效能和服务质量。

其次，要加强基层管理培训。为了更好地完善非物质文化遗产数字化保护服务工作，就需要不断推动文化行政管理部门基层人员的培训工作。在培训过程中，要强调培训内容的专业性与针对性，要清楚了解非物质文化遗产数字化保护的现状和需求，并结合先进的培训方式、理念，积极制定激励机制，从而使培训工作更加科学有效地进行。

---

① 李鑫炜.我国公共数字文化服务政策文本分析[D].保定：河北大学，2018.
② 单嘉博."互联网+"理念下的服务型政府电子政务建设研究[D].南宁：广西师范学院，2016.

（二）以科技创新制度为动力

非物质文化遗产数字化保护的科技创新制度是指为了促进非物质文化遗产数字化保护工作的技术研发、应用和管理等科技创新活动而制定的相关政策、规章制度和机制。它旨在通过科技创新，运用先进的技术手段，提高非物质文化遗产的数字化保护效果和效率。[①]我国的非物质文化遗产科技创新制度要按照国家相关规定，将繁杂的非物质文化遗产资源进行合理的整合，使全国各类非物质文化遗产管理机构及相关部门单位的非物质文化遗产数字化保护工作形成一个整体。

1.制定政策标准

非物质文化遗产数字化保护的科技创新制度在实施过程中需要制定严格的政策与标准，使各机构部门的科技创新研发工作能够高效、规范地进行。

首先，要明确行政政策。制定科技创新制度的总体政策规划，建立一个由文化行政管理部门为核心，科技管理部门为主导，各相关部门及科技部门负责人参与的非物质文化遗产创新协调组织。要制定出相应的实施策略，使更多的科研机构参与，并且不断地探索与完善行政政策。

其次，要统一行业标准。在科技创新的过程中，要具有统一的标准规范、科研软件及管理服务，围绕非物质文化遗产信息的采集保存、组织分类、发布使用等环节建立起统一的规范与标准，以此来实现非物质文化遗产的信息转换与交流，并且实现资源共享。

2.实施融合研究

在我国非物质文化遗产数字化保护的过程中要不断推动文化与科技的融合，要不断引进专业的研究队伍和先进的技术资源，在研发合作的基础上推动保护事业的融合发展。

首先，要加强科研人员参与。邀请社会、企业的科研力量参与到非物质文化遗产数字化保护研究的工作中，不断引进优秀的研究思路、科研方式及技术

---

① 宁立成，胡继玲.我国科技创新制度改革研究 [J].科技进步与对策，2014，31（05）：100-102.

资源，并根据我国非物质文化遗产数字化保护研究现状提出针对性的建议及对策，从而促进国家非物质文化遗产数字化保护工作中科学技术研究的规范化。

其次，要推进跨系统研究合作。推动更多的企业、高校及科研院所参与到非物质文化遗产数字化保护科研工作中，加深对于非物质文化遗产数字化保护领域的了解，发挥企业、科研机构的不同科技创新作用，并提供更多高层次、专业度强的人才，推动非物质文化遗产的数字化保护科研工作的顺利开展。

3.提供财政支持

为了促进我国非物质文化遗产数字化保护科研工作的顺利开展，需要提供充足的财政支持来降低科技创新研究面临的问题。

首先，要加大资金投入。充足的资金能够保障非物质文化遗产科技创新研究的发展。因此文化行政管理部门要推动非物质文化遗产数字化保护的多元化投资渠道，建立各类专项资金、投资平台等，同时严格按照法律法规的要求，对投资主体、平台进行鉴别与规范。企业自身也要不断拓宽投资渠道，充分利用企业资金进行科技创新研究。

其次，要提供政府补贴。由于非物质文化遗产科技创新研究需要外部高新技术企业的支持，具有不稳定性，因此文化行政管理部门需要通过政府补贴、降低税收等手段来面对这一难题。采用政府补贴可以有效地补上高新技术企业在科技研发上的资金缺口，减少税收能够降低高新技术企业的税负水平，从而刺激高新技术企业加大创新投入。

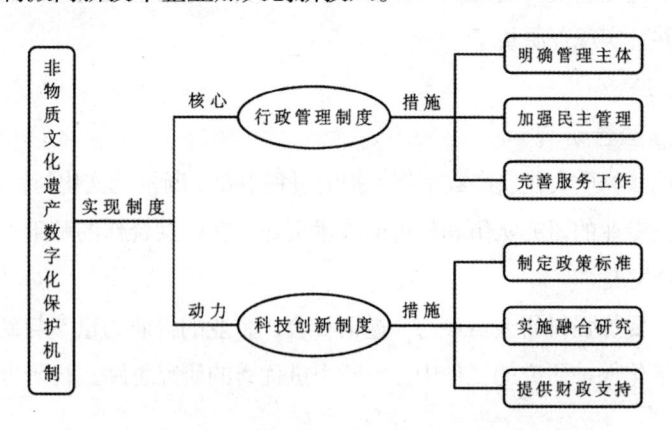

图3-2 非物质文化遗产数字化保护机制的实现制度结构

（图片来源：作者自制）

二、非物质文化遗产数字化保护机制的实现平台

（一）非物质文化遗产数字化保护平台的概念

非物质文化遗产的数字化保护平台是在我国文化行政管理部门的统一组织与规划下，将现代数字化技术应用在非物质文化遗产的信息管理工作中，同时采用多种技术手段，在数字化平台上实现对非物质文化遗产的保护、管理、转化、开发与利用。[①]当前我国的非物质文化遗产信息较为繁杂，分布广泛，且可利用率存在不足，因此要通过非物质文化遗产的数字化保护平台及信息资源系统对我国的非物质文化遗产进行统一、规范的管理，从而促进我国非物质文化遗产数字化保护工作的全面和健康开展。

（二）非物质文化遗产数字化保护平台的功能

非物质文化遗产的数字化保护平台的功能包括对非物质文化遗产进行资源采集、资源处理、资源储存、资源转换、资源分析、资源管理、资源利用等。[②]资源采集主要是对非物质文化遗产的信息资源进行收集，并按类别整合；资源处理是对非物质文化遗产的信息资源进行加工处理，对数据信息进行编码处理；资源存储是将信息资源安全地储存在合适的位置上；资源转换是将采集到的非物质文化遗产信息资源，按照统一规范的标准与格式进行转换、压缩等操作；资源分析模块是将非物质文化遗产的信息资源进行分类统计分析；资源管理是对非物质文化遗产的信息资源进行整理与编辑，并对非物质文化遗产的数字化保护的整体流程进行管理与监督，及时对相关行政管理部门进行反馈；资源利用是结合先进的数字技术，对信息资源进行运用于

---

① 何帅，孙子惠，肖旸宇.非物质文化遗产的数字化保护与传播[M].北京：中国纺织出版社有限公司，2023：127-129.
② 叶鹏.中国非物质文化遗产保护机制研究——基于文化与科技融合视角[M].北京：中国社会科学出版社，2016：14-16.

展示。总体来说,非物质文化遗产数字化保护平台旨在利用现代数字技术手段,实现非物质文化遗产的数字化保护,以及合理的运用与开发。①

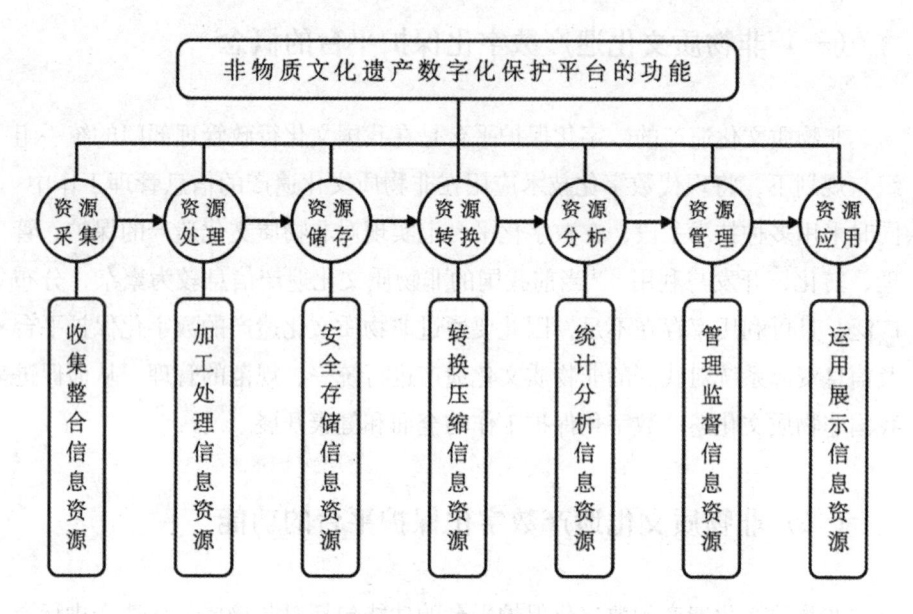

图3-3　非物质文化遗产数字化保护平台的功能结构

(图片来源:作者自制)

(三)非物质文化遗产数字化保护平台的意义

1.有利于促进非物质文化遗产的保护与传承

非物质文化遗产是一个承载着丰富的历史、文化和社会意义的宝库。它代表了不同地区、民族的独特文化特色和精神传承,对国家及民族都具有十分重要的价值和意义。②通过非物质文化遗产数字化保护平台可以提高对非物质文化遗产的保护和管理效率。通过数字化记录,可以更好地管理和保护

---

① 丁虹.非物质文化遗产数字化研究[M].昆明:云南美术出版社,2021:120-122.
② 林凇,祝雨璁.非物质文化遗产的数字化保护与传承[J].汉字文化,2022,22(39):174-176.

相关的文化资料，从而防止非物质文化遗产因时间、人为等原因而导致资料的丢失和破坏。此外，非物质文化遗产数字化保护平台上保存了我国大量非物质文化遗产的信息、照片录像等珍贵史料可以供人们进行学习，从而更好地了解非物质文化遗产丰富的文化内涵，促进非物质文化遗产的保护与传承。

2.有利于加强非物质文化遗产信息的开发利用

建立非物质文化遗产数字化平台能够有效实现非物质文化遗产信息的传递与传播，更好地挖掘出非物质文化遗产丰富的历史及文化价值。通过对先进的数字化技术及网络技术的运用，对非物质文化遗产开展宣传工作。例如，通过自媒体、短视频等平台开展传播活动，或是打造品牌化的非物质文化遗产传播平台，传播文化的同时也能取得经济效益。此外，利用数字技术将非物质文化遗产内容储存在不同的媒介上，也是对非物质文化遗产开发利用的方式。通过非物质文化遗产数字化平台上的数字化资料，研究人员也可以深入了解非物质文化遗产的历史、传承和影响，从而推动相关领域的学术研究和知识传播。

3.有利于实现非物质文化遗产信息的资源共享

建立非物质文化遗产数字化平台可以为社会提供一个共享的数字化资源库，使公众可以更多地了解非物质文化遗产，而非物质文化遗产传承人也可以在数字化平台上展示、共享自己的知识与经验，共同促进非物质文化遗产的保护与传承。此外，在数字化平台上将音频、视频格式的非物质文化遗产信息资源进行在线展示，公众可以直接点击浏览、观看，从而实现与文化零距离的亲近，获得最直观的感受。因此，利用建立非物质文化遗产数字化平台，将建立非物质文化遗产信息进行资源共享，这样不仅可以节省人力、物力、财力，还可以提高非物质文化遗产的管理工作效率，从而达到良好的宣传效果。

第三节 非物质文化遗产数字化保护机制的实现保障

通过上文对非物质文化遗产数字化保护机制的研究，提出了一系列研究结论及实现路径，因此为了确保非物质文化遗产数字化保护机制的有效实施，结合我国非物质文化遗产数字化保护的现实需求，从法律保障、行政保障、资金保障、传承保障及技术保障五个方面提出非物质文化遗产数字化保护机制的实现保障措施。

一、非物质文化遗产数字化法律保障

（一）我国非物质文化遗产数字化法律保障的现状

1.我国非物质文化遗产数字化法律保障

我国非物质文化遗产具有独特的文化意识与精神价值，在文化与科技相结合的背景下，中国政府对非物质文化遗产的数字化保护一直高度重视，在立法层面上进行了多次改良，从而给非物质文化遗产数字化保护及传承创造了良好的法律保障与支撑。我国非物质文化遗产数字化保护的立法中最重要的一部是2011年颁布的《中华人民共和国非物质文化遗产法》，这正式开启了我国非物质文化遗产法律保护的新时代，也标志着我国正式将非物质文化遗产保护纳入我国的法律体系之中。[①]2013年，我国实现了非物质文化遗产的数字化保护，建成了我国的非物质文化遗产数据库。近年来，国务院也一直在出台非物质文化遗产数字化保护的相关文件。

表3-2 中国非物质文化遗产数字化保护相关法律法规一览

类别	文件名称	序号	具体内容
行政法	《中华人民共和国非物质文化遗产法》	第3条	国家对非物质文化遗产采取认定、记录、建档等措施予以保存，对体现中华优秀传统文化，具有历史、文学、艺术、科学价值的非物质文化遗产采取传承、传播等措施予以保护
	《中华人民共和国非物质文化遗产法》	第13条	文化主管部门应当全面了解非物质文化遗产有关情况，建立非物质文化遗产档案及相关数据库。除依法应当保密的外，非物质文化遗产档案及相关数据信息应当公开，便于公众查阅
	《中华人民共和国非物质文化遗产法》	第40条	列举了需要承担民事责任的具体情形
	《国家级非物质文化遗产保护与管理暂行办法》	第14条	国务院文化行政部门组织建立国家级非物质文化遗产数据库。有条件的地方，应建立国家级非物质文化遗产博物馆或者展示场所
	《国家级非物质文化遗产保护与管理暂行办法》	第25条	规定了非物质文化遗产保护单位行政责任承担的形式以及具体情形
民法	《中华人民共和国著作权法》	第10条	涵盖了著作权具体权利内容，包括复制权、信息网络传播权、汇编权等
	《中华人民共和国著作权法》	第11条	著作权属于作者，本法另有规定的除外。创作作品的公民是作者。由法人或者其他组织主持，代表法人或者其他组织意志创作，并由法人或者其他组织承担责任的作品，法人或者其他组织视为作者
	《中华人民共和国著作权法》	第14条	汇编若干作品、作品的片段或者不构成作品的数据或者其他材料，对其内容的选择或者编排体现独创性的作品，为汇编作品，其著作权由汇编人享有，但行使著作权时，不得侵犯原作品的著作权

---

① 康莹.论我国非物质文化遗产的法律保护[D].长春：吉林大学，2019.

续表

类别	文件名称	序号	具体内容
民法	《中华人民共和国专利法》	第1条	为了保护专利权人的合法权益，鼓励发明创造，推动发明创造的应用，提高创新能力，促进科学技术进步和经济社会发展，制定本法
刑法	《中华人民共和国刑法》	第217条	以营利为目的，销售明知是本法第二百一十七条规定的侵权复制品，违法所得数额巨大的，处三年以下有期徒刑或者拘役，并处或者单处罚金

2.我国非物质文化遗产数字化法律保障存在的问题

尽管我国已针对非物质文化遗产保护的问题颁布了一系列保护条例并采取了措施，但在法律保障上仍存在诸多问题。针对非物质文化遗产数字化保护方面的相关法律法规较少，缺乏深入的理论研究及保护措施，并且缺少政府的有效管理与监督等，这一系列的问题导致了我国非物质文化遗产数字化保护的整体工作进程相对落后。

首先，缺少健全的法律体系。在我国当前的立法体系中，已出台了多部保护非物质文化遗产的法律文件，但众多法律中除了《中华人民共和国非物质文化遗产法》是针对非物质文化遗产保护制定的专门法律外，其他的法律制度对于非物质文化遗产保护并没有很强的针对性，只是在相关条例中简短介绍。并且，这些政策有很多方面具有较强的宏观性，只适用于理论层面，在实际的实践过程中显得不够完善，从而导致在落实过程中遇到无法解决的现实问题。此外，在非物质文化遗产数字化保护的法律制度方面，迄今为止并未出台专门针对非物质文化遗产数字化保护的相关法律法规，只是在一些法律文件中提到与非物质文化遗产数字化保护相关的内容，也并没有详细规定数字化保护的具体办法与措施。由此可见，目前针对非物质文化遗产数字化保护的法律制度建设并不完善，无法满足非物质文化遗产数字化保护的现实需要。因此，在非物质文化遗产数字化的保护过程中就需要根据保护环境与实际需求，建立起完备的法律体系。

其次，缺少有效的法律监督与救济制度。从我国已颁布的法律法规中来看，关于非物质文化遗产数字化保护的规定相对较少，并且对数字化保护工作的法律监督以及数字化成果受到损害后采取的救济制度并未制定相应的法律规定。在非物质文化遗产数字化保护中,开展具体保护工作的主要是政府机关及文化行政管理部门,但目前我国的行政管理与监督体系不完善,导致非物质文化遗产数字化保护工作中存在许多问题。此外,在救济制度方面,长期以来在非物质文化遗产数字化保护上多以行政手段为主,而缺乏民事、刑事及知识产权上的保护,因此在非物质文化遗产数字化的保护过程中应汲取经验并结合相关部门法,建立起一套完备的救济保护措施。

(二)非物质文化遗产数字化法律保障体系的建构

1.建立完备的立法体系

为了使非物质文化遗产数字化保护工作能够更加有效地进行,就需要建立完备的立法体系。

首先,要完善基本法律框架。健全非物质文化遗产数字化保护的基本法律框架,明确非物质文化遗产数字化保护的定义和内容,制定相应的保护原则,并细化具体措施,从而建立起全面、系统的非物质文化遗产数字化保护法律框架,明确非物质文化遗产数字化保护、传承、展示、利益分配等方面的规定,明确权责关系与保护机制。[①]

其次,要加强独立性与专门性立法。针对目前我国并未有独立的非物质文化遗产数字化法律体系的问题,就需要制定以非物质文化遗产数字化保护为主要内容的专门性法律。该法律可以对非物质文化遗产数字化保护进行专门规定,增强其独立性与针对性,作出精准的规范,从而提高法律保护的效力。

2.建立有效的法律监督与救济体系

一个完善的法律机制,就需要具备相应的监督与救济制度,我国非物质文化遗产数字化保护的法律保障机制中应该及时建立适合我国实际情况的监督与救济体系。

首先,要完善行政监督体系。应充分发挥政府机关、文化行政管理部门

[①] 常慧.非物质文化遗产的法律保护[J].文化产业,2023(24):118-120.

以及司法机关的监督作用，各地区各部门建立专门监督小组，对本行政区域内的非物质文化遗产数字化保护管理工作进行审查，防范相关部门的不作为与乱作为，以法制监督体系加强对非物质文化遗产数字化资源的保护以及促进其广泛传播。

其次，要制定法律救济体系。针对破坏非物质文化遗产及数字化成果的行为，立法中要追究其法律责任。先是采取警告制度，由专门委员会对非物质文化遗产保护不当的行为人发出警告，并且令其限期改正。若无视警告并且进一步对非物质文化遗产造成严重破坏的行为人，需要采取相应的民事责任、行政责任及刑事责任的追究。此外，在相应的法律条款中，要对非物质文化遗产的数字化保护工作提出制度补充，从而完善法律救济体系。

3.加强知识产权的保护

非物质文化遗产数字化作品是基于非物质文化遗产，并利用数字化技术进行创作的，其中包含了创作者的技术、智力劳动，具有独创性。[①]因此，非物质文化遗产数字化作品需要加强知识产权的保护，并综合运用《著作权》《商标权》《专利权》等多种权利，从而使非物质文化遗产数字化作品更好地受到法律的保护。

首先，要明确数字化作品的权利范围。不是所有的数字化成果都符合《知识产权法》保护的条件，只有具有独创性的数字化成果才能被列入非物质文化遗产数字化作品之内。[②]因此，我国《知识产权法》及相关法规需要明确非物质文化遗产数字化作品的种类，并将数字化成果按有无独创性进行分类，从而使非物质文化遗产数字化成果受到《知识产权法》的保护。

其次，要完善数字化作品的权利内容。非物质文化遗产数字化作品主要是利用信息技术采集相关数据制作传播的。在《知识产权法》现有的复制权、信息网络传播权的基础上，对相关规定进行补充，如转载、引用、下载、浏览量等。此外，在非物质文化遗产数字化作品的汇编权保护方面，《知

[①] 赵云海，刘瑞.数字化时代非物质文化遗产知识产权保护实践反思[J].文化遗产，2023（02）：10-18.
[②] 褚佳星.我国非物质文化遗产数字化的知识产权保护研究[D].哈尔滨：东北农业大学，2019.

识产权法》应当在汇编形式、成果的独创性、与原作品创作者的关系等方面予以完善和保护。同时，制定未经创作者的许可，不得违背其意志扭曲篡改数字化作品的法律规定，以确保对非物质文化遗产的原始保护。[①]

二、非物质文化遗产数字化行政保障

（一）非物质文化遗产数字化行政保障的特性

1.强制性

行政保障的强制性指的是政府通过制定法律法规和政策文件等形式，对特定领域的活动进行管理和监督，并对相关主体实施义务和责任。即政府对某项活动制定了强制性的规定，并通过行政手段对其实施强制性管理和监督。[②]在非物质文化遗产数字化领域，行政保障的强制性意味着政府制定了相关的法律法规，并设立相应的机构和部门来确保非物质文化遗产数字化的合法性、规范性及保护和管理等方面的要求得到遵守和执行。非物质文化遗产数字化行政保障的实施主体是我国各级政府及其他职能部门，如文化行政管理部门、司法部门、公安部门等，这些国家公共权力的机构能代表人民行使各项权力。因此，这些部门制定的关于非物质文化遗产数字化权益保障的政策、措施及法律法规，对于实施非物质文化遗产数字化保护的机构、团体或个人来说，不仅具有保护权力的作用，而且具有很强的强制性，社会各界都必须贯彻实行，否则将会受到法律的制裁。

2.高效性

行政保障的高效性指的是政府机构在实施行政保障措施时，能够快速、

[①] 宋春雪，于惠冰.少数民族非物质文化遗产数字化法律保护问题研究[J].黑河学院学报，2021，12（10）：32-33.

[②] 杨焯然.宁夏非物质文化遗产行政保护实证分析[D].西安：西北大学，2020.

有效地实现预期的目标，并以最有效的方式管理和推进相关事务。①政府机构需要能够及时做出明智的决策，制定出具体可行的政策和措施，以应对非物质文化遗产数字化面临的各种挑战和问题。虽然在非物质文化遗产数字化的相关权益受到侵害时，可以有多种解决方式，如协商和解、向政府行政机关申诉、向仲裁机构仲裁、向法院提起诉讼等，但在以上解决方式中，向政府行政机关申请行政保障的效果是最好的，因为政府行政机关的救济手段周期短，可以简化烦琐的程序，并在较短的时间内对侵犯非物质文化遗产数字化相关权益的行为进行调查和处理，从而使非物质文化遗产数字化的权益得到及时维护和保障。

3.广泛性

行政保障的广泛性指的是政府机构在实施行政保障措施时，覆盖范围广泛，涵盖多个领域和层面，以确保全面性、综合性的管理和保障。②政府机构的行政保障措施并不仅限于某一个特定领域或行业，而是涉及多个领域和行业。在非物质文化遗产数字化领域，行政保障包括法律法规制定、政策推广、技术规范制定等多方面的工作。此外，行政保障的对象主体广泛，包括政府机构、企业单位、专业机构、社区团体、民间组织等多个主体。政府机构需要制定合理的政策措施来实施保障，并对这些主体实施监督管理，从而推动非物质文化遗产数字化的保护和传承。通过广泛性的行政保障，政府机构能够在多个领域和层面上保护和推动非物质文化遗产数字化的发展，保障其在文化、经济、社会等方面的全面性和可持续性。

（二）非物质文化遗产数字化行政保障体系的建构

1.建立保护与利用机制

在非物质文化遗产的数字化保护过程中，要积极利用数字化技术，建立非物质文化遗产文化的保护与利用机制。

---

① 闫文莉.非物质文化遗产的行政法保护[D].湛江：广东海洋大学，2022.
② 丁虹.非物质文化遗产数字化研究[M].昆明：云南美术出版社，2021：167-169.

首先，要加大数字化保护力度。我国要大力开展非物质文化遗产的普查工作，更加全面地了解非物质文化遗产的种类、数量、分布情况、保护现状，以及当前存在的问题，并通过文字、多媒体、录音录像等设备，对非物质文化遗产进行更加全面而真实的记录。同时还要加强政府行政部门的管理，建立非物质文化遗产数字化保护制度，并积极调动档案馆、博物馆等事业机构，以更加全面多元化的方式，对非物质文化遗产的信息资源进行保护。

其次，要加强数字化宣传活动。将整合的非物质文化遗产信息资源进行合理的运用，可以开展在线浏览、收听及图片和文件的下载等，也可以使用线上博物馆，人们可以了解到不同地区各具特色的非物质文化遗产内容，从而实现信息的共享。

此外，还可以通过线上讲座及展览和竞赛的方式，积极开展与非物质文化遗产数字化保护工作相关的活动，从而起到宣传教育的作用，加强人们对非物质文化遗产的认知保护意识。

2.健全政府引导职能

在非物质文化遗产的数字化保护过程中，政府要积极发挥引导作用，制定相关的制度政策，并通过引导和规范的方式对市场和社会进行调控和指导，以确保数字化保护工作有效地开展。

首先，加大政策扶持。政府要积极出台政策，提供资金、技术和人力资源的支持，鼓励和促进非物质文化遗产数字化项目的开展。此外，政府需要对公益性非物质文化遗产的机构及团体加大资金扶持，而对于自主营业的非物质文化遗产企业，需要按照企业的实际需求对其进行改革，采取股份制、承包制等方式，优化企业管理模式。

其次，改善用人制度。要不断改进当前的人才管理制度，全面推行聘用制及签约制，使非物质文化遗产传承人具有代理权，切实保障传承人的权利。并以经济效益为中心开展人力资源工作，建立完善的用人机制。[1]

---

[1] 叶鹏.中国非物质文化遗产保护机制研究—基于文化与科技融合视角[M].北京:中国社会科学出版社，2016: 56-58.

此外，政府还要健全人才培养制度，组织培训和教育项目，培养非物质文化遗产数字化领域的专业人才，提高相关从业者的技术水平和专业素养。

3.切实保障传承主体的利益

与非物质文化遗产数字化保护相关的法律法规中要加强对非物质文化遗产传承主体利益的维护。

首先，保障传承主体的相关利益。一方面，要加大传承主体的保护力度，通过加大资金投入，给传承人发放一定的津贴与物质奖励，调动其积极性，并鼓励和扶持传承人进行非物质文化遗产的保护与传承活动。另一方面，针对侵害非物质文化遗产传承人的知识产权和专利权等利益的行为，政府要不断完善我国的《知识产权法》，制定相关法律法规来维护传承主体的利益，并给予传承人相应的赔偿，保护其权益不受到侵害。①

其次，鼓励传承主体积极创新。政府应鼓励传承主体发挥主观能动性进行非物质文化遗产的创新，积极将数字化技术与非物质文化遗产相结合，以促进非物质文化遗产传承和延续。政府要对具有创新意识、创新精神，做出了创新成果的传承人给予奖励，同时吸引更多的年轻人加入非物质文化遗产的学习和传承中来。

三、非物质文化遗产数字化资金保障

（一）非物质文化遗产数字化资金保障的特性

1.长期性

资金保障的长期性指的是确保有持续的资金支持和稳定的资金来源，用

---

① 桑郁琦.完善非物质文化遗产的知识产权保护[D].上海：上海师范大学，2018.

于支持项目或组织的长期运作和发展。[①]在非物质文化遗产数字化项目或其他领域中，资金保障的长期性非常重要。在非物质文化遗产数字化保护工作中要有持续、充足的资金来源，确保非物质文化遗产数字化项目能够获得长期的资金支持。其中包括政府拨款、私人捐赠、机构投资、自费收入等多种资金来源，以减少对单一资金来源的依赖。同时，需要制定长期的规划和预算，对非物质文化遗产数字化项目的长期目标和发展计划进行细致分析和规划，确保其资金需求能够得到充分的满足。总体来说，资金保障的长期性意味着项目或组织能够持续获得资金支持，以实现其长期的目标和发展。通过多样化的资金来源及详细的资金规划和管理等措施，可以提高资金保障的长期性和可持续性。

2.灵活性

资金保障的灵活性指的是在资金的使用和分配上具有适应性和灵活性，能够根据实际需求进行调整和变化。灵活性的资金保障有助于更好地满足项目的变化和发展的需求，从而使非物质文化遗产数字化项目有效进行。政府机构应根据非物质文化遗产数字化项目的实际需求和优先级进行资金分配，以确保资金最有效的使用。建立弹性预算是资金保障的一种方式。弹性预算可以包含一部分的保留资金，用于应对未预料到的需求变化或紧急情况。这样可以在需要时快速调动资金，提供额外的支持。此外，资金保障的灵活性需要进行定期的评估和调整。这包括对非物质文化遗产数字化项目的资金需求进行定期评估，检查资金分配的效果，并根据评估结果调整资金保障的策略和计划。

3.公开性

资金保障的公开性指的是非物质文化遗产数字化项目中的资金来源、资金用途和资金支出等信息要对公众进行公开和透明化。[②]公开非物质文化遗

---

① 张蓉莉.关于完善非物质文化遗产保护资金管理的探析[J].会计师2022（04）：26-28.
② 张蓉莉.关于完善非物质文化遗产保护资金管理的探析[J].会计师，2022（04）：26-28.

产数字化项目的资金使用情况和管理方式,如资金来源、用途和支出计划等,公众可以了解资金的配置情况,并监督其合理性和效果,从而增加公众对项目的信任度,并有利于吸引更多的投资、赞助和支持。公开资金使用情况还有助于防止腐败和滥用资金的问题。当资金的来源和用途对公众可见时,相关机构、企业及个人更容易受到监督和审查,从而减少贪污和滥用资金的风险。此外,资金保障的公开性还可以增强公众对非物质文化遗产数字化项目的参与度和关注度,激发公众的参与意识和责任感。

(二)非物质文化遗产数字化资金保障体系的建构

1.加大政府投资力度

为了使我国非物质文化遗产数字化资金保障机制有效运行,政府机构就需要提供充足的资金支持。

首先,要以政府投资为主导。《中华人民共和国非物质文化遗产法》第一章第六条对非物质文化遗产数字化保护经费做出了明确的规范:"县级以上人民政府应当将非物质文化遗产保护、保存工作纳入本级国民经济和社会发展规划,并将保护、保存经费列入本级财政预算。"非物质文化遗产数字化保护工作是不追求营利的,它以为社会和公众服务为导向。作为公益性的项目,其资金来源主要是依托于政府。因此,政府机构要积极为非物质文化遗产数字化保护的资金来源建立制度保障,制定长期的资金规划,包括确保资金收入的稳定增长、合理控制支出、提高资金效益等,明确资金保障的目标和策略。此外,在具体实践中也要根据具体法律规定加大拨款力度。

其次,要以地方财政为支撑。我国非物质文化遗产数量巨大,而政府机构只能根据非物质文化遗产的重要性和濒危程度有重点地进行投资,而无法顾及各地区具体的非物质文化遗产数字化保护状况。因此,应发挥政府的引导作用,加大各级地方财政的资金投入,并辅以社会团体、慈善机构及个人等多方投资合作。我国非物质文化遗产数字化资金保障应以政府投资为主导,与地方财政的资金投入相互配合。

2.加强资金管理与监督

在非物质文化遗产数字化资金保障的过程中,政府机构要加强对资金分配情况的管理与监督。

首先,要健全资金管理制度。政府机构应根据国家的相关法律规定,并结合非物质文化遗产数字化保护的实际情况来制定非物质文化遗产数字化保护资金的管理细则。同时,政府机构对非物质文化遗产数字化保护资金的管理并非一项完全独立的财务事务,它也是由政府机构的财政部门负责,要完善财政制度及内部控制机制,同时要建立健全管理制度体系,在制度执行中达成对资金的全过程管理。

其次,要构建完善的监督制度。政府要加强内部控制机制,充分发挥单位内部监督效能,强化资金的内部监管,防止内部舞弊、滥用资金等不当行为的发生,确保资金的安全和有效使用。除此之外,外部监督也需要加强,随着各级政府部门的介入,专项审计应形成常态化工作机制,让审计监督对资金管理工作持续产生正面效应。[①]

此外,非物质文化遗产数字化保护工作作为公众关注度和参与度都比较高的文化工程,保护资金的使用应提高财务信息的公众透明度,有助于形成内部、外部及公众的三方监督机制,有力保障资金的安全性。

3.拓宽投资渠道

在非物质文化遗产数字化资金保障的过程中,仅依靠政府的投资是很难满足非物质文化遗产数字化保护工作中的经费需求,需要不断拓宽投资渠道。

首先,要采取多元化筹资方式。企业、组织与团队应不断探索和拓展不同的资金来源,如投资、融资、赞助等。通过与投资机构、银行、合作伙伴等的合作,获取更多的资金支持。面向社会知名人士和企业进行非物质文化遗产数字化保护的社会融资,采取接受赞助、捐赠,设置捐款箱的方式来进行。此外,还可以利用政府的财政支持、众筹或社区集资等方式来拓宽资金来源渠道。多元化筹资可以分散风险,提高项目、组织或企业的抗风险能

[①] 张蓉莉.非物质文化遗产保护资金管理现状及优化建议[J].财富生活,2022(18):79-81.

力，同时为资金保障提供更多的保障。

其次，要加强国际合作与资助。要积极向国际组织、非政府机构和外国政府提出资金支持和合作的机会，加强我国非物质文化遗产的资金保障。投资者也可以寻求国际合作伙伴，加强国际交流与合作，向国际社会寻求资金支持，并争取国际资助项目。

四、非物质文化遗产数字化传承保障

(一) 非物质文化遗产数字化传承保障的特性

1.社会性

传承保障的社会性指的是非物质文化遗产数字化保护与传承工作在社会层面的特征和影响。它强调了社会参与和共同责任的重要性，以及非物质文化遗产对社会认同、身份认同和社群凝聚力的作用。传承保障注重社会成员的参与和合作。[1]社会中的传统技艺传承人、手工艺者等社会成员都应参与到保护、传承和发展非物质文化遗产的决策和实践中。他们的主动参与可以增强对非物质文化遗产的责任感和归属感。此外，非物质文化遗产是社会和个人的重要标识和认同符号。通过传承保障，可以加强和巩固社会成员对自身文化身份的认同，增强社会凝聚力和认同感。同时，非物质文化遗产的传承保障也有助于各群体之间的相互理解和尊重，促进多元文化的和谐共存。

2.传承性

传承保障的传承性指的是保护和传承非物质文化遗产的过程和机制。它强调将非物质文化遗产的知识、技艺、价值观等内容传递给后代，以确保其传统知识和技巧得到保留和发展。[2]传承保障意味着将非物质文化遗产所包

---

[1] 王珊珊.我国非物质文化遗产保护问题研究[D].济南：齐鲁工业大学，2014.
[2] 王琨.我国非物质文化遗产保护政策体系研究[D].西安：长安大学，2012.

含的传统知识和技艺传递给后代。这些知识和技艺可能是特定地域或群体的独特技艺、传统医药知识、农耕技术、音乐舞蹈等。通过传承保障将这些知识和技艺延续下去，不会因时代的变迁而失传。非物质文化遗产不仅包含技艺和知识，还涵盖了特定地域或文化传统的价值观、道德准则和生活方式。传承保障的重点是将这些价值观传递给后代，以帮助他们建立自我认同和社会责任感。此外，非物质文化遗产还包括传统习俗、庆典和活动。这些习俗和庆典是文化认同和凝聚力的重要组成部分，而传承保障要确保这些习俗和庆典得到继承。传承性的实现不仅有助于非物质文化遗产的保护和延续，还对社会认同、文化多样性和可持续发展产生了积极影响。

3.可持续性

传承保障的可持续性指的是确保非物质文化遗产的持续传承和发展，以满足当前和未来世代的需求和利益。[①]传承保障的目标是确保非物质文化遗产的持续传承和发展，它需要制订长期的保护计划和策略，包括培养传承人、传播宣传、提供相应的资源和支持等，以确保非物质文化遗产得以延续并保持活力。可持续性要求在保护非物质文化遗产的同时兼顾其传承和发展。保护是为了确保非物质文化遗产的原始性和完整性，传承是为了将其知识、技艺和价值观传递给后代。持续发展意味着让非物质文化遗产与时俱进，适应社会变革和需求。可持续性要求将非物质文化遗产的知识与经验记录下来，通过口述传统的记录、文献资料的整理和保存、多媒体技术的应用等方式，确保非物质文化遗产知识的传承和传播的不断延续。传承保障的可持续性使非物质文化遗产在保护和传承中得到平衡和发展，并在不断变化的社会中保持活力和价值。

（二）非物质文化遗产数字化传承保障体系的建构

1.构建传承机制

在非物质文化遗产数字化传承保障的过程中，要积极构建有效的传承机

---

① 吴磊.我国少数民族非物质文化遗产政策研究[D].北京：中央民族大学，2012.

制,确保非物质文化遗产数字化保护工作有效地开展。首先,要发挥政府的主导作用。各级政府文化行政管理部门要负责做好传承人的培训、传承单位的认定等工作,同时要对这些传承与保护工作进行管理与监督。政府要不断制定、完善与传承相关的政策制度,安排充足的专项资金用于非物质文化遗产的保护与传承工作,加强传承工作的支持与保障。此外,政府要鼓励和支持高校、科研机构、专业团队开展非物质文化遗产数字化保护的研究和专门人才培养。其次,要加强数字化传承保护。要不断运用先进的数字化技术手段,真实地还原非物质文化遗产的传统技艺、手工艺,并通过视频、录像等形式记录传统技艺的制作过程,将这些珍贵的资料放在网络上资源共享,人们便能很快地了解到非物质文化遗产的信息,对非物质文化遗产的传承与保护起着重要的作用。

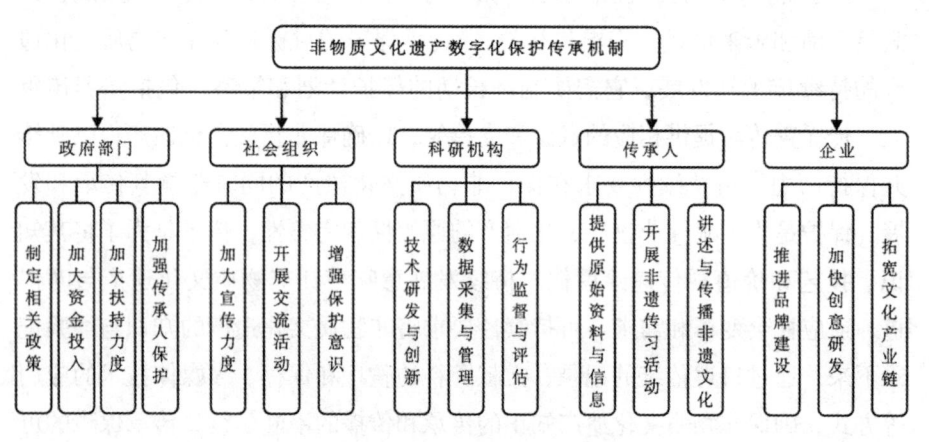

图3-4 非物质文化遗产数字化保护传承机制

(图片来源:作者自制)

2.加大培训力度

非物质文化遗产数字化保护工作要求各级各类工作人员具备很强的专业素质和管理素质。我国在非物质文化遗产数字化保护工作上存在着专业人才匮乏和专业化管理不足等问题。因此,我国要不断加大非物质文化遗产传承的培训力度,培养专业型人才。

首先，政府要加强人才培训工作。各级政府、文化行政管理部门需要建立起完善的非物质文化遗产保护工作人才培训体系，培训对象包括从事非物质文化遗产数字化保护工作的有关专业人员、管理人员以及传承人等，培训内容包括国际国内有关政策法规、非物质文化遗产数字化的保护方法、数字化技术以及业务标准规范等。同时，采用面授、远程讲授、委托高效等方式，使培训工作逐步专业化、规范化。

其次，学校要设立专门培训课程。在各中小学开设相关课程，在各高校设置相关专业，将非物质文化遗产的内容融入教学和科研中，并强化数字化技术的教学内容，构建人才培养机制，培养非物质文化遗产传承、保护、管理、研究的各类型、各层次的人才，从而承担起传承与保护非物质文化遗产的历史使命。

3.加强社会参与

在非物质文化遗产数字化保护过程中，要加强社会参与，通过社会组织、企业和公众等各方的参与和合作来实现非物质文化遗产的传承与发展。首先，要积极开展数字化宣传活动。利用数字技术和网络平台推广和宣传，将非物质文化遗产的信息传递给大众。可以制作宣传视频，采用纪录片、微电影、动画等形式介绍非物质文化遗产的历史、文化内涵和传承价值。例如，纪录片《如果国宝会说话》中采用独特的设计理念和方法，使用数字化高科技手段让文物变得鲜活，通过生动的图像和视频吸引观众的注意力，拉近文物与现实之间的距离，增加大众对非物质文化遗产的理解和兴趣。此外，也可以建立一个全面介绍和推广非物质文化遗产的官方网站或应用程序，提供丰富的非物质文化遗产资源、信息和互动功能，让公众可以随时随地获取和分享非物质文化遗产的知识和信息。例如，故宫博物院开发的APP《每日故宫》，可以根据个人偏好搜索书画、瓷器、青铜器、玉器等文物，使人们足不出户就能近距离看遍故宫文物。开展数字化宣传活动，可以突破时空限制，并推动非物质文化遗产的传播与发展。其次，要加强企业的参与和合作。在非物质文化遗产数字化传承保障的过程中，要不断加强企业的参与和合作，一方面要激励企业为非物质文化遗产的数字化传承活动提供资金支持，设立非物质文化遗产保护基金或捐赠支持计划，向相关科研项目提供资金保障，并鼓励更多的企业参与到非物质文化遗产数字化保护工作中。另一方面，企业可以通过创新的商业模式将非物质文化遗产数字化保护与经济发展相结合，不断借助自身优势，运营文化产业，树立品牌意识。

五、非物质文化遗产数字化技术保障

（一）非物质文化遗产数字化技术保障的特性

1. 高效性

技术保障的高效性指的是利用先进的数字化技术手段能够快速、高效地保护、记录和传承非物质文化遗产。数字化技术使非物质文化遗产的记录和整理工作变得更加便捷高效。通过数字化技术可以对非物质文化遗产进行详细的描述、分类和标注，收集和整理相关的文献、图片、音频、视频等素材，能够迅速响应用户的需求，提供实时的结果或反馈，减少等待时间，提高工作效率。数字化技术也可以快速整合和共享数据，使不同的系统和部门之间可以方便地共享和访问数据，减少人工干预的时间和工作量，提高数据的利用效率和信息的交流速度。此外，数字化技术可以帮助保护非物质文化遗产的资源，通过数字化存储和备份，防止重要信息的遗失、损坏或衰退。数字化技术能够以高效的方式保存非物质文化遗产的重要信息，确保其能够长期传承和研究。数字化技术保障的高效性能够提高非物质文化遗产的保护、传承和传播的效率，减少人力资源的浪费，为非物质文化遗产的保护与传承工作提供更多机会和可能性。

2. 持久性

技术保障的持久性指的是利用数字化技术手段长期有效地保护、传承和保存非物质文化遗产的传统技艺与文化价值。数字化技术可以将非物质文化遗产的信息、资料和相关数据以数字形式进行存储。数字化存储是在硬盘、光盘或云端等在线存储空间中，通过适当的技术手段和设备管理，数字化内容可以长期保存,免于物理损坏、遗失或衰退。此外,为确保数字化数据的持久性,需要将非物质文化遗产的信息数据进行备份。备份可以将多个副本存储于不同的媒介,并定期进行更新和验证。这样即使原始数据出现故障或不可用,备份数据依然能够保持原始信息的完整性和可用性。由于数字存储技术在不断地进步和演变,旧的存储媒介和文件格式可能会逐渐过时或无法读取。为了保证信息数据的持久性,数字化技术需要进行数据迁移,将数字内容从旧的存储媒介或文件格式迁移到新的可持续的存储媒介或文件格式中,以确保数据的长期访问和保存。数字化技术保障的持久性能够确保非物质文化遗产的信息数据长期保存和访问,促进非物质文化遗产文化的传承和发展。

3.创新性

技术保障的创新性指的是在非物质文化遗产的保护与传承过程中,利用数字化技术手段创造出更加丰富多样的传承、保护、体验等方式。创新性的数字化技术可以将非物质文化遗产的信息数据、资料以更加全面、详细和多样化的方式进行记录和存储。例如,利用3D扫描技术、高清影像等技术手段,可以更好地保存和还原非物质文化遗产的细节和特点。数字化技术还可以通过虚拟现实、增强现实和交互式应用等方式,为用户提供更加身临其境的非物质文化遗产体验。用户可以通过虚拟展览、互动游戏等方式与非物质文化遗产进行互动,增加参与感和乐趣。此外,数字化技术可以将非物质文化遗产与社交媒体、在线平台相结合,扩大文化传播的范围和影响力。通过将非物质文化遗产的内容进行在线共享,帮助非物质文化遗产保护者、爱好者、专业学者等人群进行互动和交流,共同促进非物质文化遗产的保护、传承与发展。

(二)非物质文化遗产数字化技术保障体系的建构

1.构建非物质文化遗产数字化技术体系

数字化技术的创新改变了非物质文化遗产数字化保护和开发的方式。但是现阶段对非物质文化遗产数字化的技术研究相对分散,因此应构建完整的非物质文化遗产数字化技术体系,使非物质文化遗产数字化保护更加规范化、实用化。通过对非物质文化遗产数字化保护与开发的完整流程进行梳理，其中包括了数字化采集技术、数字化存储技术、数字化管理技术、数字化生产技术、数字化传播技术和数字化消费技术，如图3-5所示。①

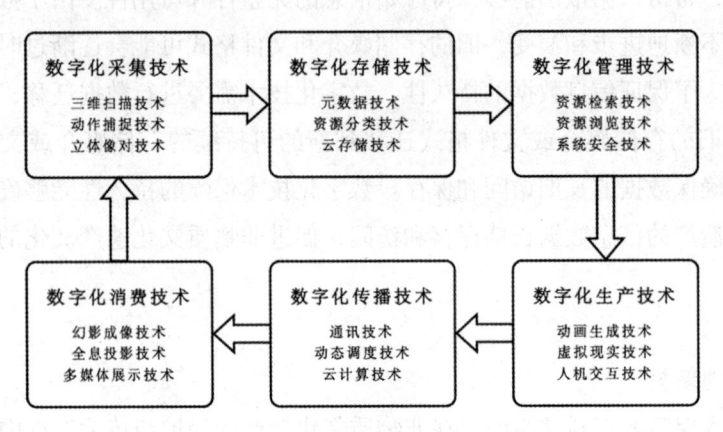

图3-5 非物质文化遗产数字化技术体系流程

（图片来源：作者自制）

数字化采集技术是根据一定的采集技术规范，对非物质文化遗产信息进行数字化记录、处理与再现。数字化采集技术除了传统的音频、视频录制、文本扫描等技术，还需要综合运用三维扫描、动作捕捉、立体像对构建技术等多种新兴的技术手段进行数字化采集；数字化存储技术是依据不同类型的非物质文化遗产表现形式，采用适宜的分类体系和元数据技术标准进行数字化存储；数字化管理技术是针对非物质文化遗产资源库中的大量素材，采用一定的共享和数据分发等技术解决非物质文化遗产资源的管理、存储、发布、版权保护等问题；数字化生产技术是将非物质文化遗产转化为可开发利用的资源素材，并针对不同消费群体的需求，运用计算机动画生成技术、虚拟现实技术、游戏引擎技术、人机交互技术等，生产出不同类型的数字化产品；数字传播技术主要是利用卫星电视、通信技术、多终端展示等传播技术将非物质文化遗产进行展示与传播；数字化消费技术是将数字化产品在网

---

① 王杰.山西武术非物质文化遗产数字化保护研究[D].南京：南京体育学院，2021.

络、电视、手机等多媒体终端，以及数字博物馆、多媒体数字展厅等领域进行数字消费，并采取了一定的经济效益。①总之，构建非物质文化遗产数字化技术体系能够更好地运用数字技术手段促进非物质文化遗产的科技创新和可持续发展。

2.运用先进技术和设备建设

现阶段不断更新的数字化技术为非物质文化遗产数字化的不断推进提供了科技支撑，在数字化技术保障的过程中要积极引进先进的数字化技术以及设备。

首先，要积极利用大数据技术。大数据技术可以从大规模的非物质文化遗产数据中挖掘出数据的隐藏信息、潜在价值、趋势和关联等内容。还可以通过分析用户行为、消费模式等数据，了解非物质文化遗产的受众群体和市场需求，实施精准推送，提高非物质文化遗产数字化传播的效率，扩大传播的影响力。2022年6月8日，文旅产业指数实验室发布了《中国非物质文化遗产海外短视频平台影响力研究报告》，其中提取了海外短视频平台TikTok上截至2022年5月31日的数据，数据显示中国非物质文化遗产相关视频在TikTok上的播放量超过308亿次；依据各类非物质文化遗产的传播表现，汇总了十大高热度非物质文化遗产，其中武术以超过222亿次的播放量居前，春节、木兰传说的播放量分别超过46亿次、27亿次。这一系列数据显示出中国传统文化强烈吸引着海外民众。

其次，要积极引进先进的数字化技术。扩展现实技术（XR）是虚拟现实（VR）、增强现实（AR）、混合现实（MR）等各种新沉浸式技术的统称。它可以打造极具真实感的沉浸式、交互式、虚实融合的立体空间，利用可穿戴式设备及传感器在现实环境与虚拟环境之间传递信息，获得沉浸式游戏、远程学习、虚拟培训等各种体验，增强非物质文化遗产数字化展示的效果。②运用先进的数字化技术不仅可以提升非物质文化遗产的保护和传承效

---

① 孙传明.民俗舞蹈类非物质文化遗产数字化技术研究[D].武汉：华中师范大学，2013.
② 林捷，陈圣宣.非物质文化遗产数字化路径与策略探究[J].新楚文化，2023（12）：4-7.

果,还可以促进传统文化与现代科技的融合。

3.加强数据安全和设备保护

在非物质文化遗产数字化技术保障的过程中,要不断加强数据安全和数据隐私的保护。首先要确保网络安全。为了确保非物质文化遗产信息数据的安全,要建立和维护高效的网络安全系统,包括防火墙、反病毒软件、入侵监测系统等,监测和阻止潜在的恶意网络活动和入侵。同时要制定和执行严格的数据管理政策,包括数据备份、加密、访问权限控制等,确保敏感数据的保密性和完整性。要及时安装和应用安全更新、补丁程序的软件,及时修复已知的安全漏洞。其次要加强设备保护。对于保存和传输的数据,要使用强大的加密算法确保数据的机密性。做好数据的加密工作可以帮助防止未经授权的访问和数据泄露。同时要建立严格的访问控制和权限管理机制,只允许经过授权的人员访问和处理非物质文化遗产的数据。此外,要做好数据备份工作。为了防止遇到数据丢失、硬件故障、病毒感染等问题,要定期进行数据备份,并定期测试和恢复备份数据,以确保备份的完整性和可用性。

第四章

非物质文化遗产数字化保护的建议

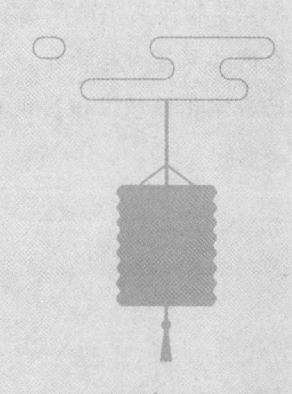

非物质文化遗产作为民族文化的根基与灵魂,其保护与传承的重要性不言而喻。在信息化、数字化的时代背景下,如何借助先进技术手段实现非物质文化遗产的有效保护与可持续发展成为我们面临的重要课题。当前,我国非物质文化遗产数字化保护工作已取得了一定成果,但仍面临着诸多挑战与问题。因此,本章将围绕非物质文化遗产数字化保护的建议展开深入探讨,以期为国家、社会和产业层面探明有益的思路与方向。

在国家层面,着重探讨如何完善相关制度,强化人才队伍建设,并促进国际合作与交流。通过制定和完善法律法规,为非物质文化遗产数字化保护提供坚实的制度保障;同时,加强人才培养与引进,打造一支高素质、专业化的数字化保护队伍;此外,还应积极开展国际交流与合作,借鉴先进经验,共同推动全球非物质文化遗产保护事业的发展。

在社会层面,关注如何深化宣传与教育,引导传承人积极开展数字化传承实践活动,并推进公益性数字化展示平台的建设。通过广泛宣传非物质文化遗产的价值与意义,提高公众的保护意识;鼓励传承人利用数字化技术开展传承活动,让传统文化焕发新的生机;同时,建设数字化展示平台,让更多人能够近距离感受非物质文化遗产的魅力。

在产业层面,探讨如何实现数字化资源向产业资源的有效转化,提升数字化产业的附加值与核心竞争力,并推动多元化数字产业的协同发展。通过挖掘非物质文化遗产的商业价值,推动其与现代产业的深度融合;同时,加强技术创新与研发,提升数字化产业的创新能力和市场竞争力;此外,还应加强产业间的合作与交流,实现资源共享、优势互补,共同推动数字化产业的繁荣发展。

非物质文化遗产数字化保护是一项系统工程,需要国家、社会和产业层面的共同努力与协作。通过本章的探讨与建议,期望能够为非物质文化遗产数字化保护工作提供有益的参考与指导,推动其在数字化时代焕发新的光彩。

第一节 国家层面的建议：完善制度，强化人才，以夯实非遗数字化保护之基

一、加快相关制度的完善与优化

加快完善非物质文化遗产的相关制度建设对于保护和传承非物质文化遗产具有重要意义。2005年，国务院发布了《国务院关于加强文化遗产保护的通知》和《国务院办公厅关于加强我国非物质文化遗产保护工作的意见》，明确了我国致力于推动保护优秀非物质文化遗产、弘扬传统文化的政策方向。2006年，文化和旅游部发布了《国家级非物质文化遗产保护与管理暂行办法》，明确了非物质文化遗产项目的申报方式以及保护的方针和原则。2011年，颁布了《中华人民共和国非物质文化遗产法》，其中明确了我国加强非物质文化遗产保护的目标、原则、制度，为之后相关保护工作的开展和保护举措的执行提供了坚实的法律依据。2021年，文化和旅游部颁布的《"十四五"非物质文化遗产保护规划》明确了"十四五"非物质文化遗产保护的总体要求、主要任务和保障措施，并系统地部署"十四五"时期非物质文化遗产保护工作。同年，国务院办公厅印发了《关于进一步加强非物质文化遗产保护工作的意见》，阐述了截至2025年和2035年我国非物质文化遗产保护的主要目标。此后，我国在推进非物质文化遗产数字化保护工作的基础上，陆续颁布了相关的法律条例、管理办法等政策文件。尽管我国已经制定了非物质文化遗产相关的制度建设，但现存的政策制度还是存在漏洞的。

例如，《中华人民共和国非物质文化遗产法》没有详细规定非物质文化遗产数字化保护的途径与措施，也没有解决数字化保护的版权和知识产权等问题。因此，国家要不断制定和完善相关的法律法规，建立健全的数字化法律保障机制。国家要加强立法建设，通过制定更加明确、详细的法律法规来规范非物质文化遗产传承人的权益保障问题，同时还需要建立起一套完整的监管机制，确保各项措施能够真正落地实施。要加大执法力度，严厉打击各种侵权行为，维护非物质文化遗产的知识产权不受侵犯。此外，国家也要加大对非物质文化遗产数字化保护的财政投入，为相关的研究、培训、保护项目提供财政支持。同时，要鼓励社会资本和民间组织参与非物质文化遗产的保护与传承。

二、强化人才队伍的培育与建设

非物质文化遗产人才队伍的培养始终是非物质文化遗产保护与传承的重中之重。中国历来高度重视非物质文化遗产的人才队伍建设，从传承人的培养、专业机构的建设以及相关专业、课程的开展等多个方面做了积极努力。2021年，文化和旅游部、教育部、人力资源和社会保障部联合印发《中国非物质文化遗产传承人研修培训计划实施方案（2021—2025）》。其中提出，2021—2025年，三部门围绕国家级非物质文化遗产代表性项目组织实施研修培训任务，培训学员不少于1万人次。各省级文化和旅游行政部门会同教育、人力资源和社会保障行政部门，围绕本地区国家级和省级非物质文化遗产代表性项目组织实施省级研修培训计划，培训学员总数不少于2万人次。[①]近年来，我国非物质文化遗产传承人研修培训计划帮助非物质文化遗产传承人实现"强基础、拓眼界、增学养"，全国120余所参与院校共举办研培班1100

---

① 文化和旅游部.《中国非物质文化遗产传承人研修培训计划实施方案（2021—2025）》[EB/OL]. 2021.10.09.https://zwgk.mct.gov.cn/zfxxgkml/fwzwhyc/202110/t20211019_928411.html.

余期，共计培训3.8万人次，加上各地延伸培训，累计培训超10万人次。同时我国也不断加强非物质文化遗产相关专业的建设，强化相关职业教育。例如，河北省保定市曲阳县为培养非物质文化遗产人才、激发非物质文化遗产活力，依托特色资源，创建了以石雕专业为重点的中等职业学校——河北曲阳雕刻学校，迄今为止学校已经培养出了优秀毕业生近7000名。其中，500余名毕业生创办了自己的雕塑企业或雕塑设计工作室，30多名毕业生获评省、市级的工艺美术大师。但随着经济的发展和社会需求的变化，非物质文化遗产保护的生存环境也受到了巨大冲击，出现了缺少传承人、专业性人才不足等问题，在一定程度上制约了非物质文化遗产人才队伍的发展。因此，国家要注重人才队伍的建设，为非物质文化遗产数字化保护培养优秀的复合型人才。国家要积极成立专门的非物质文化遗产数字化保护部门，或者组建专门的团队开展非物质文化遗产数字化保护工作，并招聘数字化保护工作开展过程中各环节各方面所需要的人才，针对他们自身的优势进行合理化的分工合作。此外，国家应增设培养非物质文化遗产数字化人才的培训学校，加强师资队伍建设，将非物质文化遗产知识、数字化技术等作为主要研究课程。国家也应该大力扶持专业性人才到发达国家去学习数字化技术，应用于非物质文化遗产保护工作中，要设置非物质文化遗产数字化保护的专项资金，选拔优秀的人才出国学习。

三、促进国际合作与交流机制

随着全球化进程的不断加快，各国之间在经济、政治和文化等方面的交流日益频繁，因此我国应该加强国际非物质文化遗产的交流与合作，这对于保护和传承非物质文化遗产具有重要意义。2003年，联合国教科文组织第32届大会通过《保护非物质文化遗产公约》，正式确定了非物质文化遗产的概念及内涵，截至目前共有181个缔约国。中国于2004年加入《保护非物质文化遗产公约》，迄今为止我国认定国家、省、市、县四级非物质文化遗产代表性项目十万余项。其中，43个项目跻身"联合国教科文组织人类非物质文化遗产代表作名录",数量位居世界第一。[①]我国也在不断加强跨区域合作,例如,2023年6月9日,上海艺术品博物馆举办的"第十三届国际传统艺术邀请展",此次展览以"四海共芳菲"为主题,汇聚了来自美国、俄罗斯、德国、波兰、伊朗、日本等26个国家的150余位艺术家、国家工艺美术大师,以及非物质文化遗产传承人的作品。此外,还有多个国家的驻沪总领馆提供的馆藏作品参展,参展国家和艺术家的数量都创下了历史之最。过去的12届展览中亮相过的工艺大师接近2000位,这为全球各国间开展非物质文化遗产保护交流与合作提供了良好的平台。虽然非物质文化遗产保护在国际交流与合作方面已经取得了进展,但仍然面临着传承的削弱、文化全球化、新产品和新技术等许多问题。我国应该积极参与到世界范围内的非物质文化遗产保护工作中去,学习和借鉴其他国家先进的经验和做法,提高我国在这一领域的水平和能力。要积极开展国际研讨会、学术交流活动,分享各国非物质文化遗产的保护与传承经验,促进非物质文化遗产相关专家、学者和从业者之间的知识共享和经验交流,并举办国际性的非物质文化遗产展览、表演和活动,展示各国非物质文化遗产的多样性与独特性。这有助于增进国际文化了解与合作,促进非物质文化遗产的国际传播与交流。此外,还要推动跨国界的合作项目,共同保护、传承和开发非物质文化遗产。通过合作研究、培训项目、技术合作等形式,共同解决保护与传承中的共性问题,促进非物质文化遗产的可持续发展。通过与其他国家签订相关协议或建立友好关系来促进双方在非物质文化遗产保护与传承上的合作。

---

① 李婷.保护文化多样性,加强国际合作势在必行[N].文汇报,2023-06-09(005).

第二节 社会层面的保护建议：深化宣传，引导传承，以筑牢非遗数字化保护之墙

一、深化非物质文化遗产数字化保护的宣传与教育力度

随着经济的发展和社会的变革，人们对于精神层面的追求越来越高。要想更好地保护与传承非物质文化遗产，就必须从思想上重视起来，加强对非物质文化遗产数字化保护的宣传与教育。当前我国也开展了一些非物质文化遗产的宣传教育活动，如建立地方博物馆、民俗文化陈列馆，并开展非物质文化遗产相关讲座、表演，但普通群众对非物质文化遗产的知晓率和关注度仍然存在问题，他们参与非物质文化遗产数字化保护的积极性很低，也并不了解非物质文化遗产数字化保护的相关信息。

针对以上问题，各级政府部门应该积极宣传非物质文化遗产数字化保护的相关内容与优越性，通过发布相关文章、举办在线专题讲座、制作宣传视频等形式，向广大公众介绍非物质文化遗产数字化保护的意义、方法和技术，使大众更加熟知非物质文化遗产数字化保护的重要价值，提高数字化保护意识并自觉地加入非物质文化遗产数字化保护队伍中。此外，要积极开展形式多样的培训活动。政府部门及相关机构可以组织一些专业技能培训班、讲座及研讨会，向广大群众普及非物质文化遗产数字化保护方面的知识和技术。通过举办专题展览和展示活动，向公众展示非物质文化遗产的数字化保护成果以及在数字化领域中的创新应用。这些展览可以通过实物展示、多媒体展示和交互体验等形式，提高公众对数字化保护工作的认知和重视。

二、引导非物质文化遗产传承人积极开展数字化传承实践活动

非物质文化遗产传承人是非物质文化遗产项目的代表，他们不仅需要继续磨炼自身的技艺，对非物质文化遗产项目开展传承、培训同样是他们的职责之一。[1]传承人要不断学习和掌握先进的数字化技术，利用摄影、录像等数字化技术来记录传统技艺及表演的技术、过程和流程，并将其保存在数字媒体中，也可以利用数字化技术建立非物质文化遗产的数字档案库，包括图片、文献、音频、视频等不同形式的资料。这样便于之后的研究者和学习者通过互联网等渠道查询非物质文化遗产的相关信息。同时，传承人可以与博物馆和文化机构合作，共同建设数字博物馆和在线展馆，展示和传播非物质文化遗产，让更多人远程参观和学习。也可以利用数字化技术打造虚拟展览和互动体验项目，让观众远程感受传统技艺和文化的魅力。通过沉浸式的数字体验，观众可以更加深入地了解和体验非物质文化遗产的独特之处，并不断丰富非物质文化遗产传承的形式和渠道。此外，传承人应努力拓宽宣传渠道与范围。传承人可以通过微博、抖音、快手、小红书等众多网络渠道，分享非物质文化遗产的故事、技艺和传承经验。通过发布短视频、图片、文章等形式，吸引更多人关注和了解非物质文化遗产，促进传承人之间的交流与合作。同时，可以邀请有影响力的明星、网红、大V等对非物质文化遗产进行宣传，以此扩大影响范围。例如，喜马拉雅FM上推出的自制节目《如果"非遗"会说话（明星版）》，邀请了王凯、马思纯等12位明星与自己家乡的一件非物质文化遗产聊天，在这场跨越千年历史长河的对话中，让听者感受到非物质文化遗产背后深厚的历史文化底蕴。此外，在2024年春节期间，央视文艺节目中心制作的《非遗之夜》，邀请了鞠萍、尼格买提等12位主持人以及40多位明星参加，通过歌曲演唱、乐队演奏、舞蹈武术表演等节目来介绍我国的非物质文化遗产，让观众更加清晰地了解、传承与弘扬非物质文化遗产文化。

---

① 杨颖.昆明非物质文化遗产保护的协同治理研究[D].昆明：云南财经大学，2023.

三、推进非物质文化遗产公益性数字化展示平台的建设

将非物质文化遗产进行展示与传播，能够更好地传承与保护我国的非物质文化遗产。当前有不少地区在积极建设公益性的非物质文化遗产工作坊，举办非物质文化遗产文化节、展览，同时也有非物质文化遗产传承人在特定区域进行表演，与社会公众产生互动，更好地展示传播非物质文化遗产。但这种展示宣传活动的范围有限，受到时间、空间与受众的影响，使传承与传播效果并不理想。各文化机构与相关组织要积极利用数字化技术对非物质文化遗产，特别是传统工艺的生产、传播与传承方式等进行真实再现。建立一个公益性的数字化展厅，通过互联网平台提供免费的在线展览，展示非物质文化遗产的多个方面。展厅既可以包括图片、视频、音频和文字等多种展示形式，让公众能够远程参观和了解非物质文化遗产。也可以利用多媒体技术，制作精美的展示宣传视频，将非物质文化遗产的文化内涵呈现出来，视频中可以包括传统技艺表演、音乐演奏、仪式和庆典等，以生动形象的方式展示非物质文化遗产的独特魅力。此外，还可以开展一些公益性的非物质文化遗产数字化成果展。将非物质文化遗产数字化成果以展览的形式走进人们的日常生活，让人们可以看得到、摸得着，切实感受非物质文化遗产数字化所带来的变化。以2021年故宫博物院与腾讯联合主办的"'纹'以载道——故宫腾讯沉浸式数字体验展"为例，该展览巧妙地运用了腾讯的沉浸式渲染、图像搜索和全景声等前沿技术，为观众带来了独特的互动体验。观众们仿佛穿越时空，亲身沉浸于古建与珍贵藏品中丰富多彩的纹样世界，感受其中蕴含的美学与智慧。在展区内，观众有机会亲眼看到高达5.3米的裸眼3D"数字文物"。这一装置内部的设计灵感来源于万花筒，通过创新的技术手段展现了器物纹样的独特魅力。当观众轻轻触摸"文物"时，墙面会投影出经过重新组合的动态纹样，仿佛触手可及，令人叹为观止。此外，展区还利用360度环幕技术展示了故宫院藏的国宝级文物，通过高精度的三维数据将纹样细节与器物全貌立体呈现，为观众带来了前所未有的视觉盛宴。为了让观众更加深入地体验故宫的四季美景，展览还精心设置了10个年度限时打卡点。观众可以通过这些特别设计的窗口欣赏到故宫窗花纹样的独特韵味，

留下属于自己的独家流光影像。这次展览不仅展示了故宫博物院的丰富藏品和深厚的文化底蕴，还通过科技手段为观众带来了前所未有的沉浸式体验。观众不仅能够欣赏到精美的文物和纹样，还能亲身感受到其中蕴含的智慧和美学价值。

第三节 产业层面的保护建议：转化资源，推动升级，以拓展非遗数字化保护之路

一、实现数字化资源向产业资源的有效转化

我国的非物质文化遗产资源丰富，只是依靠政府财政预算或者社会资金等进行保护是不够的，非物质文化遗产本身所具有的商品经济属性决定了对非物质文化遗产资源进行生产性保护是十分必要的。原文化和旅游部副部长、中国非物质文化遗产保护中心主任王文章指出："生产性保护是在保持非物质文化遗产真实性和整体性的基础上，借助生产、流通、销售等手段，将非物质文化遗产资源转化为相关产品的一种保护方式。"[1]因此，要不断加强生产性保护，将非物质文化遗产数字化资源转化为产业资源，来实现非物质文化遗产的经济价值和可持续发展。利用数字化资源能够挖掘非物质文化遗产资源的价值，形成既保留传统文化精华，又能更好地推动文化资源优势

---

[1] 中国政府网.文化和旅游部副部长谈"非物质文化遗产法"出台[EB/OL].2011.02.25.https://www.gov.cn/jrzg/2011-02/25/content_1810901.htm.

第四章
非物质文化遗产数字化保护的建议

向经济优势转化的特色文化产业。要以市场需求为导向，在保持非物质文化遗产资源原真性的前提下利用数字化技术对非物质文化遗产知识进行再生产和再创造，将其转化为能够在市场上自由流通的文化产品。拓展非物质文化遗产产业链条，使文化产业的生产规模不断扩大，生产效率不断提高，以确保在市场上取得竞争优势，在经济和社会效益上创造巨大的收益。这样不仅能够保证非物质文化遗产得到有效的保护，还可以更好地实现将非物质文化遗产资源的文化价值转化为产业价值。例如，陕西丝路非遗文化有限公司以非物质文化遗产为核心内容及创新要素，对非物质文化遗产的文化项目进行商品开发及数字产品开发，致力于建设非物质文化遗产文化传承与创新的综合性服务平台。该公司成功举办了"楮皮纸上的非遗展"，传播陕西的楮皮纸制作技艺。其子公司西安麦芽影视文化传播有限公司精心策划、拍摄并制作了《匠爱进行到底》系列纪录片和《非遗人生》系列栏目，这些作品聚焦于非物质文化遗产的传承人，深刻展现了对非物质文化遗产的关怀与尊重。除此之外，丝路非遗的另一家子公司西安捷幻数字科技有限公司还开发了一系列"非遗+VR"项目，如古法造纸VR交互式体验等，这些创新项目已被陕西省文化艺术数字馆采纳并应用，成功地将非物质文化遗产的数字化资源转化为具有产业价值的资源，实现了非物质文化遗产保护与科技创新的完美结合。

二、提升数字化产业的附加值与核心竞争力

非物质文化遗产数字化保护不仅要关注数字化技术或文化传播形式，更要注重文化发展及与人有关的价值、意义方面的创造上，不仅要再现过去，更要满足人们的现代文化需求，促进非物质文化遗产的传播与发展，增加非物质文化遗产数字化创意产业附加值。要不断引入和应用新技术，提高数字化产业的技术含量和附加值。例如，采用人工智能、大数据分析、区块链等先进技术，加强对数字化资源的挖掘、分析和应用，实现更精准的个性化推荐和服务。也可以利用虚拟现实、增强现实、多媒体交互等数字化技术，将

非物质文化遗产以数字化形式展示，提供更多元化、交互式的体验。要深入了解消费者的个性化需求。消费者有各自不同的审美观点和文化理念，因而非物质文化遗产的产品应该满足大众化与个性化需求。可以采用调查问卷或投票的方式了解消费者的不同需求，实现创新性的生产、推荐和营销，提升消费者的体验和附加值。此外，要注重品牌建设和市场推广，提高非物质文化遗产数字化产业的知名度和美誉度。通过建立良好的品牌形象加强与消费者的沟通和互动，增加消费者对产业、产品及服务的认可度和信任度。故宫文创品牌通过产品设计和创意表达，将故宫的历史故事、文化符号传递给更多的消费者，注重创新设计，打破传统的束缚，将传统文化与现代审美相结合创造出具有时代感和艺术价值的产品。除了提供非物质文化遗产的创意产品和服务外，还可以增加附加值的增值服务。例如，提供数字化技术支持、产品咨询服务、售后服务等，为消费者提供更全面的支持和解决方案。同时，建立非物质文化遗产数字化产业的资讯服务平台，提供行业动态、趋势分析和专业知识，为用户提供有价值的信息服务。

三、推动多元化数字产业的协同发展

在市场经济日渐发展的背景下，基于数字化资源对非物质文化遗产进行多元化数字产业开发，既能产生新的产业与文化价值，又能在现代社会中延续非物质文化遗产的生命力，吸引更多人群参与到非物质文化遗产的传播中。

从文化创意产业来看，非物质文化遗产资源为文化创意产业提供了丰富的素材，利用数字化技术设计、开发、制造出文化创意产品，通过各类市场化的营销和推广等手段，扩大宣传范围，实现产业化运作。要积极促进非物质文化遗产数字化IP的形成，借助文化创意产业独有的创意和展示形式以及品牌影响力，实现非物质文化遗产数字化文创产业的发展，推动其数字化活态传承；从文化旅游产业来看，旅游业与文化的融合是旅游行业的发展趋势，非物质文化遗产与旅游产业的结合主要体现在两个方面：一是利用数字化技术改善非物质文化遗产的遗产地旅游体验,使旅行过程更加便利和舒适;二是在充分开发非物质文化遗产旅游资源的基础上,打造一个虚拟的旅游地点,旅客可以在虚拟空间中更好地了解非物质文化遗产,产生不同于传统旅游的新体验;从电子媒介产业来看,现代媒介产业的迅速发展,非物质文化遗产资源可通过数字化与媒介产业相互融合,促进非物质文化遗产的传播与发展。可以借助电视电影媒介产业进行宣传,如《国家宝藏》《非遗里的中国》《了不起的匠人》等节目,通过详细的纪录与讲述,将博大精深的中华历史文明与独具匠心的非物质文化遗产传承故事,真实地呈现在观众面前。《延禧攻略》《去有风的地方》《鬓边不是海棠红》等电视剧,通过剧情加持下的演绎与创新展现了不同程度、不同类型的非物质文化遗产风貌。此外,也可以借助电脑手机上的自媒体、短视频、直播平台进行传播,如抖音账号"非遗来了"策划拍摄的短视频——《三星堆面具,剪纸替你复原了》,视频中记录了剪纸创作黄金面具的过程,通过展示非物质文化遗产技艺,结合传承人解说,呈现祖先的高超技艺和中华文明的灿烂光辉。推出当天,该视频便登上了抖音"三星堆"相关热点话题的前列,播放量超过500万,点赞量超20万;从数字游戏产业来看,将非物质文化遗产的文化内容贯穿于数字游戏中,不仅能够提升游戏的品质与内涵,还能使游戏企业具有新的消费热点与商业盈利点,有利于非物质文化遗产文化的传播。数字游戏的消费群体主要是年轻群体,他们也是非物质文化遗产保护与传承的主力军,因此,非物质文化遗产与数字游戏产业的结合可以引导年轻一代关注、了解、保护我国的非物质文化遗产。

第五章

非物质文化遗产教育化传承的实现

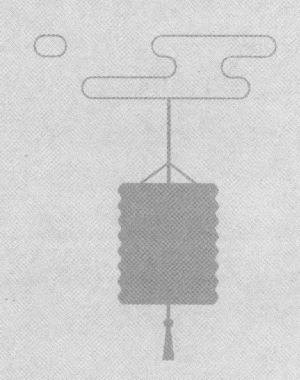

长期以来，非物质文化遗产一直游离于主流教育之外，其珍贵的教育教学资源价值被长期忽视。将非物质文化遗产纳入教育体系，不仅是对民族生存智慧与活态文化的一次重新发现与审视，更是对民族文化根脉的深入挖掘与整理；不仅是对古老生命记忆的尊重与传承，更是对民族文化精髓的提炼与升华。

教育化传承不仅有助于非物质文化遗产的保护和传承，更能促进文化的多样性和创新性发展。通过个体教育、家庭教育、社会教育和学校教育等多层次的传承方式，非物质文化遗产得以在更广泛的范围内传播和弘扬。同时，将非物质文化遗产元素融入课堂教学和课程体系，不仅丰富了教育内容，也提升了教育的文化内涵。

然而，非物质文化遗产教育化传承的实践并非一帆风顺。在实施过程中，需要建立相应的研究机构和管理机构，培养专业的教师队伍，搭建教育平台，以推动非物质文化遗产在高校和社会中的传承与保护。在数字化时代，非物质文化遗产的传承发展更是迎来了新的篇章。数字化技术的应用为非物质文化遗产的传承提供了新的手段和方法，丰富了视觉艺术语言，增强了游客情感体验，推动了文化的活态传承。同时，大众媒介和数字技术的普及也为非物质文化遗产的传播和弘扬提供了新的途径。

因此，深入探讨非物质文化遗产教育化传承的实现以及其在可持续发展实践中的应用，不仅具有深厚的理论价值，更有着广泛的实践意义。本章将围绕这一主题从多个维度展开论述，以期为非物质文化遗产的传承与发展贡献绵薄之力。

第五章
非物质文化遗产教育化传承的实现

第一节 非物质文化遗产教育传承的内涵

传承，通常是指对某一事物、现象或精神的继承和传递。在一般的定义中，这是指传递那些具有积极正面意义的事物、事件或思想。教育传承可以被视为一种"传承"的手段，涉及传承的具体方法、途径和策略。教育传承与传统的口头传授不同，是通过教育手段来实现对各种事物、现象和精神的连续传递。教育传承不仅是对民族生存精神、生存智慧和活态文化存在的一种认知和理解，更是一个充满人性探索和理性思维的民族文化融合过程。

非遗的教育传承具有高度的逻辑性和深度，它不仅是知识的传递，更是文化的传承和精神的培育，其内涵丰富且深远。主要涵盖两个层面的内容：首先，非遗教育不仅是知识的传递，更是文化的熏陶与民族精神的培养。通过非遗教育，学生不仅能够接触到美的价值，更能深入了解民族文化和历史，扩充自身的知识面。非遗的教育传承与创新实际上是一个动态的、循环往复的保护过程。在这个过程中，学生接受非遗知识，通过吸收、阐释和反馈，形成个人对非遗的独特理解。这种理解反过来又促进了非遗的创新，因为反馈本身就是学生个人观点的体现，它与教师的再次阐释形成互动，构建了新的知识体系。这种"接受—吸收—阐释—反馈"的良性循环不仅促进了非遗的传承，也推动了非遗的创新发展。其次，非遗教育在非遗保护传承过程中具有举足轻重的地位，必须成为教育的重要组成部分。各级各类学校作为培养知识分子的重要场所，对于非遗的传承与保护具有不可替代的作用。学生作为未来社会的新生力量，在引领社会风尚、塑造社会舆论等方面具有强大的影响力。将非遗纳入教育教学培养方案，不仅有助于学生全面了解和认同非遗的价值，更能通过他们的影响力推动社会对非遗保护传承的关注和参与。此外，学生作为国家的未来和希望，他们的成长和发展对于非遗保护传承的可持续性具有重要意义。通过成功的非遗教育，可以确保在未来的几十年里非遗保护传承的重要性得到进一步强化，为非遗的长期发展奠定坚实的基础。

第二节 非物质文化遗产教育化传承的目的与意义

在21世纪全球经济一体化的时代背景下，中国正经历着前所未有的社会变革，而民族民间活态文化传统这份千百年来口传身授的宝贵财富正面临着前所未有的挑战与冲击。面对这一形势，2010年10月提出的《非物质文化遗产法（草案）》为非物质文化遗产的保护与传承指明了方向。学校作为教育体系的核心阵地，应肩负起传承非物质文化遗产的重任，将其巧妙融入日常教学中，让学生在知识的海洋中领略到民族文化的独特魅力与博大精深。

一、非物质文化遗产教育化传承的必要性分析

当前，我国非物质文化遗产保护面临着诸多挑战与困境。一方面，现代化进程的快速推进使传统文化逐渐边缘化，许多珍贵的非物质文化遗产项目正面临着失传的风险；另一方面，公众对于非物质文化遗产的认知程度尚浅，缺乏有效的传承机制与途径。因此，将非物质文化遗产纳入学校教育体系，不仅有助于提升公众对传统文化的认识与重视程度，更能为非物质文化

第五章
非物质文化遗产教育化传承的实现

遗产的传承与发展注入新的活力与生机。学校应充分发挥其教育资源优势与特色，制订科学合理的教学计划，将非物质文化遗产教育有机融入日常教学中。同时，加强师资队伍建设与培训，培养一批具备专业知识与教学能力的非物质文化遗产传承教育师资，为传承工作提供有力的人才保障与支持。此外，学校还应积极开展丰富多彩的文化活动与实践项目，让学生在亲身参与中感受非物质文化遗产的独特魅力与深厚内涵，激发他们对传统文化的热爱与尊重之情。学校和现行教育体制在非物质文化遗产的保护、传承、发展与创新中扮演着举足轻重的角色与地位。通过加强与非物质文化遗产保护机构的合作与交流，学校可以获取更多的教育资源与信息支持；同时，利用自身的科研优势与实力开展相关研究工作与探索，推动非物质文化遗产的传承与发展走向新的高度与境界。

非物质文化遗产作为一个国家、民族或地区历史积淀的精神家园，其内涵丰富且多元，涉及社会、经济、政治、历史、科学、文学、艺术等多个领域。首先，从物质载体层面来看，非物质文化遗产是民族文化的活态展现，它包含了大量的实物、技艺、表演等形式，这些形式作为非物质文化遗产的具象化表达，不仅具有独特的审美价值，更是民族文化认同感和归属感的重要来源。以满族的萨满舞为例，目前的萨满舞已经转变为一种纯粹的群众自我娱乐的艺术方式。在传统生活中，萨满舞是通过巫师向天神祈求好运和灾祸，实现人与神、人与天之间的沟通和交流，以表达人们的愿望和需求。通过教育传承，这些物质载体得以在更广泛的范围内传播和继承，进而促进民族文化的传承与发展。其次，非物质文化遗产中蕴含的伦理道德及行为规范是其精神内核的重要组成部分。这些伦理道德和行为规范是民族在长期历史发展中形成的，具有深厚的文化底蕴和社会价值。比如清明节，根据东汉时期崔寔（实）在其著作《四民月令》中的描述，最初的清明节并没有扫墓祭祖的传统习惯。在《岁时百问》这本书中提到："在所有事物生长的这个时刻，它们都是清洁和明亮的，因此被称为清明。"清明时节恰逢春天的播种季节，因此在清明前后，人们的主要任务是清扫养蚕室并对生产工具进行整顿。清明时节恰逢三月的暮春，是一个非常适合郊游的时节，城郊是祭祀祖先的主要场所，因此，踏青活动已经成为一种传统的风俗。通过教育传承，这些伦理道德和行为规范得以被年轻一代所了解和接受，进而内化为他们的行为准则，对于提高人们的思想道德素质和文化水平具有不可替代的作用。此外，非物质文化遗产还承载着丰富的历史文化信息，它是民族历史记忆和文化传承的重要载体。通过教育传承，年轻一代能够更深入地了解民族的历史和文化，增强对民族文化的认同感和自豪感，进而促进民族文化的传承与创新。

非物质文化遗产的教育传承与创新承载着深远的意义。其重要性不仅在于通过纳入教育体系来延长那些濒临消亡的非物质文化遗产的存续时间，更在于推动非遗与现代文明的融合创新，使之顺应时代的潮流，增强国民的内聚力。因此，将非遗纳入国民教育的整体框架，既是实现可持续发展的必要举措，也是社会对于文化多样性的内在需求，更是非遗保护与发展的核心要求。

二、非物质文化遗产教育化传承的可行性探讨

2020年10月，习近平总书记在广东考察时指出："要加强非物质文化遗产保护和传承，积极培养传承人，让非物质文化遗产绽放出更加迷人的光彩。"[1] 可见，在非物质文化遗产的继承和保护过程中，对传承者的培育显得尤为关键，通过教育这一途径，可以培育出具备创新思维的非遗传承人。《非物质文化遗产教育宣言》强调了对中国非物质文化遗产进行全面教育和传承的重要性，不仅适用于高等教育，还包括中小学、幼儿教育、社会教育、党校干部教育和扶贫扫盲教育，所有层次和社会方式的教育都应被纳入其中。我国目前对非遗教育还没有统一的认识，但从国家政策上看，在学校开展非物质文化课程教学已成为共识。

2017年，中共中央办公厅与国务院办公厅共同发布了一份名为《关于实

---

[1] 郑以墨，王阳.论高校美术教育在非物质文化遗产传承与创新中的作用[J].河北师范大学学报（教育科学版），2011，13（8）：75-78.

施中华优秀传统文化传承发展工程的意见》的文件。该文件明确指出，在哲学、社会科学以及其他相关学科的专业和课程设计中都应融入中华优秀传统文化的相关元素，进一步加强与中华优秀传统文化相关的学科建设①。显然，我国很早就认识到了通过教育可以继承和守护中华卓越的传统文化，通过这种教育方式培育出优秀的传统文化传承者。近年来，随着中国特色社会主义进入新时代，国家对于人才培养提出了更高要求，也为高校非物质文化遗产学科提供了重要契机。2021年8月，中共中央办公厅与国务院办公厅共同发布的《关于进一步加强非物质文化遗产保护工作的意见》再次突出了高等教育中非物质文化遗产学科体系和专业建设的重要性，鼓励条件成熟的高校自主开设硕士和博士研究方向。这意味着，未来几年将是我国非物质文化遗产学学科建设发展最快的时期。同时，这一建议还强调了加强对非物质文化遗产教育者的培训，激励有代表性的传承者参与学校的教学和研究工作②。由此可见，国家对高等院校对非物质文化遗产学科建设和人才培养提出了更高的要求。该文件还明确表示，高等教育机构应加强非物质文化遗产的学科、专业和师资培训。在这样的大背景下，各级各类教育机构应当从高层次的规划出发，确保非物质文化遗产的保护和传承被融入学校的各个学科、教学研究以及教师团队的建设之中。

在学术领域，人们普遍认为教育是一种对非物质文化遗产进行保护、继承和发展的关键途径和方法。覃美洲和谭志松针对土家族非物质文化遗产的传承强调了教育传承立法的重要性，认为它能够为土家族文化的传承提供制度上的支持。他们提出，在教育传承立法的过程中需要遵循四个核心原则：首先是传承人教育、学校教育与社会教育的相互融合；其次是专业教育与普及教育的有机结合；再次是教育传承内容的选择性，特别要优先传承濒危的土家族非物质文化遗产；最后是保持原真性与可解读性的平衡。黄春明从藏族非遗传承的角度强调了整体性开发和利用非物质文化遗产的重要性，并据

---

① 王玉青.西藏非物质文化遗产传承的法制化研究——基于高等教育传承的视角[J].河北民族师范学院学报，2012，32（03）：84-87.
② 中共中央办公厅国务院办公厅印发《关于进一步加强非物质文化遗产保护工作的意见》[EB/OL]. （2021-08-12）[2023-06-12] https://www.gov.cn/zhengce/2021/08/12/content_5630974.html.

此构建了相应的知识产权体系，以更好地保护和传承藏族文化。王玉青从高等教育的角度出发提出对西藏非物质文化遗产的传承应进行法律化和规范化的处理，认为这是全方位保护西藏非遗的基础和前提条件。为此，他建议制定《西藏自治区非物质文化遗产高等教育传承条例》，应针对西藏自治区省级以上各类具体的非物质文化遗产项目，如藏戏、藏药、藏纸制作技术以及水银洗炼法等，制定相应的高等教育传承条例，以确保这些宝贵文化遗产得到更好的传承与发展。

在全球经济一体化的大背景下，中国的传统文化正在经历一个关键的历史转型阶段。一些高质量的非物质文化遗产项目正面临着逐渐消失的风险。因此，通过学校教育来传承和培养非物质文化遗产相关的专业人才，无疑成为最有效和最持久的文化传承途径。

第三节　非物质文化遗产教育化传承的实施主体

非物质文化遗产教育传承的实施主体涉及多个层面，它们彼此交织、互为补充，共同构建了一个多元且紧密的教育传承体系。

一、个体教育传承

个体作为传承的直接参与者，其思想、性格和行为深受特定社会环境的熏陶，成为非物质文化遗产传承的活化载体。由于非物质文化遗产的"活态"特性，个体需通过亲身实践、口头传授和心灵感悟，将文化遗产的精神内涵代代相传。个体教育传承的特点在于其直接性和活跃性。每个个体都是文化传承的积极参与者，他们的思想、行为和生活方式都深受文化遗产的影响，同时也为文化遗产的传承注入新的活力和创造力。因此，个体在非物质文化遗产教育传承中发挥着基础而重要的作用。个体教育助力非遗传承体现在以下几个方面。

第一，个体教育是非遗传承的基础和起点。作为社会化的个体，我们的思想、性格和行为都受到特定社会环境的影响。非遗文化作为活态的文化遗产，需要个体去亲身实践、感知和体验，才能真正理解和传承。通过个体教育，可以引导个体去接触、了解和学习非遗文化，激发对传统文化的兴趣和热爱。第二，个体教育可以培养非遗传承人才。非遗文化的传承需要一批具备专业知识和技能的人才来支撑。通过个体教育，可以培养具备非遗技艺和文化素养的个体，使其成为非遗传承的骨干力量。这些人才不仅可以将非遗技艺传承下去，还可以创新和发展非遗文化，使其在现代社会中焕发出新的活力。再次，个体教育还可以促进非遗文化的传播和推广。通过个体的积极参与和宣传，可以将非遗文化介绍给更多的人，扩大其社会影响力。个体可以通过社交媒体、文化交流活动等方式，将非遗文化的魅力展现给大众，吸引更多的人关注和参与到非遗传承中来。最后，个体教育还可以增强个体对非遗文化的认同感和自豪感。通过学习非遗文化，个体可以深入了解自己民族的历史和文化传统，增强对传统文化的认同感和归属感。这种认同感和自豪感可以激发个体更加积极地参与到非遗传承中来，为非遗文化的保护和传承贡献自己的力量。

可见，个体教育在非遗传承中发挥着重要的作用。通过培养非遗传承人才、促进非遗文化传播和推广以及增强个体对非遗文化的认同感和自豪感等方式，个体教育可以为非遗文化的传承与发展提供有力的支持。

二、家庭教育传承

家庭作为社会的基本单元，在非物质文化遗产教育传承中发挥着原始且直接的作用。家庭传承是一种在家族内部进行的传承形式，通过家庭成员间的互动和教育,使文化遗产得以在家族血脉中延续。家庭教育传承的特点在于其原始性和亲密性。家庭作为社会的基本单元,是文化传承的最初场所。在家庭中,长辈通过言传身教、生活实践等方式将非物质文化遗产的知识和技能传授给下一代。这种传承方式具有亲密性和自然性,能使子女在成长过程中自然而然地接受和继承文化遗产。首先,家庭教育的原始性体现在其对儿童文化认知的初步塑造上。家庭作为个体社会化的最初场所,通过日常生活中的点滴教诲与示范,如讲述家族故事、传承家风家训、教授传统技艺等,使儿童在无形中接触到非物质文化遗产的精髓。这种潜移默化的教育方式不仅有助于儿童建立起对传统文化的初步认知,更为其后续的文化学习与发展奠定了坚实的基础。其次,家庭教育的亲密性为非物质文化遗产的传承提供了强大的情感支撑。家庭成员间的亲密关系使文化传承不再是冷冰冰的知识传递,而是充满温情与互动的过程。家长与孩子共同参与文化活动、分享文化体验、探讨文化话题,这种亲密的互动不仅增强了家庭成员间的情感联系,更使孩子能够在家庭的温暖中感受到文化的魅力,更加深入地理解和认同非物质文化遗产。此外,家庭教育还可以结合现代科技手段,创新非物质文化遗产的传承方式。通过利用互联网资源、制作家庭文化视频等方式,家庭教育可以突破传统传承方式的局限,使非物质文化遗产的传承更加生动、有趣且广泛。这种现代化的传承方式不仅符合当代青少年的学习特点,更有助于提升他们对非物质文化遗产的兴趣和参与度。

家庭教育在非物质文化遗产传承中具有不可替代的优势。通过充分利用其原始性与亲密性特点,结合现代科技手段,可以有效地推动非物质文化遗产在家庭中的传承与发展,为保护和弘扬传统文化作出积极贡献。

三、社会教育传承

社会教育传承的特点在于其开放性和广泛性。社会作为文化交流的重要平台,为非物质文化遗产的传承提供了更广阔的空间。社会传承突破了家族和地域的限制,通过媒体宣传、文化活动、节庆仪式等多种形式,将文化遗产呈现给更广泛的人群。这种传承方式有助于增强文化遗产的社会影响力和认可度，促进文化多样性的发展。社会教育传承在增强文化遗产社会影响力和认可度方面具有显著的优势。以下是一些主要方面：

首先，社会教育具有广泛的参与性和覆盖性。与学校教育相比，社会教育不受年龄、学历、地域等限制，能够吸引更广泛的社会群体参与。这意味着文化遗产的传承不再局限于特定的人群或机构，而是能够渗透到社会的各个角落，扩大其影响范围。其次，社会教育能够利用多元化的教育形式和媒介，将文化遗产以更加生动、有趣的方式呈现给公众。通过举办展览、讲座、工作坊、文化节等活动，社会教育可以将文化遗产的实物、技艺、故事等展现给大众，让人们能够亲身感受、了解和学习。此外，利用现代科技手段如互联网、社交媒体等，社会教育可以打造线上线下的互动平台，让更多的人能够参与和分享文化遗产的传承。再者，社会教育能够激发公众对文化遗产的兴趣和热情。通过讲述文化遗产背后的故事、展示其独特的艺术魅力，社会教育能够唤起公众对传统文化的记忆和认同，激发他们对文化遗产的尊重和保护意识。这种兴趣和热情会促使公众更加积极地参与到文化遗产的传承中来，形成良性的传承循环。此外，社会教育还能够加强社区内部的凝聚力和向心力。通过组织社区的文化活动、鼓励居民参与文化遗产的保护和传承，社会教育能够增强社区成员对共同文化的认同感和归属感，促进社区的和谐与稳定。

社会教育传承在增强文化遗产社会影响力和认可度方面具有独特的优势。通过广泛的参与性、多元化的教育形式、激发公众兴趣和加强社区凝聚力等方式，社会教育能够推动文化遗产的传承和发展，让更多的人了解和认可传统文化，为文化多样性的保护和传承贡献力量。

四、学校教育传承

学校作为教育传承的重要场所，不仅承担着传递外来先进文化的使命，更是传统文化传承的关键环节。学校是连接个体、家庭和社会的重要桥梁，为非物质文化遗产教育传承提供了坚实的基础和支撑。学校教育传承的特点在于其系统性和规范性。学校作为专门的教育机构，具有完善的教育体系和教学资源，能够为学生提供全面、系统的非物质文化遗产教育。通过课程设置、教材编写、实践活动等方式，学校可以使学生深入了解民族传统文化，培养其对文化遗产的尊重和热爱。学校教育传承在非物质文化遗产教育传承中具有重要地位，是培养未来文化传承人才的关键环节。

首先，学校教育通过课程设置和教学内容来传递文化知识和价值观。语文、历史、艺术等课程都是培养学生文化认同感的重要载体。通过学习自己民族的文学、历史、艺术等文化内容，学生能够深入了解自己文化的独特性和魅力，增强对自己文化的认同感和自豪感。其次，学校组织丰富多彩的文化活动，如文化节、传统技艺展示、经典诵读等，让学生在参与中感受文化的魅力。这些活动不仅能增强学生的文化体验，还能让他们更好地理解文化的内涵和精神，加深对自己文化的认同。此外，学校教育还注重跨文化的交流与对话。通过与不同文化背景的学生进行交流与合作，学生能够拓宽视野，认识到不同文化的价值，进一步增强对自己文化的理解和认同。这种跨文化的交流有助于培养学生的开放心态和包容精神，使他们能够更好地融入多元文化的社会。最后，学校教育还通过教师的言传身教来培养学生的文化认同感。教师不仅传授知识，还通过自己的言行和态度来传递文化的精神和价值观。他们的榜样作用能够激发学生的文化自信心和归属感，使他们更加珍视和传承自己的文化。学校教育通过课程设置、文化活动、跨文化交流以及教师的言传身教等多种途径来培养学生的文化认同感。这些措施不仅有助于传承和发展本民族的文化，还能够培养出具有文化自信心和归属感的新一代。

非物质文化遗产教育传承的实施主体包括个体、家庭、社会和学校等多个层面。各实施主体在非物质文化遗产教育传承中各具特色且相辅相成，共同推动着非物质文化遗产教育传承的可持续发展。个体教育传承是基础，家庭教育传承是起点，社会教育传承是拓展，学校教育传承是深化。这些主体共同构成了非物质文化遗产教育传承的完整体系，为传统文化的延续和发展提供了有力的支撑和保障。

第四节 非物质文化遗产教育化传承的实践方式

在2002年10月，中央美术学院携手众多单位，共同策划并组织了一场具有历史意义的研讨会，即中华人民共和国成立以来的"中国高等院校首届非物质文化遗产教育教学研讨会"。经过深入的研讨与交流，会议成功通过了《非物质文化遗产教育宣言》，这一重要文件的诞生，象征着非遗教育在我国教育体系中迈出了重要的一步，开启了新的篇章。

在新时代背景下，非物质文化遗产的传承与保护愈发需要借助专业化和系统化的教育手段。作为民族文化的瑰宝，非遗不仅承载着丰富的历史文化信息，更是连接过去与未来的重要纽带。因此，将非遗元素融入教育体系，实现教育化传承，对于推动非遗的可持续发展具有重要意义。

一、非物质文化遗产元素融入课堂教学

课堂教学作为教育传承非遗的基础阵地，应充分利用教学设计和互动机制来深化学生的非遗认知。首先，教师可运用跨学科教学方法，将非遗知识融入相关课程中。例如，在历史课程中，通过分析传统节庆活动的历史演变，揭示其背后的社会文化背景；在文学课程中，通过解读古典诗词中对非遗技艺的描写，让学生感受到非遗的艺术魅力。其次，利用案例教学法，教师可以选取具有代表性的非遗项目，通过案例分析让学生深入了解非遗的制作工艺、传承方式和文化内涵。比如，以"剪纸艺术"为例，教师可以展示不同地区的剪纸作品，分析其风格特点和文化内涵，引导学生动手实践，体验剪纸制作的乐趣。

贵州省高校在这方面的实践尤为突出。他们较早地开始将非遗元素融入课堂教学，以传承民族建筑技艺为例，贵州大学通过传统村落空间认知与传统建筑营建虚拟仿真实验教学项目，将鼓楼营建过程和传统技艺融入课堂。

这种融入不仅体现在理论教学中,更体现在课堂实践中,如以黔东南州大利村为仿真案例,将抽象的非遗和具体的传统建筑形态相结合,帮助学生直观理解非遗的深层含义。在传承民间传统手工艺方面,铜仁学院艺术学院在旅游商品设计课堂教学中融入了地方传统手工艺,如苗绣制作、傩面具雕刻制作等,通过实践操作课程让学生亲身体验并传承这些技艺。贵州民族大学美术学院则邀请了技艺精良的民间艺人和非遗传承人进课堂现场教学,让学生更直观地学习非遗的技巧与审美。此外,在音乐与舞蹈课堂教学中,贵州大学、贵州民族大学等高校将贵州少数民族传统民间舞蹈融入舞蹈专业教学课堂,如彝族舞蹈阿妹戚托等,丰富了教学内容,也让学生更深入地了解和体验了非遗文化的魅力。在体育课堂教学中,贵州省高校同样积极将民间传统体育文化遗产融入教学中。如铜仁学院将独竹漂引入体育专业的课堂教学,凯里学院将地方民族体育作为选修课,涵盖了竞技、表演、歌舞、游戏等多种类别的体育项目,培养了学生的民族文化传承意识。总的来说,贵州省高校在非遗元素融入课堂教学方面取得了显著成效,通过丰富多样的教学方式和手段,让学生在学习中体验和传承非遗文化,为非遗的传承与保护培养了一批批优秀的传承者和弘扬者。

二、非物质文化遗产元素融入课程体系

非物质文化遗产元素的融入不仅体现在具体的课堂教学上,更在课程体系构建中占据重要地位。通过将非遗元素有机融入各类课程,在传承与保护非遗的同时,也为学生提供了丰富的学习资源和深入的文化体验。将非遗元素融入课程体系是教育传承非遗的关键环节,这需要我们从多个维度进行精细化设计。

(一)构建模块化课程体系框架

在构建模块化课程体系框架时,应深入研究非遗的类型和特点,将其划

分为不同的模块。这些模块包括但不限于"传统手工艺模块""民族音乐模块""民族舞蹈模块"等,每个模块都围绕特定的非遗项目展开,确保学生能够在系统化的学习中全面了解和掌握非遗知识。这种模块化设计有助于系统地传授非遗知识,提高学生的综合素养。以"传统手工艺模块"为例,可以开设如陶瓷制作、刺绣技艺、剪纸艺术等课程,让学生在亲身实践中感受手工艺的魅力。同时,"民族音乐模块"可以涵盖民族乐器演奏、传统歌曲演唱等内容,让学生在音乐的熏陶中领略非遗文化的韵味。如贵州省的高校在多个专业领域中开设了与非遗紧密相关的课程。以艺术设计类为例,贵州民族大学美术学院在其所有专业中均开设了贵州民族民间美术、传统民间工艺相关课程,使学生能够深入学习和了解贵州非遗文化的精髓。贵州师范大学围绕贵州蜡染这一非遗项目,开设了手工艺遗产与传统技艺、民族民间特色手工设计等多门课程,全面涵盖了蜡染技艺的各个方面。贵州省高校在课程体系构建中充分融入了非遗元素,通过开设相关课程、组织实践教学等方式,使学生能够全面了解和掌握非遗文化的知识和技能。这不仅有助于非遗文化的传承与保护,也为学生提供了丰富的学习资源和深入的文化体验。

(二)编纂专业化非遗教材与特色课程开发

在非遗与教学结合的研究过程中,教材编撰与特色课程开发是两个至关重要的环节。

在非遗教育的实践中,教材编撰显得尤为重要。当前,高校非遗课程所采纳的教材多为民族文化类,其内容泛而不精,对非遗技艺的精深内涵与文化价值缺乏深入探究。特别是本土非遗教材稀缺,尚未形成统一且高质量的教材体系。鉴于此,非遗与教学结合的研究小组需积极调动全校资源,以学校课程体系为框架,针对不同学习阶段的学生需求,集结非遗传承人、研究学者及授课教师的智慧,共同开展教材编撰工作。所编非遗教材应注重专业性和实用性,形成与专业主干课程相衔接,构建系统、连贯的教材体系,以全面、深入地展示非遗技艺的精湛之处与文化魅力。因此,可以邀请非遗传承人、专家学者等共同编写教材,确保内容的准确性和权威性。同时,教材应包含丰富的图文资料、案例分析和实践指南,以帮助学生全面了解非遗的历史渊源、技艺特点和传承价值。

特色课程开发是非遗教育中的重要环节，旨在通过课程创新，促进非遗文化的传承与发展。在特色课程开发方面，可以结合地方特色和民族特色，打造具有地域性和民族性的非遗课程。例如，针对某个地区的非遗项目，可以开发专门的课程包，包括理论讲解、实践操作、文化传承等多个环节，让学生在深入学习中体验非遗的独特魅力。

在特色课程开发过程中，应遵循以下原则：首先，课程结构应合理化，宏观课程与地方课程的比例应适当调配。地方课程不仅应凸显地方非遗特色，更应与国家教育目标相契合，确保课程的整体性与连贯性。其次，课程目标应多元化，既要注重学生基本素质与专业技能的培养，又要强调非遗文化学习与技艺学习的结合，同时培养学生的非遗传承与保护意识，提升其社区实践与社会生活能力。在课程开发中，应从学校顶层设计出发，以学生易于接受的方式呈现课程内容，引导学生全面发展。再次，特色课程开发应侧重于本地非遗的传承与保护，以解决本土实际问题为目标，将学生与社会紧密相连，避免课程脱离实际。非遗课程的设置应基于实际需求，而非仅仅为了保护而设置。最后，地方课程的开发应具备开阔的视野，将本地非遗纳入中华民族文化体系之中，拓展至全国乃至世界的非遗文化领域。如此，学生方能全面理解中华民族的历史文化，增强文化自信。

此外，还可以将非遗元素融入实践教学中，组织学生参与非遗项目的实地考察、技艺学习等活动，让学生在实践中感受非遗文化的魅力。同时，加强与非遗传承人、文化机构的合作与交流，共同推动非遗文化在校园内的传承与发展。

（三）搭建非物质文化遗产传承与保护的教育平台

利用现代信息技术手段搭建非遗传承与保护的教育平台。这个平台包括非遗数据库、在线学习系统、互动交流平台等多个功能模块。通过非遗数据库，学生可以方便地查阅各种非遗项目的资料和信息；在线学习系统提供了丰富的学习资源和学习路径，让学生可以根据自己的兴趣和需求进行自主学习；互动交流平台为学生、教师和非遗传承人之间提供了一个交流互动的空间，可以促进非遗知识的共享和传播。

非遗数据库作为平台的核心组成部分，其重要性不言而喻。数据库不仅收录了丰富的非遗项目资料和信息，还通过科学的分类和索引使用户可以方便快捷地检索到所需内容。同时，数据库还具备动态更新的功能，能够及时反映非遗项目的最新动态和研究成果。通过非遗数据库，学生可以深入了解非遗的历史渊源、技艺特点和文化内涵，为非遗学习和研究提供坚实的资料基础。以"中国非物质文化遗产网"为例，该网站建立了一个庞大而详尽的非遗数据库。这个数据库收录了全国各地的非遗项目资料和信息，包括传统音乐、舞蹈、戏剧、曲艺、美术、技艺等各个领域的非遗项目。用户可以通过网站轻松地检索到所需信息，了解非遗项目的历史渊源、技艺特点、传承现状等。同时，该网站还定期更新数据库内容，确保信息的准确性和时效性。通过非遗数据库的建设，人们可以更加全面、深入地了解我国的非遗文化，为非遗的传承与保护提供了重要的数据支持。

在线学习系统是非遗教育平台的重要组成部分，为学生提供了自主学习的空间。通过整合多媒体教学资源，如视频、音频、图片等，以直观生动的方式展示非遗技艺和文化。同时，系统还提供了个性化的学习路径和进度管理功能，学生可以根据自己的兴趣和需求进行选择性学习。在线学习系统不仅丰富了学生的学习内容，还提高了学习效果，使非遗教育更加灵活和高效。以腾讯的"腾讯课堂"为例，该平台推出了多个非遗技艺的在线课程。这些课程由非遗传承人亲自授课，通过视频、音频、图文等多种形式展示非遗技艺的制作过程和文化内涵。学习者可以在线观看课程视频，学习非遗技艺的基本知识和操作技巧，还可以与传承人进行在线互动，提问交流。在线学习系统的推出不仅让更多人有机会接触和学习非遗技艺，还打破了地域限制，让非遗文化得以更广泛地传播。

互动交流平台是非遗教育平台的又一亮点。平台为学生、教师和非遗传承人之间搭建了一个互动交流的空间，促进了非遗知识的共享和传播。通过在线论坛、问答系统、实时聊天等功能，用户可以就非遗相关问题进行讨论和交流，分享学习心得和经验。这种互动式的学习方式不仅激发了学生的学习兴趣和热情，还促进了非遗知识的深入理解和应用。以新浪"微博"为例，许多非遗传承人、学者和爱好者在微博上开设了账号，通过发布动态、分享经验、交流心得等方式，形成了一个非遗文化的互动交流平台。在这个平台上，人们可以就非遗项目的技艺特点、保护现状等问题进行讨论和交流，还可以参与非遗活动的组织和推广。通过互动交流平台的建设，人们可以更加深入地了解非遗文化的内涵和价值，增强对非遗文化的认同感和归属感。

将非遗元素融入教育体系需要运用专业术语和案例来增强教学的专业性和实践性。通过课堂教学和课程体系的双重融入，可以使学生更好地了解和认识非遗，激发他们的学习兴趣和热情，从而为非遗的传承与保护培养更多的人才。同时，这也需要不断探索和创新教育方式和方法，以适应新时代背景下非遗传承与保护的新需求和新挑战。

第五节　非物质文化遗产教育化传承的实施策略

一、建立非物质文化遗产融入高校教育的教学研究机构与管理机构

（一）建立非物质文化遗产融入高校教育的教学研究机构

教学研究机构是指专门从事教育教学研究和教育教学改革的组织或机构，在转变教学观念、建构教学理论、指导教改实践等方面发挥着重要作用。长期以来，地方教育教学研究机构主要承担着区域内的教师培训、教研指导、科研管理、教育评价、信息化建设等职能，实现教研、科研、培训、评价的"四位一体"是其重要理想。[①]建立非遗融入高校教育的教学研究机

[①] 王春江，陈振国.地方教育智库建设：功能定位与运行机制——以地方教育教学研究机构为例[J].智库理论与实践，2018，3（06）：52-57.

构，一方面教学研究机构有助于提升师生对非遗的认识和重视。通过研究机构活动的组织，让高校师生积极参与非遗相关讲座、研讨会、实践活动等，深入了解非遗的历史渊源、文化价值以及其在现代社会中的重要地位。一方面教学研究机构可以促进非遗资源的整合与共享。结合高校的教学资源，通过搭建信息平台，将非遗内容融入各类课程，为非遗教育提供新空间。通过非遗教学研究机构的建立，高校师生将更加积极地参与到非遗的保护和传承中来，共同为中华优秀传统文化的传承和发展做出贡献。

（二）建立非物质文化遗产融入高校教育的教学管理机构

教学管理机构是指学校为了开展教育教学工作、承担教学管理职责而设立的职能部门，包括教务处、学院、教研室、实验中心以及教师和教学督导等管理部门，通过制订教学计划、组织教学过程、协助教学工作、保障教学秩序等教学活动，以教授学生知识，培养各行业人才。[1]在高等教育和学校事业的发展过程中，教学管理机构的建立与完善是推进教学质量提升的重要因素，各部门的管理、组织、协调和监督工作能够凸显学校教育优势和科研优势，为文化和专业技术教育工作的推进提供有力保障。建立非遗融入高校教育的教学管理机构，要积极将非遗文化融入校园文化建设，培养学生对传统文化的兴趣与热爱，树立学生正确的文化价值观，让非遗文化在校园中得以传播和传承。还要将非遗传承教育活动纳入日常课程教学体系，通过鼓励学生外出调研进行非遗研学活动、积极加入非遗课堂、社团等投身非遗实践以及找寻兴趣非遗课题，参与非遗项目竞赛或应用毕业设计等途径，为非遗教育化的实现创造良好条件。

非遗文化的传承和保护是一个持续发展的过程，高校的教育系统丰富学生对传统文化的认知，树立正确的文化价值观，建立非遗教学管理机构，可以有效推动非遗文化在高校教育的传承与发展，提高学生的文化素养，为非

---

[1] 袁子薇，寿华好.高职院校教学管理机构设置与职责划分——以浙江旅游职业学院为例[J].文教资料，2019（12）：155-157.

遗文化的传承与发展工作提供动力。

二、建立专兼结合的非物质文化遗产教师队伍

目前，在高等教育体系中，非遗项目、专业以及与非遗教学相关的教师资源仍需进一步挖掘和完善。因此，建立一支高质量的非遗师资团队是实现非遗教育目标的首要之务。高等教育机构应当实施强有力的策略，积极吸引兼职教师加入，以增强专业教师的知识和技能，使他们成为创新型教育者和非传统的传承者。为了提升应用型人才的培训水平并加速非遗教育化的传承，高等教育机构应当主动创建非遗工作室，设立专门的非遗资金支持，吸引非遗领域的教师和人才，并邀请非遗文化的传承者在学校进行教学，加强学生与非遗技能的近距离互动。2014年，山东省教育厅发布了《山东省高等职业学校专业兼职教师管理办法（试行）》。该办法鼓励国家级或省级的传承人和手艺者进入高等教育机构，为兼职教师提供了学校编制名额和参与教师职称评审的机会，为非遗传承人进入校园提供了强有力的支持。鼓励非遗传承大师与校内教师共同制定教学目标和教师任务，完善教师队伍机制的改进和教学模式的创新，挖掘非遗师资队伍技艺传承能力和丰富的教育经验，推进教师与学生参加非遗项目调研与研学活动，为非遗传承工作贡献力量。高校建立科学的选拔机制，选拔具备非遗技艺传承能力和教育经验的优秀人才，加强对非物质文化遗产传承主体的挖掘和培养，是非遗教育化传承实现的重要途径。

三、建立非物质文化遗产在高校教育中传承与保护的研究智库

智库是一种专业化、多学科的研究机构，它是由一批专家和学者组成的

团队或机构，致力于研究和解决重大问题，为政府、企事业单位等提供支持和决策咨询。建立非遗在高校教育中传承与保护的研究智库，是新时代非遗保护的重要举措。通过加强高校非遗教育，培养一批批具有专业素养的非遗传承与保护人才，有助于推动非遗在新时代焕发出新的生机与活力。

目前，高校作为文化传播发展的平台，拥有丰富的研究资源、学科优势、科研实力以及研究人才，非遗主要以高校为依托，以高校平台坚持特色发展，以学科优势加强非遗智库建设[①]。建立非遗在高校教育中传承与保护的研究智库。

首先，依托高校学科优势，培养相关人才。高校充分发挥学校各专业优势，立足非遗文化内涵，开展非遗课程、非遗实践、非遗研究会等，通过开展多元化的研究，发挥研究人才的作用，完善高校非遗智库，从而提供有效的传承与保护途径，推动非遗的传承与保护工作。

其次，依托科研项目，打造高校非遗研究智库。高校通过与当地政府、企业、院校的合作，针对非遗传承的方式方法、传承人培养、传承项目创新等进行实践探索，制订相关的培养计划，建立非遗实验室、非遗展览馆、非遗培训中心等平台，针对非遗创新的文化创意、产品设计、品牌推广等进行成果转化，为非遗产业化提供支持，为非遗传承提供有效的途径。[②]

四、建立非物质文化遗产在高校与社会关联中的文化传承机制

高校是社会发展的产物，高校教育遵循为个人创造价值，为社会产生贡献理念，以提升社会服务能力彰显高校价值。高校教育必须注重培养学生的

[①] 韩顺法.中国特色新型非物质文化遗产智库建设的必要性与实现路径[J].文化遗产，2023（05）：1-8.
[②] 熊玮.高职院校社科联服务乡村"智库"建设的对策研究——以苏州工艺美术职业技术学院为例[J].湖北开放职业学院学报，2023，36（08）：70-71+74.

综合素质，利用好教育资源进行科研创新和教育普及，以提高学生的知识水平和专业技能，更快地适应社会发展的需求，促进文化的传承与发展。

非遗文化作为社会发展的重要组成部分，日积月累形成了众多非遗教育资源，高校教育融合社会发展，将非遗资源作为强化实践育人的重要途径，能在一定程度上推进非遗教育化的实现。一方面，高校积极邀请非遗传承人进校园，让非遗在校园扎根，在校园中找寻传承者。近年来，随着高校非遗相关课程体系的纳入和完善，非遗传承人在高校教育中的重要作用日益凸显。例如，由省委宣传部、省委教育工委、省文联、团省委共同主办的2023全省"文化名家进高校"暨"非遗进校园"活动走进巢湖学院，引进界首彩陶徽墨、纸笺加工技艺、撕纸艺术等非遗项目在院校中展览，数名非遗项目传承人现场展示非遗传统技艺，举办非遗演出，让学生在互动体验中感受非遗魅力。此外，学校还可以邀请非遗传承人开展非遗宣讲教育活动等，丰富高校教育形式，提高学生对非遗的认知度和重视程度。另一方面，高校应主动加强与社会非遗机构的联系，联合社会非遗实践教育基地，与高校开展非遗社会实践课程，组织实践教学、志愿服务等研学活动。完善非遗媒体宣传，引入课程教学体系，满足学生多样化发展需求。

社会非遗资源进入高校课程教育体系，能够促进非遗项目成果转化。随着我国高等院校教学改革的不断深入，高校开始不断融合多种产业创新教学设计，鼓励高校专业结合教学、科研和社会实践，为非遗保护和发展提供支持。高校作为非遗资源转化的平台，一方面能够结合教学推动非遗文化艺术化、商品化。高校师生遵循秉承传统的理念，创新非遗文化内容呈现，结合时代发展，开发与时俱进的非遗文化创意产品，推进非遗市场化，实现非遗传承与高校专业开展双赢。例如，将非遗项目与高校音乐、舞蹈、设计等专业的深度融合，丰富高校教育体系的同时为非遗文化提供创意设计支持。另一方面，高校积极联合社会机构举办非遗设计展示活动，以高校为媒介开展非遗作品展览，促进与社会产业之间的结合，提升非遗文化影响力。除此之外，高校还可以发挥自身在科研方面的优势，开展非遗文化研究，为非遗保护提供理论支持。

第六章

非物质文化遗产的可持续发展实践

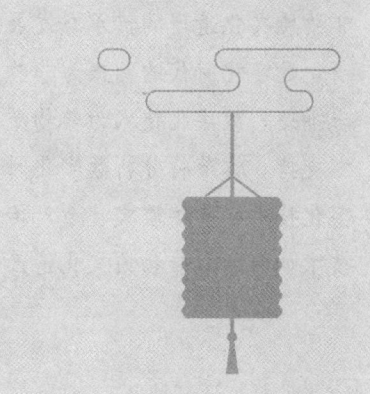

本章从乡村振兴战略、品牌设计引领、文旅融合推动以及数字化时代四个方面，全面探讨非物质文化遗产的可持续发展实践，试图从不同角度剖析和探讨其在当下社会的价值与地位。通过案例分析、理论研究和实践探索相结合的方式，力求为读者呈现一个全面、深入、系统的非物质文化遗产传承发展图景。以期能够为相关部门和从业者提供有益的参考和借鉴，共同推动非物质文化遗产的传承与发展事业迈向新的高度。

在乡村振兴战略的背景下，非物质文化遗产的传承与发展获得了新的契机。乡村振兴不仅是经济层面的振兴，更是文化层面的振兴。非物质文化遗产作为乡村文化的重要组成部分，其挖掘与传承不仅有助于丰富乡村文化内涵，更可以为乡村经济发展注入新的活力。本节将深入探讨乡村振兴与非物质文化遗产传承的协同作用机制，通过案例分析展示二者如何相互促进、共同发展。

品牌设计作为现代社会的重要文化现象，对于非物质文化遗产的传承与创新也具有重要意义。品牌的力量在于其能够赋予产品独特的文化内涵和市场价值。通过品牌设计，非物质文化遗产可以焕发新的生机与活力，吸引更多人的关注和喜爱。本节将分析品牌设计的新趋势，探讨其与非物质文化遗产传承的融合优势，并通过案例研究展示二者如何共同创造文化价值。

文旅融合是当前旅游业发展的新趋势，也为非物质文化遗产的传承发展提供了新的路径。通过文旅融合，非物质文化遗产可以融入旅游产业链中，成为吸引游客的重要文化资源。本节将探讨文旅融合框架下非物质文化遗产传承的路径和方法，分析如何通过创新旅游产品、拓宽传播渠道等方式推动非物质文化遗产的传承与发展。

数字化时代的到来为非物质文化遗产的传承发展带来了前所未有的机遇与挑战。数字化技术为非物质文化遗产的保护、传播和创新提供了强大的技术支持。本节将分析数字化时代非物质文化遗产传承的现状与挑战，探讨数字化技术在非物质文化遗产传承中的价值体现，并通过案例实践展示数字化技术如何助力非物质文化遗产的传承与发展。

第一节 乡村振兴战略框架下的非物质文化遗产的传承与发展

一、乡村振兴战略解读

(一)乡村振兴战略的提出

在 2017 年 10 月的中共十九大报告中,明确提出了乡村振兴的战略方针,强调了按照产业繁荣、生态适宜、乡村文明、有效治理和富裕生活的总体要求,需要建立和完善城乡融合发展的体制机制和政策框架,以加速农业和农村的现代化进程。随后党的十八届三中全会通过的《中共中央关于全面深化改革若干重大问题的决定》再次强调,"必须坚持走中国特色社会主义乡村振兴道路"。紧接着,在 2018 年发布的中央一号文件《中共中央、国务院关于实施乡村振兴战略的意见》中,对乡村振兴战略的实施进行了全方位的规划和部署,这无疑是党中央和国务院高度关注"三农"问题并全力推动乡村振兴工作的明确信号[1]。

乡村振兴战略的提出是新时代我国农业农村发展的重大决策部署,标志着我国农村发展进入了一个新的历史阶段。这一战略是在党的十九大报

---

[1] 周立.乡村振兴的中国之谜与中国道路[J].江苏社会科学,2022(5):72-80.

告中明确提出的，旨在通过一系列政策举措实现农业全面升级、农村全面进步、农民全面发展，推动农业农村现代化。乡村振兴战略的提出不仅是对我国农村发展现状的深刻认识，更是对未来农村发展的科学谋划和全面部署。

（二）实施乡村振兴战略的重大意义

实施乡村振兴战略对于推动我国经济社会发展具有重大而深远的意义。首先，乡村振兴是全面建设社会主义现代化国家的必然要求，是实现中华民族伟大复兴中国梦的重要组成部分。全面推进中国式现代化，重点在农村，在于农业农村现代化。习近平总书记在中国共产党第二十次全国代表大会报告中特别强调：全面推进乡村振兴，坚持农业农村优先发展，巩固拓展脱贫攻坚成果，加快建设农业强国，扎实推动乡村产业、人才、文化、生态、组织振兴。其次，乡村振兴是解决新时代我国社会主要矛盾的重要途径，通过发展农村生产力，提高农民收入水平，改善农村生活条件，满足人民日益增长的美好生活需要。农村发展是社会全面发展的迫切需求，在新民主主义革命时期，农村便开始了对农业现代化的探索。为了推动农业发展，中国共产党持续推进农民运动、实施土地改革等举措，为我国农业现代化的发展奠定了坚实的基础。进入社会主义革命和建设时期，农业现代化的目标被明确提出，随着改革开放，我国的农村改革发展制度从实行农业合作化到建立家庭联产承包责任制，再到推进农村承包地"三权"分置，从打好脱贫攻坚战到实施乡村振兴战略，一系列"三农"改革建设的举措，激发了农村体制机制的创新，推动了农村农业的发展。①最后，乡村振兴是推动农业农村现代化的关键举措，通过优化农业产业结构、提升农业科技创新能力、加强农村基础设施建设等措施，推动农业农村实现高质量发展。新时代的乡村振兴旨在遵循乡村产业兴旺、生态宜居、乡风文明、治理有效、生活富裕的战略总要

---

① 孔祥智，谢东东.中国式农业现代化：探索历程、基本内涵与实施路径[J].浙江工商大学学报，2023（02）：82-91.

求,通过振兴乡村产业、乡村人才、乡村文化、乡村生态、乡村组织,从而实现农业强、农村美、农民富的美好目标[①]。乡村文化贯穿乡村振兴战略方方面面,它不仅是战略的灵魂,更是其不可或缺的支柱。

作为我国几千年农耕文明的积淀,乡村文化蕴含了丰富的工艺、民俗、传统技艺等元素,为农业现代化提供了经久不衰的精神支柱和文化底蕴,使农村发展更具特色和文化内涵。在乡村文化中,非遗凝聚着数千年的乡土精髓,非遗的文化内涵、表现形式以及传承主体也都体现出鲜明的乡村传统文化特点。随着非遗保护和传承工作的逐步推进,既要做好非遗资源的挖掘与整理,发挥非遗在乡村文化振兴中的积极作用,也要做好乡村传统文化的传播与弘扬,让非遗在乡村焕发出新的生机与活力。

(三)建成怎样的乡村

乡村振兴战略的目标是建设一个产业兴旺、生态宜居、乡风文明、治理有效、生活富裕的现代化乡村。具体来说,就是要实现农业产业体系的现代化,提升农业的综合效益和竞争力;要改善农村生态环境,打造宜居宜业的美丽乡村;要弘扬乡村优秀传统文化,培育文明乡风、良好家风、淳朴民风;要加强和创新乡村治理,构建现代乡村社会治理体制;要提高农民收入水平,实现全体人民共同富裕。这样的乡村既是一个充满活力和创新的地方,也是一个充满和谐与美丽的地方,更是一个充满希望和梦想的地方。

---

① 中共中央、国务院关于实施乡村振兴战略的意见[EB/OL].http://www.gov.cn/gongbao/content/2018/content_5266232.htm

二、乡村振兴与非物质文化遗产传承的协同作用机制

（一）乡村振兴为非物质文化遗产的传承提供动力机制与政策支持

乡村振兴战略为非遗发展提供政策支持。随着我国乡村振兴战略的深入推进，非遗在乡村中越来越占据举足轻重的地位。近年来，我国政府对乡村振兴战略给予高度重视，在印发的《关于做好2022年全面推进乡村振兴重点工作的意见》中就明确地提出，要推进非遗和重要农业文化遗产保护利用，以非遗文化赋能创新乡村精神文明，有效改进乡村治理。①《关于进一步加强非物质文化遗产保护工作的意见》也明确提出，在乡村振兴的实施过程中，把美丽乡村建设、乡村农耕文化保护作为非遗发展新方向，以加快推动非遗保护传承②。在此背景下，各地不断积极探索创新，加大对非遗的保护和支持力度（图6-1），如加强非遗项目的申报、资助非遗传承人群培训、支持非遗产业发展等，为非遗的传承与发展提供了有力保障。人才是非遗传承的关键，政府不断加强非遗传承人才队伍建设，乡村振兴战略为鼓励和支持农村地区的非遗传承人开展活动，积极提供资金支持、场地支持和技术支持，进一步提高传承人的人才素质和技艺水平，让传统技艺成为致富手艺。如各地积极建设非遗工坊，一方面为乡村振兴激发产业活力，促进当地人员就业问题，另一方面使非遗在新时代重拾活力，不断散发焕发新光彩。

乡村振兴战略为非遗发展提供广阔的发展空间。乡村振兴战略强调绿色发展理念，在保护非遗的同时不仅能够注重乡村文化生态保护，而且能确保非遗在乡村发展中得到有效的传承。为了让非遗文化走进大众视野，各地还积极举办各种文化活动、艺术节、博览会，建设非遗研学基地、非遗工坊等

---

① 中国政府网：中共中央 国务院关于做好2022年全面推进乡村振兴重点工作的意见[EB/OL]. http://www.gov.cn/zhengce/2022-02/22/content_5675035.htm

② 中国政府网：中共中央办公厅 国务院办公厅印发《关于进一步加强非物质文化遗产保护工作的意见》[EB/OL]. http://www.gov.cn/gongbao/content/2021/content_5633447.htm

形式推广非遗。除此之外，乡村振兴战略加强了非遗的国际交流与合作。政府积极举办国际文化交流活动、参加国际非遗博览会等，加强了非遗的国际交流与合作，提高了我国非遗的国际地位。

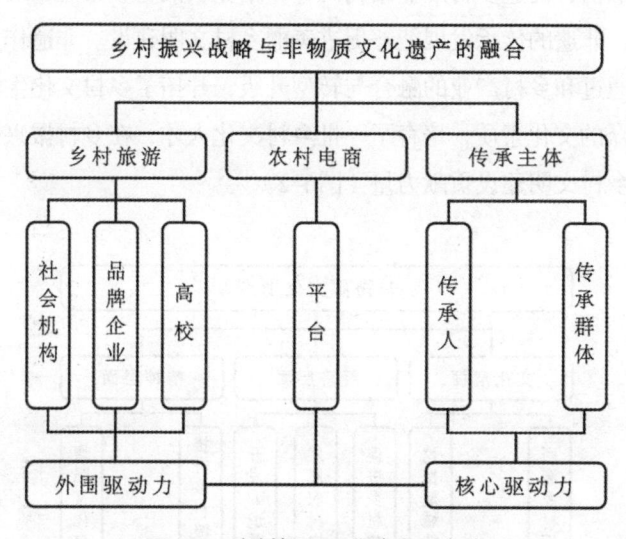

图6-1 乡村振兴下非遗发展方式

（二）非物质文化遗产的传承丰富乡村振兴的文化内涵与旅游资源

非遗承载着乡村居民的生产生活方式、价值观念和情感认同，凝聚着乡村居民和中华民族千年的智慧与创造力。为更好地实现乡村全面振兴，解决乡村经济发展不平衡、不充分的问题，做好非遗资源的传承发展是必不可少的途径。首先，非遗的传承和发展能够提升乡村文化软实力。非遗作为地区独特的文化资源，反映着乡村的历史文脉和地域特色，通过非遗资源的挖掘与利用，一方面，可以让乡村居民更好地认识和传承自己的传统文化，增强文化自信心。另一方面，有助于增强乡村吸引力，吸引更多的游客前来乡村体验非遗，加快乡村产业发展，为乡村振兴提供强大的文化支撑。其次，非遗的传承和发展能够促进乡村经济的快速发展。非遗蕴含着独特的技艺和知识，非遗手工产品在现代社会仍然具有较高的实用价值。作为乡村振兴的重要部分，非遗合理适当的创新和利用，借助融合旅游市场、传承基地以及非遗机构，能够更广范围地带动乡村旅游、手工艺品、民间文化传承等产业的发展，提升乡村产品的附加值，促进乡村产业结构调整，拓宽农民增收渠道，助力乡村经济发展。最后，非遗的传承发展能够促进美丽乡村文明建设。非遗作为乡村最突出的名片，通过和乡村产业的融合与转型升级，开拓了乡村文化生活方式，提高了农民群众的文化素质，培育了一批乡村文化人才，在乡村振兴中发挥了独特优势，为乡村文明建设贡献力量（图6-2）。

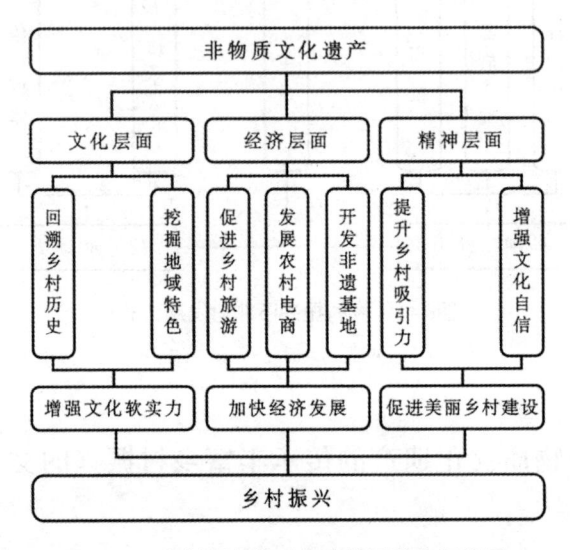

图6-2 乡村振兴战略非遗传承融合解构图

三、乡村振兴背景下非物质文化遗产的传承发展案例分析

（一）非物质文化遗产与乡村旅游的融合

乡村旅游作为一种新兴的旅游形式，是以农村自然风光、人文古迹、民

族文化等为基点开展的多种形式的旅游活动，近年来在我国得到了迅速发展。乡村振兴战略的推动进一步促进各乡村各产业合作联动，以旅游业满足当地经济的开发。在相关数据中可以看到，2011—2019年中国休闲农业与乡村旅游收入总体呈上升趋势。但近3年来，受疫情影响，国内旅游市场波动巨大，旅游总收入下跌幅度大（图6-3）。随着疫情退去，中国经济逐渐回暖，旅游消费端即将迎来增长，乡村旅游收入也有望实现稳步增长。紧抓旅游业发展趋势，融合乡村多产业共同发展，也是促进乡村经济快速发展的契机之一。[①]非遗与乡村旅游的融合，首先立足于非遗传承发展的需要。非遗根基在乡村，是劳动人民的智慧结晶和精神归纳，作为乡村的文化内涵象征，非遗会随着时间发展被延续。但社会环境以及科学技术的飞速进步，乡村非遗逐渐被赋予上历史的意义，跟时代发展、大众生活方式和消费观念等已慢慢互不相容。目前，非遗的传承面临着严峻的困难，政府的重视和扶持让非遗进入大众视野，但非遗缺乏生机与活力的根本性问题仍然难以解决。乡村旅游形式的介入能够加强对非遗的保护，为非遗的发展提供市场，发挥非遗价值为乡村的经济发展助力。通过非遗、市场、消费者之间的相互转换实现非遗的活态传承和创新发展。其次，非遗和乡村旅游的融合还立足于乡村旅游转型升级的需要。旅游业是省城乡核心发展产业，旅游业的发展建立在自身的特色和独特之处，非遗作为一张地域特色的宣传名片，很好地赋能旅游业的发展。但目前我国乡村旅游业大多是借鉴优秀地区发展案例，对自身的特色产业和文化内涵挖掘得不够深，很难在各乡村旅游行业中脱颖而出。因此，具有地方文化内涵的非遗能给乡村旅游带来新的发展方向。最后，非遗和乡村旅游的融合还立足于旅游消费质量提升的需要。随着社会经济的不断提升，居民的生活水平也产生了较大的改变。消费者不仅注重于产品功能，对产品的文化内涵、文化意义以及外观形式都有更高的兴趣要求。乡村旅游行业应积极挖掘创新非遗文化，赋予旅游消费更具特色的文化意义，提升旅游消费质量，确保消费者在乡村旅游过程中，体验有内容、旅行

---

① 艾媒咨询 | 2023-2024年中国乡村旅游发展现状及旅游用户分析报告［EB/OL］.https://www.iimedia.cn/c400/93138.html.

有意义、情感有共鸣，将乡村非遗资源激活并传承下去。[①]

2011—2020年中国休闲农业与乡村旅游收入及增长率

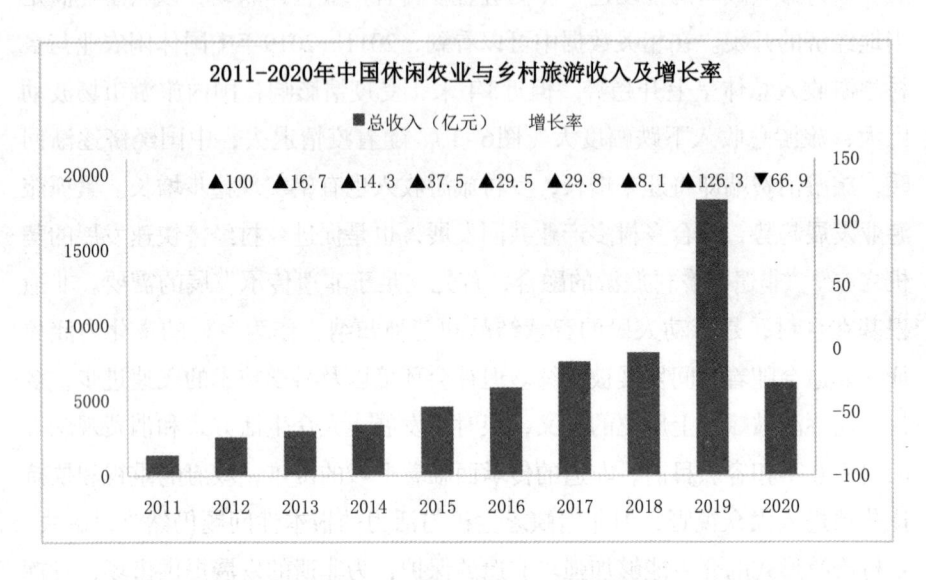

▲100 ▲16.7 ▲14.3 ▲37.5 ▲29.5 ▲29.8 ▲8.1 ▲126.3 ▼66.9

图6-3　2011—2020年中国休闲农业与乡村旅游收入及增长率

（数据来源：中国文化和旅游部、中国农业农村部、艾媒数据中心）

　　非遗和乡村旅游融合是有必要的。文化作为乡村持续发展的源泉，使旅游行业转型和旅游消费具有深厚文化积淀。非遗文化的支持给乡村旅游带来生命力，提升了乡村旅游的品质，推动了乡村经济发展，也加快了乡村振兴战略的实施，非遗文化也因乡村旅游发展的推进熠熠生辉。

　　非遗与乡村旅游的融合加强当地的文化建设。非遗具有独特的地域特色和文化内涵，将其融入乡村旅游可以丰富旅游产品供给，提升旅游品质。为了更好地实现非遗与乡村旅游的融合，产业在开发过程中各地区不断摸索现代旅游需求，在非遗与乡村旅游产业中寻求结合点，注重现代创新形式的应用，以达到乡村旅游和非遗的传承相互作用的目的。乡土文化具有极其珍贵的传统美学价值，乡土文化的挖掘、创新和发展是非遗和乡村旅游融合的基

---

① 王亚敏.山东省非物质文化遗产传承与乡村旅游融合发展研究[D].济南：山东财经大学，2022.

础，也是推动非遗活态传承和创新发展的关键。例如，我国民间的传统纺织印染手工艺——蜡染。蜡染起源我国古代时期，最早被用作于各种布艺上，色调呈蓝底白花或白底蓝花，图案题材也十分丰富。后随着社会经济和文化教育的发展，蜡染布艺逐渐走向市场，这项传统的手工艺也被保留和传承。我国的蜡染工艺主要分布在西南少数民族聚居地区，其中蜡染技艺在贵州分布最为密集，又被称为"蜡染之乡"。作为国家级非物质文化遗产，贵州省政府扶持非遗传承人加强对蜡染技艺的保护，通过与旅游产业相结合的方式，与万达集团开发了集当地文化和现代商业融合的丹寨万达旅游小镇，这一项目的建设做强了丹寨县的文化旅游，也成为丹寨乡村振兴的中坚力量。目前，该小镇在万达集团和丹寨政府的协同下致力于将文旅产业与非遗文化深度融合，引进了表演艺术类、传统民俗节庆以及传统手工艺等非遗项目，依托非遗项目打造多元的旅游业态，包括展览、演艺、工艺体验、民宿购物等，涵盖吃穿购住行各个方面，为游客提供娱乐、消费、参与等旅游体验。丹寨万达小镇为在发展旅游的同时也做好丹寨非遗文化的传承，还广泛建立研学基地、小镇剧场、非遗店铺等文化活动中心，举办丹寨非遗文创节、丹寨非遗周等文化展览，以做好大众对丹寨非遗的了解与认识，做强以非遗推动丹寨旅游。关于传统技艺蜡染的传承，小镇通过举办非遗文创周展示蜡染作品，建设蜡染非遗小院和蜡染工坊，以传承人带动蜡染技艺发展，使游客感受非遗，体验非遗技艺，学习非遗文化知识。例如，在"2019中国丹寨非遗文创节"中，蜡染作品"瑙壁哩鮎"花鸟鱼虫丝巾荣获大赛锦鸡奖[1]，古老的花纹和精湛的蜡染技艺让这一非遗项目大放光彩，丹寨蜡染在传承工作的推动下逐渐走向现代大众生活。[2]

非遗与乡村旅游的融合促进乡村旅游业态发展。非遗入驻旅游产业能够带动相关产业的发展，如餐饮、住宿、交通等，产业可以借助非遗文化塑造主题，结合当地人文、景观、生态等资源给游客带来当地风情体验。例如，成都的非遗村落——道明竹艺村，自古以来该地就是产竹之乡，竹编也是当

---

[1] 非遗文创作品展之"瑙壁哩鮎"花鸟鱼虫丝巾［EB/OL］.http://www.sohu.com/a/343911471_226858
[2] 林立英.旅游视域下手工艺类非遗文化的传承与创新路径[D].广州：广东技术师范大学，2023.

地的传统手工艺和非遗。设计师袁烽借助竹编工艺进行创新设计，凭借优美的自然景观打造了网红建筑"竹里"。竹里建筑的建造是对当地竹编技艺的创造性应用，无论室内外都时刻能感受到非遗的气息。竹里建筑的改造使道明竹艺村成为网红打卡地，政府接着以竹里为基础开始打造与当地特色竹编文化深度融合的旅游项目，如竹里民宿，仍然将竹编作为建筑主题要素，与竹艺村的自然环境相得益彰。①新业态的不断加入，竹艺村还建设了竹编博物馆、体验工坊、乡村酒馆等项目，竹编文化也被进行创作和设计，如成都手作和成都文旅推出的非遗竹编包，通过非遗产品带动地区非遗活动项目实施。除此之外，还将竹编同传统文化和地方文化产品融合，制作瓷胎竹编、立体竹编等创意产品。

竹艺村的发展模式是乡村旅游发展的经典案例，对当地特色文化的深入挖掘应用至各旅游产业，既是一种文化赋能，也是一种区别各产业的特色支点。游客在体验乡村旅游的过程中可以通过非遗旅游产品深入了解当地的历史文化、民间艺术、传统技艺等，获得更加深刻的旅游体验。乡村旅游的加持有效地拓展非遗融合范围，提升非遗认知度和美誉度，吸引更多游客前来，让传统技艺重焕光彩。

（二）非物质文化遗产与农村电商的融合

农村电子商务是指农民借助互联网电子平台进行农产品的销售和购买的交易方式，农村电子商务的出现为农产品的售卖提供了连接渠道，促进了农民的增收致富。②近年来，东方甄选合作农产品电商领域新赛道，借助电商平台带大众走进田间地头展现原生态农业，通过直播带货、短视频等方式，为消费者提供了更为直观、有趣的购物体验。东方甄选和电商平台的联合为助农直播开辟了一条全新的道路，是乡村各产业值得借鉴的发展模式。直播带货本质上是一种高效的推荐电商模式，艾媒数据中心在《2021年中国农货

---

① 肖赞.湘西苗绣在民宿室内设计中的活态传承与应用研究[D].长春：吉林建筑大学，2023.
② 王冠翔.寿光市农村电子商务发展研究[D].秦皇岛：河北科技师范学院，2021.

新消费发展研究报告》提及，2021年中国农产品网络零售额达7893亿元，呈高速扩容趋势（图6-4）①。随着互联网技术的发展和短视频行业的兴起，产品销售不单单局限于线下模式，市场流通性固定的农业产品也能借助电商平台进入全新的销售模式。②

2017—2021中国农产品网络消费额及预测

网络零售额（亿元）

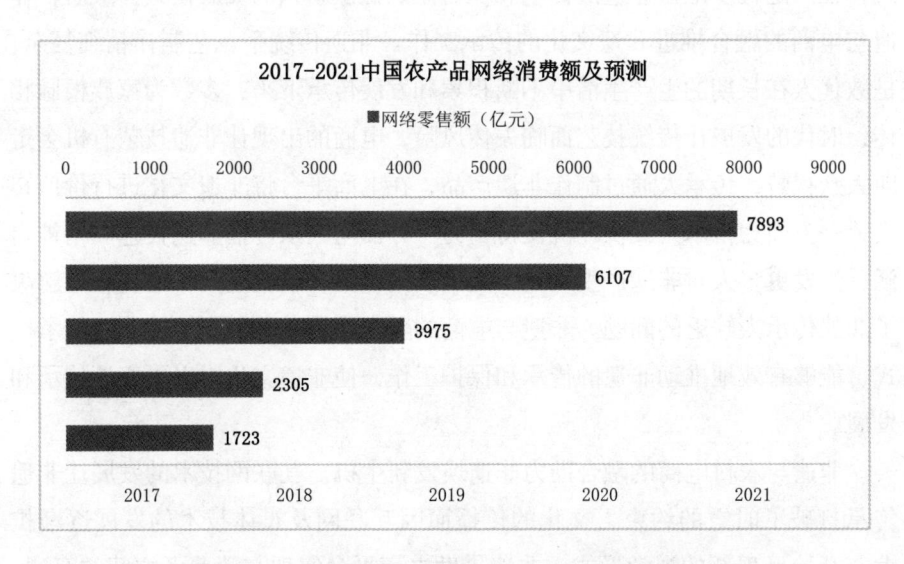

年份	网络零售额（亿元）
2017	1723
2018	2305
2019	3975
2020	6107
2021	7893

图6-4 2017—2021中国农产品网络消费额及预测

（数据来源：艾媒数据中心）

乡村振兴战略的全面实施让非遗有机会借助农业产品，利用互联网优势走向大众。将非遗与农村电商融合首先让更多的人认识和了解到非遗文化。非遗是中国传统文化的重要组成部分，是乡村振兴战略有效推进的重要资源，但非遗具有鲜明的地域特性和文化属性，一些传统技艺、民族特色鲜为人知，通过深入挖掘非遗文化内涵，为农村产品附加文化价值，借助电商发

---

① 东方甄选火了，直播助农是一门好生意吗？[EB/OL].http://www.163.com/dy/article/HB2FMH000511EN3S.html

② 陈海涛."短视频+直播"的农村电商创业优势、困境与对策分析[J].商展经济，2024（01）：63-66.

展，开发产业优势，推动乡村产业振兴，传承发展非遗文化。其次，非遗与电商的融合为非遗产品提供商业渠道。电商为产业发展带来无限可能，信息发展迅速的今天，各行业都能够快速地捕捉提高经济效益的商业机遇，非遗的发展被广泛地应用到各种产业当中，如服务业、旅游业、产品、文创等形式，在一定程度上为非遗的传承和乡村振兴提供新兴的发展模式。最后，非遗与电商的融合推进非遗文化的传承工作。非遗传统手工艺制作精细复杂，是数代人在长期的生产生活中不断积累和发展传承下来，多数为家族根脉相传，时代的发展让传统技艺面临失传风险，电商的出现让非遗技艺有机会走向大众视野，传承人通过制作非遗产品，在电商平台将非遗文化进行价值转换，一方面为传承人提供经济支持，另一方面向大众传播非遗技艺和精神内涵，激发更多人对非遗产生兴趣，为大众提供更多就业空间，也更好地解决了非遗传承人缺乏的问题。非遗与电商的融合作为一种创新性的非遗传承模式，能够有效地推动非遗的传承和保护工作，使非遗文化得以更好地传承和发展。[1]

非遗与农村电商的融合助力非遗焕发新生机。互联网技术的发展让非遗传承打破了时空的约束，文化的传播面因互联网及媒体技术的发展逐渐扩大，开始呈现新的视觉形式。非遗借助电商平台实现与消费者之间的互通，让传统技艺和产品被更多人看得见了解到，助力非遗焕发新发展。[2]例如，广西的灵山竹编是有百年历史的传统的手工艺品，曾是无数农民家庭谋生的手艺。随着现代科技的发展和生活方式的改变，传统的竹编业也面临着严峻的挑战。非遗传承人刘霞冰将此项非遗技艺亮相互联网，为家乡的竹编技艺寻求新的发展路径，开启了竹编新的商业模式——竹编与抖音电商的融合，为竹编的生存发展带来了转机。刘霞冰借助抖音发送短视频或者直播形式介绍、售卖自家产品，后又创新竹编，改造猫窝，瞬间成为她在抖音电商成功打造出爆款产品，让这项非遗走进更多大众的视野。随后，刘霞冰打开视野和思路，紧紧关注消费者需求，生产了各种周边产品，包括各类宠物窝和背

---

[1] 陈欢，杨园园，段治锐.乡村振兴背景下拉萨市农村电商发展困境及对策分析[J].智慧农业导刊，2024，4（02）：19-22.

[2] 葛燕.快手平台非遗文化的消费研究[D].长沙：湖南大学，2022.

包等竹编宠物用具，竹编宠物窝的火爆，点燃了灵山竹编产业的希望，成功为家乡的竹编技艺找到新的传承平台和新销路。

竹编技艺的发展也带动了当地600多名老手艺人重拾就业，更多的年轻一代也纷纷回到灵山，重新拿起竹篾，让即将面临失传的竹编又重新焕发出新的生机。传承人的创新和抖音平台的加持让非遗不再约束于传统的传承方式，在新时代科技的推动下非遗通过更多的传播形式被人认识、了解、热爱、传承，融入新时代重新走向大众生活。

非遗与农村电商的融合助力非遗品牌塑造新路径。电商是通过互联网技术手段实现商业变现的平台，是各个企业发展合作的新渠道。非遗作为中国的传统文化是支撑各企业文化内涵的必需点，非遗文化融合现代文化也是大势所趋。消费者在时代进步中更加追求有品位和文化内涵的产品，电商促进非遗文化融入品牌，借助品牌的知名度创新产品，在品牌的各种跨界合作新方式下满足多元化个性化的市场需求，如近年爆火的柳州非遗美食螺蛳粉，通过自身品牌的建立和与新媒体的跨界合作，刷新柳州的文化符号，加强了这一活态非遗项目的适应性和存续力。柳州借助"城市+美食"的发展方向，将美食螺蛳粉打造为柳州的特色城市名片。美食记录节目的播出宣传提升了柳州螺蛳粉知名度和需求，食品加工技术的发展也让螺蛳粉走出柳州实体店，借力直播电商、跨境电商以及网红影响力，以袋装的销售形式在市场迅速走红。螺蛳粉的成功出圈在袋装品类上引来大批品牌的创新和跨界联名。包装设计作为一种营销手段和销售策略，独特的外观设计能够使产品在同类中脱颖而出。"柳州螺蛳粉的制作技艺"非遗传承人张晓献创办的"好欢螺"品牌，在螺蛳粉的包装设计上注重颜色和图案的搭配，通过色彩、图案和文字来吸引消费者的食欲。例如，在经典款包装上，采用红蓝撞色和国潮风插画来向消费者传递螺蛳粉入口的爽滑口感。嘻螺会品牌的包装设计采用中国的传统文化元素醒狮作为主要视觉构成，以呈现"狮子大开口"的喜庆气氛吸引消费者。还有李子柒品牌的螺蛳粉包装，采用美食设计常用的暖黄色，运用传统的绘画艺术将田螺和配料作为插画元素直观地呈现出产品。除此之外，品牌联名再次助力螺蛳粉破圈。在与《人民日报》新媒体联名的包装设计上，将李子柒品牌包装插图和报纸特色融合尽显传统特色。在与国家宝藏和国家文物交流中心联名的包装设计上，结合千年的文物——秦、汉、金三个时代的文物陶俑进行现代化设计表达，既生动有趣地展现了中国历史文化，又给予消费者全新的消费体验。

螺蛳粉的爆红使组成螺蛳粉的各种农货产业随即水涨船高，柳州政府借助非遗螺蛳粉的热度，接连打造了柳州螺蛳粉产业学院、柳州螺蛳粉产业园和螺蛳粉小镇，美食文化街、艺术园等旅游产业也随之建立。电商平台为非遗带来更广阔的发展空间，非遗产品在互联网技术突破了时间和空间的限制，以一种全新的、切合现代社会发展的销售方式走向消费群众。

（三）非物质文化遗产与传承主体的融合

非遗的传承主体是指某一项非遗的优秀传承人或传承群体，掌握着非遗的相关知识和技艺，以自身的手工工艺或深厚的保护意识去传承发展。这一类人往往是非遗传播的重要渠道，有力推动非遗与其他产业的融合和发展。[1]传承人是非遗发展的桥梁，在非遗保护中具有举足轻重的地位。他们不仅肩负着传承文化的责任，还承担着激发文化创新的使命。然而，在社会变迁和经济快速发展的背景下，传承人的生存也面临越来越多的压力，越来越多的年轻人因为资金和设施的缺乏不愿参与非遗的传承工作，老年群体成为传承工作的主力军，非遗的传承工作也将面临巨大的挑战。为了做好非遗传承工作，我国政府和相关部门积极采取了措施，如加大对非遗项目和传承人的扶持力度，提高传承人的社会地位和经济待遇，鼓励非遗走进校园，做好对非遗的宣传与弘扬，提高年轻一代对非遗的认同感和传承意识等。[2]

（1）非遗与传承主体融合促进非遗传承代际相传。

非遗作为一种精神文化展现着人类的过去和未来，承载着人的思想和意识，精神的传递要以人为主体，通过技艺的传达来呈现非遗的情感和信息。在传承人的带动和引领下，非遗项目才能够毫无保留地延续。在快手平台推出的非遗保护项目《手上的非遗》中，传承人对非遗的热爱和坚持，描绘出

---

[1] 王文章.非物质文化遗产概论（修订版）[M].北京：教育科学出版社，2013：346-356.
[2] 曹明明.论非物质文化遗产保护中的传承及传承人[J].中国民族博览，2019（07）：48-49.

第 六 章
非物质文化遗产的可持续发展实践

了朴质又鲜活的画面。《手上的非遗》采访了快手上三位具有代表性的非遗创作者，将他们的过去、当下和未来呈现在海报中，三张海报的主题分别为广西贺州醒狮、甘肃道情皮影和陕西安塞腰鼓，精致的画面，满屏的细节，静态的非遗表演，在一部手机上生动地演绎出来。①

在最初的想法里，快手将"手"作为海报的主要元素，"手"是传承人链接非遗的纽带，是记录非遗技艺的时光印记，快手希望通过"手"来传达传承人的独一无二，来呈现核心创意。然而由于"手"的面积空间有限，无法生动完整地表述出非遗与传承人之间的故事。随后快手转换角度，扩大视觉画面，应用非遗技艺材质做成巨大手形雕塑，但画面整体缺乏人文气质与故事性。最终团队将设计定位快手助力非遗的初衷，以快手短视频和直播窗口的载体，给非遗人一个更大舞台。

在道情皮影这张海报里，结合非遗传承人魏宗富的经历描绘了魏宗富和皮影的故事。道情皮影是一种古老的，具有独特魅力的传统民间艺术，由于现代化的影响，道情皮影的市场需求量逐渐减少。快手平台通过传达非遗身后传承人不懈的坚持，为非遗的宣传提供媒体帮助，为保护传承工作创造了良好的环境。画面中除了视觉中心元素"亮子"的呈现（亮子是呈现皮影的影窗的俗称，正常的亮子只有一面发光，画面中通过用四面亮子的形式，让非遗以创新的路径抵达更多人的眼前），还可以看到载着皮影道具的红色三轮车、与他相伴的羊群、为他鼓舞的观众。体现出再清苦的生活也让魏宗富先生坚守祖辈传承的手艺，道情皮影在他的初心下重焕生机。

贺州醒狮的海报描述了传承人黄国森和广西醒狮的故事。醒狮是人们在长期的社会生活中创造出具有地域特色和民族特色表演形式，作为广西民间艺术表演的重要组成部分，呈现着许多讨喜的好彩头。广西醒狮的传承人黄国森，为了让这一项目植根于群众，创办了江夏堂醒狮队，向年轻一代传递醒狮文化。在画面的细节中可以清晰地看到寓意喜庆的画面。比如中国南方传统舞狮的固定环节"采青"，把生菜被作为悬挂于高处或置于盆中的彩头，

---

① 社区分享到商业变现，快手给新市井人"更大的舞台"[EB/OL].http://k.sina.com.cn/article_3604290361_d6d51b39001014w7l.html

还有写着"江夏堂"的旗子，凸显醒狮队为传承工作所做出的努力。

安塞腰鼓的海报，讲述了传承人王安虎的故事。安塞腰鼓是流传于陕西省延安市安塞区的传统舞蹈，是国家级非遗之一。安塞腰鼓历史悠久，由开始战争和祭祀演变为民间的娱乐活动，每一声鼓中都迸发出激情昂扬的气势。在安塞腰鼓海报当中，视觉中心可以注意到巨大腰鼓，该腰鼓楼与现实对应，将陕西省安塞区高达22米的全世界最大腰鼓楼描绘得栩栩如生。画面中还可以看到子长唢呐、安塞剪纸、黄河壶口瀑布，威风凛凛、气势磅礴的演出氛围，都是王安虎对家乡民俗热爱的表达。

快手用各种细节传达传承人与非遗之间的情感连续，对传承人的扶持与宣传，为非遗创造发展基础条件。作为非遗文化的守护者，传承人承担着非遗技艺和知识的传授，承担着非遗在现代社会的创新和价值观的输出，传承人在非遗传承工作中具有至关重要的作用，他们的热爱和坚守让非遗在时代的洪流下得以发展和延续。

（2）非遗与传承主体融合促进非遗存续发展。

国家和社会对非遗的重视让非遗文化成为各文化机构倡导的焦点。非遗传承群体涵盖教育、旅游、文化艺术等层面人员，是非遗传承和保护的最终受益者，他们对中国传统文化有着强烈情感认同和自豪感，是传承非遗发展的中坚力量。在传承群体的积极支持和行动下，非遗的保护、创新和发展路径有了更加坚毅的后盾。例如，为助力乡村振兴，激发非遗新活力，广东第二师范学院盈鸡鸣春沂实践团参加大学生暑期三下乡活动，开展"泥鸡啼声起，万家灯火明"为主题的社会实践活动。和平泥鸡是出现于广东省和平县民间的一种古老乐器，2007年被收入河源市第一批非遗保护名录，但随着时代的发展，泥鸡的市场不断收缩，到现在仅有陈少波一人从事泥鸡制作这项传承工作。为了能够提高群众对泥鸡非遗的了解，加大泥鸡的宣传力度，春沂实践队前往和平县进行实地调研，向传承人陈少波学习泥鸡的发展历史、制作过程以及吹奏方法。①调研后，春沂实践队对和平泥鸡进行创新，结合

---

① 广东第二师范学院：泥鸡啼声起 万家灯火明［EB/OL］.https://news.cyol.com/gb/articles/2023-10/15/content_nygowaHe3x.html.

中国传统文化以及当地特色制作了泥鸡印象系列文创产品设计。在设计中，团队将泥鸡同四季元素结合，融入当地特色荷花、荷叶等元素，制作了以中式花格门窗海棠纹为造型的四季金属书签，还有台历、杯套、帆布包、包装盒等文创，以让泥鸡走向市场，融入生活，进一步推动和平泥鸡的传承与发展。①

无论是青年大学生群体、企业带头人还是非遗爱好者，都是非遗发展和延续的传承队伍。传承群体对非遗有着特殊的需求和情感，能够在传承工作中发挥自身主观能动性，确保民族特性和民族精神的继承和传承，做到对非遗积极有效的保护。

第二节 品牌设计引领下的非物质文化遗产传承与创新

一、品牌设计的新趋势

品牌最早可追溯于古代陶器上标记的符号，是对物品的标识或者区分，后经过长时间的历史演进，它不再仅仅是一个区分产品的识别标志，更多体现的是一个产品的文化观念和质量价值。随着商业时代的崛起和发展，产品也逐渐开始拥有自己的品牌和企业，越来越多的企业注重追求拥有自身价值

---

① 三下乡|一笔一画，非遗"活化"[EB/OL].https://mp.weixin.qq.com/s?__biz=MzA5MDU1OTAyMg==&mid=2651399472&idx=1&sn=dbd00a7604270caf01b6f58ae4050658&chksm=8bf44271bc83cb679cca6479ef438190fb94ee91df1138b280d224bbf17d4e5730cebd6d7633&scene=27.

的文化理念，希望通过品牌来定位自身，向大众传递企业文化。

在当今竞争激烈的市场环境中，做好产品品牌建设的重要性不言而喻。一个成功的品牌离不开优秀的品牌战略和品牌营销计划。首先，从消费者角度而言，品牌定位是了解和认识企业价值的重要基石。企业需要充分了解市场以及消费群体需求，确立品牌核心价值，明确品牌核心竞争力，以建立与目标市场相关的品牌形象，为后续的营销策略提供方向。其次，品牌形象是消费者对品牌的总体认知和印象，一般以视觉形式向消费者传达企业的品质和价值，作为品牌设计的核心，良好的形象更容易深入人心，使消费者产生认同感和信任感。除此之外，品牌声誉同样关系到消费者对品牌的认知，因此，企业在市场更应注重消费者需求，建立良好的品牌声誉，致力增强消费者对品牌的信任感。最后，品牌建设还应以传承品牌文化为核心，通过对其进行创新设计，以视觉设计形式进入大众视野并不断拓展品牌宣传路径，提高品牌的价值，最终以优质的产品与服务与消费者达到思想和精神共鸣。

二、品牌设计与非物质文化遗产传承的融合优势

（一）激发非物质文化遗产的传承活力

非遗能够借助品牌设计的力量大放光彩。在快速发展的现代社会，非遗渐渐淡出大众视线，繁复的手工技艺和传承群体的老龄化都是非遗传承面临的巨大问题，加强非遗传承的路径首先就是要让非遗被看得见。通过品牌概念的引入，将非遗传统技艺与文化理念产业化，对非遗产品进行开发设计和创新，借助品牌走向市场，以产品和设计形式被大众熟知了解。非遗的产品化转换也能够为非遗传承群体带来经济效益，品牌通过与非遗传承机构和单位的合作，举办非遗展览、讲座和文化节，建设非遗传承工坊等活动平台，不断完善非遗保

护机制，塑造非遗品牌形象，为非遗的传承和发展注入新活力。[1]

（二）提升非物质文化遗产的价值转化

非遗能够通过与品牌的融合实现价值的转换。非遗作为传统文化资源，可以通过品牌建设转化为文化产品，与市场经济相结合，以达到经济价值的转换。非遗蕴含着独特的传统技艺和民族特征，品牌商通过对非遗元素的分解和提取，融入品牌各阶段设计以及企业文化中，通过传统文化的加持，提升品牌在市场中的影响力和竞争力，以高效发挥其蕴含的商业价值，成功实现非遗向文化产业的转型。此外，品牌作为一种文化载体也可以更直接地呈现出非遗的文化理念和价值观。非遗文化通过品牌建设进行价值转化，创造经济效益的同时使消费者更好地了解和尊重传统文化，培养文化自信心，促进非遗的保护与传承工作。[2]

（三）拓宽非物质文化遗产的传播渠道

品牌设计推动非遗可持续发展。品牌设计紧紧依附现代审美和趋势，可建立于服装、游戏、文创、旅游等产业，在品牌建设中，品牌商注重对产品的创新设计，非遗的传统技艺与现代艺术的结合，是非遗文化传承和发展的新范式。将非遗同品牌设计融合，能够吸引大量的消费者，在一定程度上加强了对非遗的保护、传播和发展。品牌建设离不开品牌定位、品牌形象和品牌推广多个重要因素，明确非遗品牌定位能够帮助企业迅速抓住市场机遇，向消费者直观传达品牌精神文化内涵。企业通过对品牌标识、广告、视觉形象的创新设计传达内涵，利用网络、新闻等新媒介宣传推广非遗品牌的文创产品、包装等，刺激文化消费，促进了旅游、餐饮相关产业的发展，实现品牌与消费者的有效沟通，以品牌推动非遗文化的传播和发展。例如，故宫从

---

[1] 张尔宁.品牌设计对于推广洛阳非物质文化遗产发展的策略探析[J].今古文创，2021（17）：70-71.
[2] 左曼.数字时代汴绣品牌传承设计研究[D].郑州：河南工业大学，2023.

传统文化出发，结合影视、动漫、游戏等形式，通过新媒体的传播提升知名度，打造文创产品，从而将文化融入生活，将文化产品与消费者连接（图6-5）。

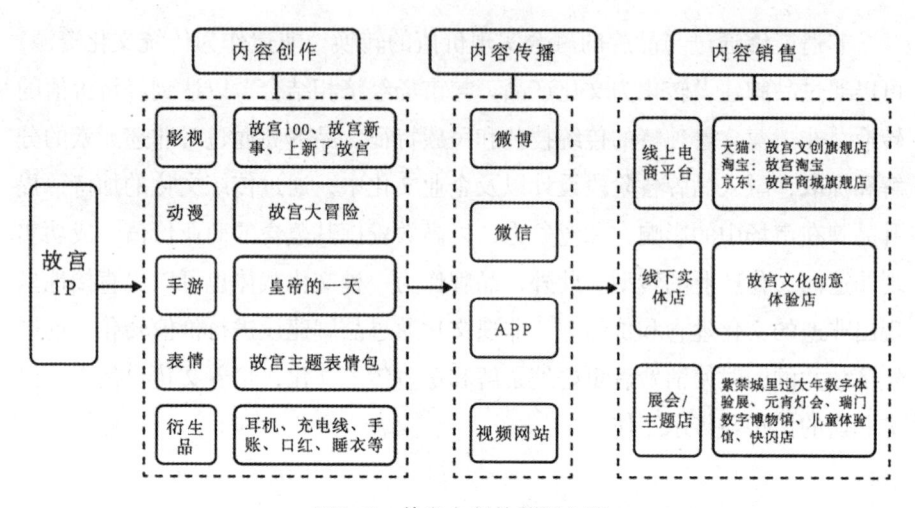

图6-5 故宫文创的革新之路

（资料来源：前瞻产业研究院整理）

三、品牌设计与非物质文化遗产融合发展的案例研究

（一）非物质文化遗产与时尚品牌的融合

时尚品牌是指在一定时间范围内，人们对某些行为、观念、生活方式所崇尚而形成的产品品牌。狭义上，时尚品牌即时装服饰类的潮流品牌，但现如今，品牌行业的不断突破，时尚也开始涉及其他理念和行业范围。作为现代潮流引向，时尚品牌与其他产业的跨界联合不仅能够提升品牌形象与影响力，也能够为其他产业拓宽发展空间，实现互利共赢。[①]

[①] 王璐琦."联名"——当代艺术家与时尚品牌跨界合作之现象研究[D]. 南京：南京艺术学院，2022.

第六章
非物质文化遗产的可持续发展实践

近年来，国家对非遗的保护与传承日益重视，为让非遗走向大众，各品牌商积极开展非遗产品品牌建设，以传承中国非遗文化为根基，精准定位非遗消费群体，结合市场及消费者需求，制定品牌战略和营销计划，跟随时代潮流开发非遗产品，与品牌设计不断地形成联动和传播。[①]时尚品牌是随着时代发展而流行的品牌，它分布在大众生活的方方面面，包括服装首饰、家居产品、挂饰摆件等，在消费市场上具有一定的知名度和影响力。时尚品牌的兴起基于中国消费市场的快速发展，生活品质的提高让人们越来越追求品牌的文化理念和审美传达。时尚品牌与我国非遗的融合，在品牌建立差异化的同时也进一步为非遗的传承工作提供一条可持续发展的路径。[②]

（1）非遗与时尚品牌融合开拓非遗文化市场。时尚品牌在非遗文化的加持，不仅为时尚品牌增加文化附加值，而且独特的传统工艺和技术也能够使其在众多品牌中脱颖而出。例如，刺绣、云锦等非遗传统技艺在服装中的应用，在制作的基础上注入新的创意和元素，不仅使其更具现代感和时尚性，而且还提高产品的文化价值和美学价值。以富有地域特色的纹理图案和精湛的手工艺受到了众多消费者的青睐。在郭培服装品牌中，应用了南京云锦和唐卡两项国家非遗技艺制作喜马拉雅系列作品。云锦是古代皇室御用的贡品，是用顶级的桑蚕丝做经线打底，以金丝、银线、羽毛各种整体材料作纬线织就而成的面料。在郭培的作品中，她充分展示了用金丝、银线、羽毛等不同材料体现出的不同效果，在服装上精致地呈现出云锦的制作技艺。作品中还融合了藏族的特色绘画艺术——唐卡，从版型来讲，服装的款式大多来自藏袍，郭培将唐卡佛像在藏袍上用刺绣、珠绣等方式绣出，汇聚独特的制作技艺和藏族文化以呈现精美绝伦的高定作品，展现了丰富的佛国世界万千景象。这一作品的亮相给了品牌文化定位，也让中国的非遗文化走向世界。

（2）非遗与时尚品牌融合丰富品牌传承路径。在时尚品牌产品的生产制造过程中，传统技艺的应用与呈现是最大的挑战。精美手工艺品是前人智慧

---

① 时尚设计 | 如何看待非遗文化在时尚设计中的作用和未来发展［EB/OL］.https://www.sohu.com/a/726365872_293356
② 韩楚乔.中国传统服饰面料在时尚品牌设计中的应用研究[D].北京：北京服装学院，2022.

和经验的结晶，蕴含着浓厚的民族气息和独特的制作技艺。但由于传统手工艺制作的烦琐，在产品生产过程中不仅要注重美观性，还要向消费者传达地域特色文化底蕴，在产品的创新设计上就将面临一定的困难。因此，产品想要应用非遗文化提升价值，就必须与传统手工艺者建立合作关系，既可以在确保呈现传统技艺的同时进行创新设计，也能够向更多传承人和就业者提供传统技艺培训和学习的机会，更有利于推动传统手工艺的发展，进一步加强对非遗的传承和保护。例如，丹寨为鼓励企业开发非遗工坊、体验馆等项目，拓展非遗的发展之路。有过开办纺织厂经验的宁曼丽凭借对贵州蜡染深深的热爱，同身怀蜡染技艺的苗族妇女着手打造蜡染手工艺品产业，成就了"宁航蜡染"这一品牌的诞生。宁航蜡染工坊依托丹寨县"苗族蜡染技艺"而设立，蜡染画娘在工坊研学技艺，开展传习培训，不断创新，开发民族文化与时尚理念相结合的新产品，让苗族蜡染技艺走出大山。创始人宁曼丽致力于对苗族蜡染纹样的挖掘，以进行服饰设计的制作、加工和销售，继而开创了宁航蜡染淘宝店铺，在蜡染技艺的传承中融合创新，带着一群苗族画娘开展技艺传教，制作了服饰、布包等多款蜡染系列产品。例如，采用丹寨苗族蜡染中独有的重要传统纹样窝妥纹创新而来的布包、杯垫[1]；采用寓意生活的希望和生命的象征苗族古老纹样的铜鼓纹，绘制于女性服饰斗篷短裙，纹理的繁美和复古，无不散发着质朴温润的东方美；采用苗族传统的花草植物纹动物纹绘制于各种布包上，这些各具特色的、独一无二的花纹，静静蔓延在蓝色的布面上，充满着自然的古拙之气。[2]

除此之外，还有博柏利手艺设计培训公益项目，邀请少数民族非遗传承人或手工艺人，对刺绣织锦等传统艺术纹样手作作品以及绣工精湛的少数民族服饰进行创新，系统培养手艺人的技能和自主创新创业的能力，让手艺人走出山村，让非遗走出山村。总之，时尚品牌的介入与扶持，让非遗有更大的创新空间，让中国的传统文化和非遗技艺走向市场，走出国门。时尚品牌

---

[1] 超越老钱风的"布衣风"，东方气质是一种更醇厚的美［EB/OL］.https://www.sohu.com/a/691202433_99910369.

[2] 贵州非遗文化：解密古老神秘的贵州蜡染纹样和图腾［EB/OL］.https://www.douban.com/note/792745521/?_i=1366084kIFB_5e

（二）非物质文化遗产与游戏品牌的融合

游戏品牌是指以游戏产品和服务本体为核心的品牌[①]，数字化时代下游戏作为特殊的文化传播力量，承载着不同年龄阶段的群体，尤其是年轻青年一代，游戏的借助数字沉浸体验+场景化能力，不断以互动式的游戏体验激发了年轻人对传统文化的了解，推动传统文化、非遗文化实现创造性的转化。[②]时代的发展让文化的传播不仅局限于传统媒体，现代多元的媒介使文化传播有了更多的表现形式。游戏作为当今最受欢迎的数字化娱乐方式之一，其广泛的影响力不容忽视。在游戏产品中融入中华优秀传统文化，既是一种文化使命，也是一种社会责任。游戏市场的成熟让游戏品牌拥有众多的消费群体和传播者，在游戏中引入非遗元素使消费群体在游戏中体验到传统文化的魅力，同时也能扩大非遗的知名度和影响力。关于非遗和游戏品牌的融合价值，一方面，游戏品牌为非遗文化提供了一个全新的传播平台。通过游戏场景的设定、角色塑造、道具呈现以及故事情节，非遗文化得以以更加生动的方式出现在大众视野。另一方面，非遗文化与游戏品牌的结合为传统文化的创新发展提供了新的契机。

非遗与游戏品牌融合扩大非遗文化消费群体。在《2023年中国游戏产业报告》数据中显示，中国游戏用户规模已达6.68亿人，同比增长0.61%，为历史新高点（图6-6）。游戏市场的不断扩大成为承载文化的重要渠道，非遗作为中华民族一脉相承的灿烂文化瑰宝，与游戏相结合是非遗文化采用数字化传播的重要方式之一。中国互联网络信息中心数据显示，中国游戏用户规模呈上升趋势，其中19岁及以下网民数量超过2亿，占比进一步增加至18.7%（图6-7）。游戏消费群体年轻化，非遗文化更应被引入，塑造非遗时

[①] 何渊硕.游戏品牌价值共创的模式研究[D].武汉：武汉大学，2021.
[②] 顶流游戏IP遇上传统文化，《蛋仔派对》领跑文化精粹传承之道［EB/OL］.https://new.qq.com/rain/a/20230930A079BD00.

代美感，以年轻态引领新国潮。

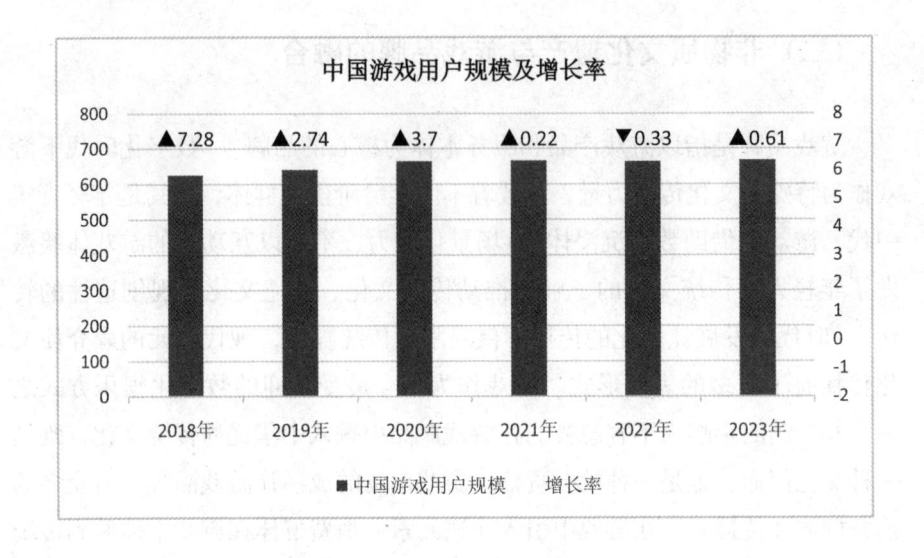

图6-6　中国游戏用户规模及增长率

[数据来源：游戏工委、伽马数据（CNG）]

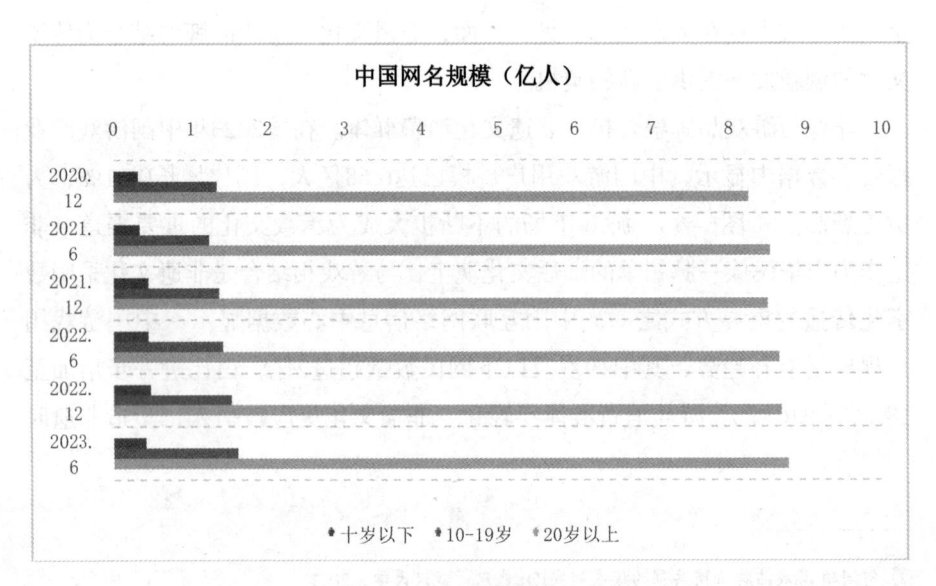

图6-7　中国网民规模占比

[数据来源：中国互联网络信息中心（CNNIC）]

第六章
非物质文化遗产的可持续发展实践

目前，已经有大批的游戏企业在游戏场景中融入非遗元素，借助游戏品牌的受众群体和媒体传播形式，既能达到品牌延伸的效果，也能展现非遗文化之魅力。以国民级游戏《王者荣耀》为例，截至2023年3月玩家已达到6亿余人，最高日活跃用户达到过1亿，平均日活跃用户超过5000万，叱咤游戏圈七年之久至今依然火爆。游戏中有国家级非遗民间文学板块的"西施传说""庄子传说""三国传说""昭君传说""木兰传说"等众多英雄人物；有传统舞蹈、传统戏剧、传统技艺、民俗领域服饰特征的角色皮肤，比如鲁班的狮舞东方皮肤推广醒狮文化、梦琪的皮肤融合非遗川剧与大熊猫、携手风筝非遗大师打造的李元芳纸鸢皮肤等；有李白唯一存世真迹"上阳台帖"、非遗纸鸢、敦煌壁画等游戏场景。无论是在游戏的角色设定、游戏场景、人物配音等方面都渗透非遗文化[①]，无不彰显非遗魅力，这一游戏在进行非遗元素的融合、推动非遗文化的发展方面是一个典型代表。以游戏为载体能够让更多的传统文化进入年轻人的日常生活，对于当下追求游戏个性化需求的年轻玩家，将两者融合也是市场的潮流所趋。以中国传统文化为内核的游戏产业，正在助力民族文化绽放更旺盛的生命力。

非遗与游戏品牌融合开发游戏产品多元合作路径。除了从非遗文化中汲取创作灵感吸引用户群众，游戏品牌还积极探索与非遗传承人、名胜古迹联合创新，用视听结合的方式，将非遗文化呈现在用户面前。例如，恺英网络旗下的国产游戏《蓝月传奇》，联合"侗族木构建筑营造技艺"传承人杨玉吉大师，充分利用了榫卯技艺，以中国传统木艺打造出此款游戏中的经典场景"龙城"，这一文创充分将虚拟游戏场景向现实的转换，彰显出我国传统木艺的背后的匠魂精神。[②]此外，还有国风清韵武侠手游《新笑傲江湖》，联合苗绣、苗族银饰、苗族蜡染传承人挖掘苗族文化元素，打造呈现现实历史文化的虚拟苗疆世界，尽显独特的苗族文化。

游戏的场景性、互动性、体验性是非遗文化嵌入的良好载体，是连接用

---

① 当游戏遇上非遗，谁才是王者？[EB/OL].https://www.bilibili.com/read/cv23081962/.
② 巧夺天工打造榫卯"龙城"，恺英网络《蓝月传奇》再次牵手非遗[EB/OL].https://new.qq.com/rain/a/20221219A01GK900.

户群体和地方文旅之间的一座桥梁。开展中华优秀传统文化题材活动、联动非遗传承人和文博单位，是游戏企业守护中国文化的全新形式，越来越多的游戏更注重文化内涵和艺术价值，为社会大众提供更为丰富和多元化的艺术体验，为非遗文化的传承发展提供新的动力。

（三）非物质文化遗产与文创品牌的融合

文创品牌是建立在文化创意产业的基础上，深入挖掘文化内涵，主观地加入设计师的创意、灵感及设想等进行创意的品牌设计。随着消费观念的转变，越来越多的人开始关注传统文化和非遗艺术，文化创意产业的发展，也让呈现文化内涵和创意设计的产品成为非遗文化的载体。文创品牌的介入，一方面使非遗产品根据现代审美和消费需求明确自身定位，提高非遗在市场上的影响力，推动非遗文化的传播与推广。另一方面，非遗以其独特的创意激发了文化创新活力，实现文化产业的可持续发展。非遗与文创品牌融合既丰富了文创产业的市场运作模式，又为非遗的传承提供更多的发展方向和经济支持。目前，我国非遗文创品牌已经取得了一些成果，但仍然存在一些问题有待解决。例如，文化内涵挖掘不够、非遗产品体验不足等。基于此，非遗借助文创品牌发展的过程中，一要深入挖掘非遗资源，提炼具有代表性和市场潜力的项目，为文创品牌提供丰富的素材来源；二要加强线上线下非遗文化内涵宣传，深化非遗场景体验。通过搭建非遗与文创品牌互动、展示、销售的平台，打造虚拟化的文化空间以复现非遗制作场景，可加强消费者的非遗文化体验。

非遗与文创品牌融合助力文化内核发展。品牌在互联网时代愈发重要，作为内容营销的一种形态，产品都在塑造自身的形象创造品牌，万物都可为品牌，人人都需要品牌。非遗元素的催化赋予品牌特殊的含义，让品牌在这个同质化的市场中脱颖而出。现在为追求短期的收益和流量，品牌对非遗的应用仅仅通过一个标签来宣传，具有深厚文化内涵的品牌和产品才能引发消费者的喜爱与共鸣。

在非遗热潮下，借助非遗文化营销的品牌不计其数，在内容和形式上引入非遗文化进行创新是品牌产生差异化的途径。自然造物品牌致力于发现记录传统文化和民间艺术，让更多人感受到真正的中国之美。在自然造物的大过中国年系列中，品牌应用中国传统印刷、木版年画非遗项目，通过与现代插画融合构建场景故事画面，以春联为载体进入大众生活。例如"粗茶淡饭"年礼作品是自然造物对中国传统印刷的第一次创作。在这一作品中，有浙南古村田间茶的包装"梁上茶"，高山农家红薯干包装"山里的时光"，都是采用传统的"木刻拓印"，风格极简；有由非遗"萧山花边"传承人手工缝制的黔东南植物染的靛蓝方巾，古朴典雅，无不传递着手艺人的精神；有对中国传统文化年画元素的创新与描绘，一改年画的粗犷，让年画变得更加喜庆和快乐；还有采用传统木版拓印技术的木拓如意盒，盒子外裱手造纸，展现不一样的手工肌理；有手工水印拓盒，采用泾县古法造纸制作出不一样的纹理，让每个盒子独一无二；还有向读者介绍中国传统工艺和手艺人的记录性刊物——造物志等。作品的每一处设计都在将传统的文化发扬光大，无处不向大众传达着中国传统文化之美。

"分享团圆"也是自然造物团队以中国传统印刷为基础创作的中秋礼。礼盒包装联合了民间老手艺人李福尧和东源木活字印刷术传承人王超辉制作了拓印底版，应用凸版印刷技术制成包装，还采用了植物染手工布艺和其他设计制作了礼盒的包装。

自然造物还以"组画成字"的创作手法将过年的习俗画进春联里，应用中国的传统印刷技艺呈现出既好看又能讲好中国故事的作品。自然造物作为中国的民艺文创品牌，连接着过去和未来，一次次跨界让非遗文化走进现代，让传统民艺回归生活。非遗与文创的融合正在助推非遗文化以更开放、更时尚的姿态，登上国潮"顶流"。

在时代的潮流的推动下，非遗的融入更加彰显了品牌文化的可延展性，在迎合消费群体的审美和喜好之余，能够传递非遗的自信和魅力，只有注重非遗的文化内涵和创新，品牌才能够更好地携手非遗创造新的文化价值。

第三节　文旅融合推动下的非物质文化遗产的传承发展

一、文旅融合的新趋势

旅游产业是围绕消费者娱乐需求而开展的产业形态，是满足消费者吃、住、行、游、购、娱的活动场地，在消费者和各产业的催生下衍生出越来越多的融合模式。王德刚曾在《旅游学概论》一书中提出旅游活动是人与文学、艺术等社会文化密切相关的实践活动，是人、产业、场地相互影响和提供价值转换的社会文化现象。在文化繁荣的时代背景下，旅游已不再单单是一种情绪消费和经济收益，更多地被赋予了更深刻的精神内涵。关于文旅融合的概念，2009年在《文化部、国家旅游局关于促进文化与旅游结合发展的指导意见》中指出"文化是旅游的灵魂，旅游是文化的重要载体"，要加强文化和旅游的深度结合，促进旅游产业转型升级。文旅融合正式进入官方视野。① 文旅融合，顾名思义可以理解为文化和旅游的融合，旨在为旅游注入深厚的文化底蕴，赋予旅游一定的文化意义。国家对旅游和文化融合发展的政策的不断完善（表6-1）②，为旅游和文化的融合提供了建设支撑，2018年文化和旅游管理部门机构的融合，使文旅融合已经成为文化产业与旅游业发展的现实方向，开始从消费群体、企业理念、地区文化等方面倡导开发新模式，实现文旅产业的可持续发展和融合。

---

① 文化和旅游部国家旅游局关于促进文化与旅游结合发展的指导意见［EB/OL］.https://zwgk.mct.gov.cn/zfxxgkml/scgl/202012/t20201206_918160.html

② 郑艺.景德镇文旅融合创新发展实践的案例研究[D].南昌：江西财经大学，2023.

表6-1　文旅融合相关文件

时间	相关文件	内容意义
2009年	《关于促进文化与旅游结合发展的指导意见》	指出"文化是旅游的灵魂,旅游是文化的重要载体",文旅融合正式进入官方视野
2017年	《国家"十三五"时期文化发展改革规划纲要》	提出"发展文化旅游,扩大休闲娱乐消费",文旅融合成为我国重点关注领域
2018年	文化和旅游管理部门机构调整融合为一,成立新的文化和旅游部(局)	实现行政上的文旅融合,标志我国文旅融合进入了新的历史阶段
2021年	《中共中央关于制定国民2021年经济和社会发展第十四个五年规划和二〇三五年远景目标的建议》	提出"繁荣发展文化事业和文化产业,推动文化和旅游融合发展",文旅融合成为文化强国战略重要部分
2022年	《"十四五"旅游业发展规划》	指出"坚持以文塑旅、以旅彰文,推动旅游业实现社会效益和经济效益有机统一。"文旅融合成为我国文化产业和旅游产业发展大趋势

(资料来源:《文化和旅游部关于促进文化与旅游结合发展的指导意见》)

文旅产业将文化内涵渗透到旅游的各个方面,如积极地在旅游场地开展文化演艺、文化展览等活动,不断开发具有丰富文化内涵的创意产品,建设文化旅游品牌,打造文化旅游目的地等。在文旅产业发展中,挖掘传统文化资源应用到旅游业态是旅游产业理念的核心,旅游发展应植根于本土文化,用地区特色加持,如对当地的非遗的合理开发和利用,打造地域文化名片,为产品和地区注入文化内涵,能够让文旅产业找好自身定位,推动当地文化旅游的持续健康发展。

目前,在文旅产业的蓬勃发展中已经不断融入了科技、时尚、健康、教育等新元素,在数字经济背景的支持下,文旅产业又借助数字技术挖掘文化资源,进一步通过与数字经济在技术领域的融合,以更加完善的数字平台满足消费者需求,推进文旅产业的融合跟随着时代和科技的发展不断进行产业升级。①

---

① 文化与旅游融合、协同创新,提升文旅消费水平,增强游客体验感[EB/OL].https://baijiahao.baidu.com/s?id=1760595117754972184&wfr=spider&for=pc.

二、文旅融合框架下非物质文化遗产传承的路径

(一) 挖掘非物质文化遗产旅游文化资源

旅游产业是非遗文化发展传承的有效载体，非遗文化是地区特色的集中呈现，为当地的旅游业发展注入新的文化形式。作为中国传统文化的结晶，非遗能够在与各产业融合过程中得以传承。在文化发展较为薄弱的偏远地区，非遗带来的经济和实用价值远超文化传承，非遗的保护和发展也面临着严峻的挑战。面对非遗文化传承路径局限问题，一方面，应该充分发挥当地政府的地位，强化政府对非遗的扶持工作，挖掘非遗文化资源，完善非遗旅游开发政策法规，鼓励企业和其他社会团体进行对非遗文化的融合发展，加强对非遗传承人、非遗基地等相关工作融合旅游产业共同发展所需的财政支持，以进一步促进非遗旅游开发的质量提升和快速发展。[1]另一方面，鼓励当地居民主动加入非遗文化传承工作，激发对非遗的自觉保护意识，完善非遗文化传播体系，以非遗解说人形式凭借旅游产业传承非遗文化。[2]

(二) 创新非物质文化遗产旅游文化产品

创意产品包括设计艺术形式的呈现和基础文化的支撑，是现代设计手法和传统文化元素结合，转换而成的集产品功能、审美、文化内涵于一体的产品。[3]产品功能是跟从科技进步连接产品审美价值和文化价值的基础，文化元素和外观造型表现形式的创新是发展非遗文化产品的必备条件。非遗产品文化元素的创意转换紧紧围绕非遗及当地的历史文化、起源发展、地域特

---

[1] 徐金荣.文旅融合背景下大连市非物质文化遗产的旅游开发研究[D].大连：辽宁师范大学，2023.

[2] 郭李俊.文旅融合视角下新余市非物质文化遗产旅游保护性开发研究[D].南宁：广西民族大学，2022.

[3] 孙悦.地域文化元素在文创产品设计中的转化研究[D].上海：上海师范大学，2019.

色、情感内涵等展开,为消费者了解、保护、弘扬非遗提供心理层面的认同和守护。非遗产品外在表现形式的创新包括产品的图案、色彩、题材、技艺等方面,直观地为消费者展示非遗独特的文化特色和产品工艺和,打造差异化非遗文创产品,提高市场竞争力(图6-8)。[①]

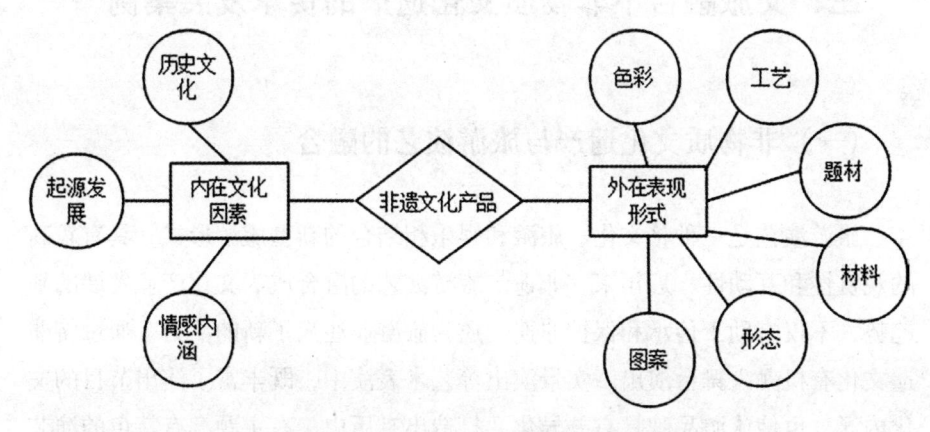

图6-8 非物质文化遗产文创产品元素构架图

(三)融合数字媒体技术拓宽旅游传播渠道

互联网时代丰富了的信息传递渠道,非遗文化在新媒体、数字技术、网络平台的出现形式屡见不鲜,在这样的信息时代。旅游业的宣传和发展也被赋予独特的文化标签,在宣传过程中引发更多人对非遗文化的了解与热爱。旅游业要突破固有传播方式借势促进非遗文化可持续发展路径,首先要借助平台的广泛传播力量,通过抖音、快手、微博、微信公众号等形式展示非遗技艺、非遗故事、非遗产品等提升地区知名度,以实现文化和旅游产业的互通和融合。除此之外,人工智能技术、三维数字化技术、VR技术和AR等数字化技术的开发能够使工艺技术和历史场景清晰地呈现,非遗能够更贴合旅游场地让文化资源得到更生动的传播。只有充分运用数字技术和新媒体手

[①] 吴梦伟.文旅融合背景下国家非遗新余夏布绣的文化创意产品设计研究[D].南昌:江西师范大学,2020.

段，创新推广方式，提升非遗文化知名度，融合旅游业态，才能真正促进非遗文化的传承与发展。

三、文旅融合下非物质文化遗产的传承发展案例

（一）非物质文化遗产与旅游演艺的融合

旅游演艺是一种将文化、旅游和娱乐相结合的新型旅游形式，具有较高的观赏性和互动性。近年来，非遗与旅游演艺的融合成为文化产业发展的新趋势，不仅有助于传承和保护非遗，还为旅游业注入了新的活力。通过将非遗文化有机融入舞台演出、实景演出等艺术表演中，既丰富了演出节目的文化内涵，也使旅游品牌具有差异化，打造出有历史、有主题、有特色的演艺产品，实现对当地旅游发展的溢出效应。通过传承人的生动表演吸引游客参与互动，打破舞台隔阂感，提升游客体验度。

非遗与旅游演艺融合拓宽非遗多元融合渠道。随着新媒体的流行，为非遗线上推广提供了渠道。新闻媒体作为文化旅游的宣传主体，是非遗宣传的主力。除了利用好传统媒体，政府部门、企业需在微博、微信、抖音、小红书等新媒体上发力，加大传播力度，利用大数据定位对可能感兴趣的群体进行推送，邀请网红前往打卡，促进旅游产业发展。张艺谋导演的中国首部大型驻场观念演出《无界·长安》力求在呈现非遗的深厚底蕴的同时，也展现高水平的演绎科技。在节目《万象》中，团队巧妙地将陕西非遗杖头木偶戏与四大名著《西游记》的场景相融合，实现非遗文化、文化学、戏剧学等学科的交叉融合，通过多元化多媒介传播方式传承文化精髓，弘扬工匠精神。此外，陕西非遗皮影演绎的《封神·黄河大阵》，穿插特效和舞台变化，让观众在真实与虚幻之间畅游。这种跨界的合作与对话，不仅为观众带来了前所未有的视听盛宴，更在深层次上促进了文化间的交流与理解。《无界·长安》的成功，不仅仅在于它所呈现的高科技元素和跨界合作，更在于它所传达的理念和精神。

在舞台设计上，非遗秦腔、老腔、皮影、木偶等得以精湛展示，技术和非遗的结合为观众呈现了一场视觉与听觉的精彩盛宴。在演出过程中，传统与现代、非遗与科技的交融得以完美呈现。非遗文化在舞台上是一场文化的盛宴，实现了非遗与观众直接跨越时空的对话，它让我们看到了非遗的魅力和科技的力量，也让我们看到了传统与现代的完美结合。

非遗与旅游演艺融合完善游客沉浸式互动体验。 随着现代科技的发展，人们对于旅游体验的需求日益丰富，传统的观光旅游已无法满足大众对于个性化、深度体验的需求。在这样的背景下，沉浸式旅游逐渐成为旅游业的新趋势。将非遗文化与沉浸式旅游相结合，不仅能够丰富旅游体验，更能让传统文化在现代社会焕发生机。沉浸式旅游是一种新型旅游方式，它以游客为中心，通过场景、氛围、互动体验等手段，使游客充分感受目的地的文化、历史、自然等特色。例如，秦淮戏院与夫子庙的结合，项目以明代古画《上元灯彩图》为基础，通过沉浸式体验打造，还原古代市井场景，以鳌山灯为创想的巨型灯山，打造融合市集、山水景观、灯彩、灯光秀、雾森、表演为一体的多媒体演艺秀，为游客带来更加多元化的消费选择，全面激发市民游客在夫子庙"吃住行游购娱"的消费潜力。

除了沉浸式话剧《上元灯彩图》，秦淮戏院里在负一层引入了沉浸式古风市集，整个空间还原《南都繁会图》中描绘的市井场景，包括了非遗、美食、文创等内容。新兴沉浸式业态与南京传统地标的深度融合，激发了秦淮夜间消费持续赋能，提升夜游秦淮的体验感。沉浸式旅游互动体验丰富了非遗实景演出，让传统文化在现代社会焕发生机。在未来的发展中，我们要不断创新，深化文化内涵，让更多人通过沉浸式旅游感受到非遗文化的魅力。

（二）非物质文化遗产与旅游展览的融合

旅游展览作为一种全新的文化传播方式，将非遗与旅游产业相结合，为传统文化的传承与发展提供了新的思路。旅游展览为非遗提供了一个展示、交流的平台，将非遗以生动、立体的形式展示给游客，使非遗得以广泛传播，提高民众对传统文化的认知，有助于非遗的挖掘、保护和传承，推动旅游产业的发展，进而带动地区经济的增长。

非遗与旅游展览融合加快数字化技术采用和推广。基于互联网平台，挖掘非遗文化的资源优势，通过线上网站、动画、UI、小程序、平台直播等方式来宣传，演出作品展示除了视频的手段之外，还可以借助VR技术还原会场，让受众如身临其境一般，感受非遗的魅力。例如，采用先进的光影数字技术造就的"遇见敦煌"光影艺术展，让跨越1650年的岁月敦煌石窟的壁画彩塑以全新的面貌呈现在世人面前。敦煌石窟壁画彩塑与光雕投影技术的美妙结合呈现出的是一个美轮美奂的艺术空间。3LCD技术高品质影像技术的支持，使敦煌艺术展的沉浸式观影效果卓越超群，带给参观者视觉上极强的震撼力。[1]

还有成都非遗数字展览《百鸟朝凤》，纸雕的历史起源于中国汉代，作为充满东方风情的技艺有着极高的艺术价值。《百鸟朝凤》数字展融合了纸雕和中国传说"百鸟朝凤"，并结合AR技术使观众能与纸雕互动，体验不同鸟类的叫声，欣赏纸雕中的鸟"活"起来的趣味场景。技术和传统艺术的融合使非遗得到了创新，再加上主题选自中国的传说故事——"百鸟朝凤"，孩童也能愉快地参与其中，更好地接受中国文化。数字技术、传统工艺和中国传说故事共同构成了有故事、有美感、有互动的别样体验，非遗文化由此走进现代生活，绽放新的魅力。

非遗与旅游展览融合丰富旅游形式。非遗体验基地可以为游客提供丰富的体验活动。这些活动包括非遗技艺展示、非遗传承人的现场表演、非遗作品制作体验等。通过参与这些活动，游客不仅可以一睹非遗文化的独特魅力，还可以亲自动手实践，深入感受非遗技艺的精髓。同时，非遗体验基地可以强化文化交流与传播。基地可以组织各种文化交流活动，如非遗旅游研学、非遗工坊、非遗体验馆等，邀请专家学者和非遗传承人共同参与，游客在参观体验的过程中，可以更加全面地了解非遗文化的内涵和价值，有利于提升旅游业的整体品质，打造特色旅游品牌，吸引更多游客前来体验。例如

---

[1] 爱普生助力"遇见敦煌"光影艺术展，实现敦煌文化数字化共享［EB/OL］.https://www.d-arts.cn/article/article_info/key/MTE5OTY0MTQzODSFuZdnr4Ogcw.html.

有特色的跨界融合——海南三亚南山国际非遗中心[①]，汇集众多非遗精品项目，包括海南非遗展、"迷人的尼泊尔手工艺"特展、唐卡艺术展、景泰蓝艺术展、苗族非遗展、重庆大足石刻展等，成立"海南省非遗展示研学基地""海南省非遗传承与保护基地""三亚崖州区文旅融合示范点"，创办三亚南山非遗博物馆和三亚南山文化创意研究院，成为推动海南非遗事业发展的一支生力军。除此之外，还邀请全国各地的非遗机构、非遗传承人、非遗项目参与，举办非遗主题展示展览活动通过艺术化、时尚化的场景营造，让游客发现海南非遗之美。

（三）非物质文化遗产与旅游文创产品的融合

旅游文创产品是指以当地的旅游文化为核心，设计开发出传递文化内涵的创意产品[②]，转化为商品经济模式促进旅游产业的发展。旅游文创产品兼具文化特色底蕴、现代技术特征与商品经济属性，充分挖掘地方特色文化资源，将非遗文化融入，为游客提供具有深厚文化底蕴的旅游商品，丰富旅游体验，提升旅游目的地的吸引力。[③]非遗与旅游文创产品融合是新时代我国文化传承与旅游产业发展的重要方向。通过加强政策支持、深化文化挖掘、创新设计理念等途径，推动非遗与旅游文创产品的有机结合，为我国文旅产业发展注入新的活力。

非遗与旅游文创产品融合丰富非遗文化产品。旅游文创产品以非遗为设计灵感，将传统文化元素与现代审美相结合，既具有文化价值，又具有实用价值。这些产品包括手工艺品、特色服饰、民间工艺等，为游客提供了丰富的旅游纪念品选择。同时，这种融合还能够推动旅游业与文化产业、创意产业的交叉发展，进一步丰富旅游产品和服务体系，提升旅游目的地的吸引力。在此基础上，旅游场地积极建立非遗文化传承场所，如非遗文化体验基

[①] 典型案例 | 文化遗产与旅游产业的双向奔赴https://baijiahao.baidu.com/s?id=1777979323678408031
[②] 虞京津.寿县古城旅游文创产品设计[D].芜湖：安徽工程大学，2023.
[③] 秦旖旋.非遗传承视角下日照旅游文创产品开发研究[D].曲阜：曲阜师范大学，2023.

地、非遗主题景区、非遗店铺等，使游客在游览过程中可以参观、体验，深入了解非遗文化的内涵，非遗文化得以在旅游过程中得到传播和推广。例如，金山农民画，作为上海金山的民间传统艺术之一，以江南水乡风土人情为主要题材，融合了刺绣、剪纸、蓝印花布、灶头壁画、雕塑、漆绘等民间艺术表现手法，运用大胆的艺术夸张和强烈的色彩反差，创立了中国现代民间绘画的新风格。为了传承金山农民画，给农民画家们切磋技艺、互相交流提供公共文化服务阵地，专门成立了集金山农民画创作研究、辅导培训、展示展览等于一体的金山农民画地标性文化工作窗口——金山农民画院，并结合文旅发展，大力开展"创作研讨、辅导培训、展示展览"等方面的工作，加大队伍培育及艺术创作的工作力度，全面推广和普及农民画传承工作，农民画进社区、进校园、进企业等，不断提升金山农民画的传承力和影响力。枫泾中洪村作为金山农民画的发源地，凭借这一项非遗项目被称为中国农民画村，画作无不体现在村落的各个角落[①]。

在2018年上海非遗文创设计大赛上，还有金山农民画与现代元素相结合的设计作品，根据上海老居民的传统生活和风俗习惯设计了12张插画，并将金山农民画融入十二个月，融入生活，用于一系列办公产品上，增加了现代感同时不失去传统，文创产品的开发和创新，为金山农民画提供传承载体，也中洪村文化旅游景区的发展提供有力的传播途径[②]。金山农民画作为该村的核心产业，围绕画村、住宿、餐饮、露营等产业形成了一座集农民画创作交流、销售、旅游、观光于一体的农民画村，给游客提供了丰富的选择，促进了该地旅游产业发展。

非遗与旅游文创产品融合加快非遗文创产品市场化。非遗包括传统技艺、民间传说、民族风俗等，这些元素具有鲜明的地域特色和民族风情，可以为旅游文创产品的设计提供丰富的素材。设计师可以从中汲取灵感，结合现代审美和消费需求，打造出具有独特魅力的旅游文创产品。同时，非遗还

---

① 【画游中国】金山农民画：丹青绝美绘江南，追梦如画见金山［EB/OL］.https://www.thepaper.cn/newsDetail_forward_19604844.

② 当非遗遇上现代设计，这些"跨界"产品让人眼前一亮［EB/OL］.https://baijiahao.baidu.com/s?id=1693801719539687308&wfr=spider&for=pc

承载着丰富的历史信息和人文情感，将其融入旅游文创产品中，可以吸引更多的企业和个人参与非遗文创产品的设计、生产和销售，有利于形成以市场需求为导向的非遗文创产品体系，促进非遗文化的传承与发展。例如，黔东南州西江苗寨景区里的以苗族文化为特色的"一杯西江"饮品店，产品以传统竹编工艺及坛罐瓶子为包装，配上苗绣、蜡染、银饰等装饰，深度地践行了文化和旅游融合下的旅游产品开发①。

河南作为我国著名的历史名省，有着几千年的历史积淀，蕴藏着许多优秀的艺术元素和传统文化。2021年，河南春晚节目《唐宫夜宴》一夜出圈，红遍全国。针对火起来的唐宫夜宴舞蹈，河南博物院也顺势推出了一系列的文创摆件，将14位娇憨可爱的"唐宫少女"做成了旅游创意产品。少女们着华丽唐服，画"斜红"妆容，丰腴的身姿灵活。这一产品很好地将中国传统文化运用到旅游文创产品设计中，创新和开拓了旅游文创产品设计思路②。

文化是旅游的灵魂，也是文创的魅力之源。将非遗文化融入现代文化产业发展，既能让古老的非遗传统技艺迸发出蓬勃朝气，文创产品也能成为炙手可热的时尚"潮品"，助推文化产业新布局，为旅游市场增添新亮点。

总之，非遗与旅游文创产品的融合是一种双赢的发展模式，既为旅游文创产品提供了丰富的题材，又推动了非遗文化的传承与发展。在未来的发展中，我们应继续深化非遗与旅游文创产品的融合，打造更多具有文化内涵和市场价值的非遗文创产品。

---

① 苗族原创"一杯西江"传递非遗元素旅游经济新方向［EB/OL］.https://www.163.com/dy/article/IA3ICSMD05149RU8.html
② 郭陆文.女书元素在旅游文创产品设计中的应用[D].昆明：昆明理工大学，2023.

第四节 数字化时代非物质文化遗产传承发展的新篇章

一、数字化时代非物质文化遗产传承的现状与挑战

信息化时代，互联网平台已成为人们日常生活中不可或缺的一部分。根据中国互联网络信息中心数据，截至2023年6月，我国网民规模达10.79亿人，较2022年12月增长1109万人，互联网普及率达76.4%，较2022年12月提升0.8个百分点（图6-9）。庞大的网民规模以及互联网普及率的持续提升为非遗文化的发展与传承提供坚实的用户基础。目前，非遗文化传统的储存和传播方式面临困境，数字化信息时代的进步为非遗的资源提供了展示空间和媒介环境，减少了时间和环境对非遗传承的影响。

非遗数字化即利用计算机和数字设备通过扫描仪、摄像、图像处理等方式作为非遗信息的储存和传播媒介。非遗借助数字技术，一方面能够更新非遗储存方式，早前非遗的记录和保存大都通过文字记载、口传身授、图像和影像留存方式，随着时间的累积，这些非遗文化载体都受到不同程度的磨损。数字时代的到来，虚拟现实技术、3D技术、全息拍摄等新型信息采集方式，更加全面多方位地记录和保存了非遗。另一方面，数字技术为非遗文化的展示提供丰富的表现方式，现代技术与传统文化的结合能够激发艺术工作者的创造力，使非遗文化以新颖的形式呈现在大众视野。同时，丰富的视觉语言能够使非遗文化被更大限度地传播和共享，为非遗的传承工作提供更便捷的传播方式。在数字化时代背景下，非遗的传承与发展迎来了新的机遇和挑战。只有紧跟时代发展，积极融合科技力量，才能使非遗在新时代焕发

出新的活力[①]。

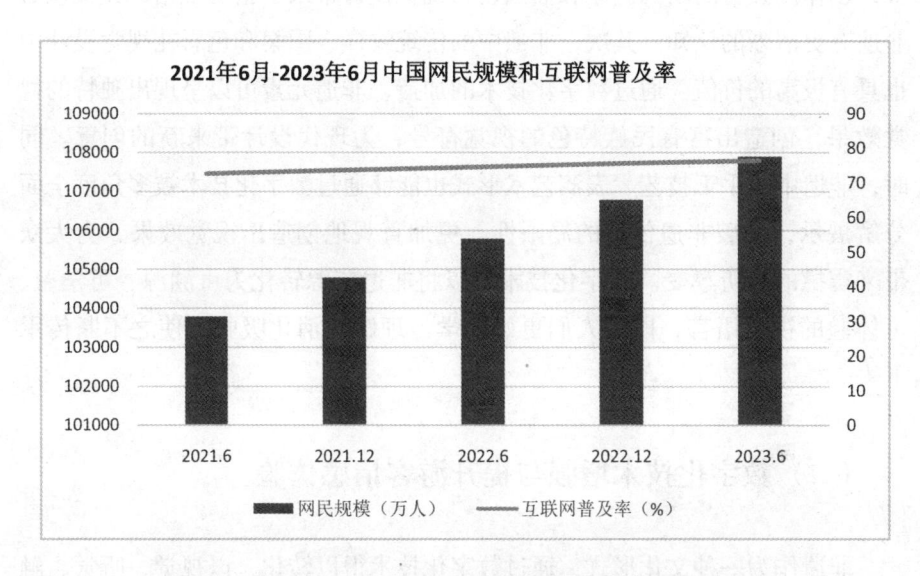

图6-9 2021年6月—2023年6月中国网民规模和互联网普及率
（资料来源：中国互联网络信息中心，华经产业研究院整理）

二、数字化技术在非物质文化遗产传承中的价值体现

（一）数字化技术丰富与拓展视觉艺术语言

非遗包含独特的设计元素和文化内涵，在数字化时代背景下能够以新的视觉语言呈现给大众。首先，非遗蕴含着自身的故事和传说，为视觉设计提

---

① 窦宏晨.数字化时代背景下侗族织锦艺术的传承与创新实践[D].杭州：浙江理工大学，2022.

供了丰富的题材。数字化技术对非遗起源的创作能够更系统地展示发展细节，创作出独特的动画形象和插画，为视觉设计带来了新的视角，让大众对非遗有更清晰的认知。其次，非遗中的传统纹样、图案和色彩在视觉设计中也具有极高的价值。通过数字化技术的加持，非遗元素可以呈现出独特的视觉效果，创造出富有民族特色的视觉符号，为现代设计带来新的创意。同时，非遗中的手工技艺、表演艺术形式也能够通过数字化技术被多角度全面分解展示，突破非遗传承的局限性，更加直观地创造出视觉效果，为大众带来震撼的视听享受。数字化技术可以将非遗资源转化为可溯源、可学习、可体验的视觉语言，以便人们更好地学习理解、消化吸收，使之不断传承下去。[①]

（二）数字化技术增强与提升游客情感体验

非遗作为一种文化形式，通过数字化技术得以转化，以视觉、听觉、触觉等感官系统传递给用户，为用户提供在虚拟空间中的文化感受和认知。[②]例如，上海最负盛名的传统节日活动豫园灯会，以中国传统神话《山海经》为蓝本，采用虚拟现实技术VR等数字技术，丰富了非遗的展示效果，用手机镜头搭建了现实与虚拟时空的桥梁，使用户沉浸式地体验传统表演艺术、民间工艺等非遗，在传统文化的氛围中体验科技力量的冲击。[③]例如，"北海非物质文化遗产展示馆"以720° VR旋转的展示方式，多形式、多维度展示了北海非遗项目的各大精美作品，使用户足不出户即可身临其境参观北海非遗的魅力。这种方式打破了地域和时间的限制，让游客随时随地了解和欣赏

[①] 姚佳男.非遗数字化建设浅议——以吉林省为例[J].中国集体经济，2024，（02）：131-134.
[②] 汪海波，邢影，景剑雄等.用户体验视角下的祁门红茶文化数字化展示设计研究[J].黄山学院学报，2023，25（04）：16-20.
[③] 上海豫园灯会背后的黑科技VR复原中国神话［EB/OL］.https://baijiahao.baidu.com/s?id=1756829376480491802&wfr=spider&for=pc.

非遗。①同时，数字博物馆还可以通过多媒体展示、在线互动等方式，丰富游客的参观体验，提高非遗的普及程度。数字化技术的进步有效增加了游客的情感体验，为非遗的保护和传承贡献了不可忽视的力量。

（三）数字化技术促进与推动文化活态传承

凭借数字化时代发展，非遗能够通过文字、音像、视频等方式出现在生活的方方面面，借助新技术在展示和传承方面不断创新，促进观众更加直观地感受非遗的历史价值和艺术魅力。一方面，数字化给予非遗文化创新空间，使非遗文化传承逐渐脱离口传身授，开始紧跟现代社会潮流，以全新的展示形式去发展。另一方面，通过互联网络连接非遗与各行业工作者，数字化时代的发展让非遗的传承工作不仅局限于单一的传承模式，产业的联合发展，促使非遗传承范围延伸至文化、艺术、计算机、新媒体等领域，让非遗在现代社会大环境中得到整体性保护。在数字化时代，我们应该充分利用数字化技术，加强对非遗的保护、传承和研究，推动非遗在当代社会的创新发展，为弘扬民族文化、增强民族凝聚力贡献力量。

三、数字化时代非物质文化遗产的传承与发展的案例实践

（一）非物质文化遗产与大众媒介的融合

大众传媒是向群众传播信息的媒介体，指传播组织、团体及其出版物和影视、广播节目。在现代信息化社会，大众媒介有着巨大的传播优势，文

---

① 足不出户也能"云看展"！当北海非遗遇上VR，沉浸式体验也太酷了［EB/OL］.https://baijiahao.baidu.com/s?id=1753652291460787836&wfr=spider&for=pc

化、事件都能够通过宣传、报道的方式进入大众视野，促进不同民族、不同地区的文化的相互交流。随着科技的发展，大众传媒的信息传播速度得到了极大的提升。大众媒介不仅能通过文字、图片和影像记录再现文化，更是通过数字化技术赋予了文化更多的记载方式，为观众提供了丰富多样的感官体验。在大众传媒的传播过程中，观众可以通过评论、点赞等方式参与到信息传播中，这种互动性不仅有助于提高观众的参与度，还能激发观众对信息的深入探讨和传播。大众传媒在现代信息化社会中具有重要作用，数字化时代也给大众传媒带来了诸多机遇。因此，大众传媒既要充分利用传媒技术优势，为文化传播提供路径，又要同数字技术融合，注重线上线下对接，积极有效地做好文化的保护与传承。[①]

非遗与大众媒介的融合促进非遗传承的创新表达。随着国家对非遗文化的保护和大力宣传，非遗的热度不断攀升，成为社会各产业发展的独特资源和大众喜爱的热点话题。影像记录是大众媒介的传播主要载体，即通过拍摄手段，记录事件产生、发生、进行等过程，能够实现事件的整体再现。影像记录通过叙事形式进行文化事件表达，运用视听语言的表现形式与观众连接情感。非遗借助影像记录手段，展现非遗内涵和技艺的独特魅力，为观众提供更多关于传承人、表演者、传统技艺等方面信息，为传承非遗而进行的学术研究、政策制定提供宝贵的数据支持。《关于影视人类学的决议》指出："电影、录音带和录像带在今天已是一种不可缺少的科学资料的源泉。它们能将我们正在变化着的生活方式的种种特征保存下来，留传给后世。"[②]

文化的记载在影视呈现方式下得到了准确和完整的储存。影像记录融合非遗题材，通过拍摄、录音、三维图像技术等前端科技，全面、真实、系统地记录非遗项目，呈现非遗的生产过程、价值观念和艺术审美，建立非遗传承人、非遗产品生产者等群体和观众的情感转换。例如，天翼云VR独家首播VR纪录片《世界遗产看中国——福建土楼》，土楼作为国家级非物质文化

---

① 李丹.大众媒介对非物质文化遗产传播的作用与策略——以鞍山"非遗"为例[J].传媒，2016（16）：80-81.

② [美]保罗·霍金斯主编;王筑生等编译.影视人类学原理[M].昆明：云南大学出版社，2001：230-234.

遗产，承载着福建古老丰富的文化传统，体现着当地人民非凡的创造能力和丰富的情感表达方式，至今仍影响着人们的精神文化生活。数字技术的发展突破传统VR拍摄局限，采用地面数控电影轨道与大型定制无人机航拍相结合的方式，多线运动机位同步进行，通过8K+VR等5G新技术，让观众360°沉浸式欣赏独具特色的大型居民建筑中国"福建土楼"。[1]这种拍摄方式使观众仿佛身临其境，沉浸在福建土楼的历史与文化中。此部VR纪录片的推出不仅是一次技术的创新，更是对文化遗产保护与传承的有力推动。它让更多的人通过VR技术近距离地体验到非遗的历史底蕴与文化价值，在一定程度上促进文化遗产的保护工作。同时，非遗内涵的别具一格也为VR技术在文化传承领域的应用提供了有益的探索与实践。

非遗与大众媒介的融合促进非遗精神的情感表达。大众媒介传承具有直观、生动、易于传播等特点，它将非遗文化以一种立体、全面的方式呈现给大众，跨越时空限制，通过媒介将影像资料再现和传播，非遗与大众媒介的融合能围绕非遗传承人和故事通过叙事性方式挖掘非遗文化内涵，直观展示非遗产品制作过程，传播非遗项目独特魅力。地区经济和发展限制，偏远地区的民族特色非遗项目和技艺的制作过程鲜为人知，近年来，影视媒介的持续发展带动了多地电视台、非遗保护中心等文化机构创作了大批非遗题材纪录片，让深山中的非遗和非遗制作技艺走向大众生活。例如，央视综合频道制作的纪录片《非遗里的中国》，通过非遗创新秀演、沉浸体验、还原绝技等方式展示非遗项目，被制作成移动硬盘的浙江辑里湖丝、被带进国际化乐团的云南彝族历史叙事长诗《梅葛》、被用来"璇玑"钻井技术的自贡井盐深钻汲制技艺等，都在新时代借助新媒介迸发出的焕新力量，呈现出非遗的历史底蕴和东方美学。[2]中央广播电视总台出品的纪录片《传承》也记录了我国多项少数民族优秀传统技艺，影片用故事化的叙事策略连接观众与地方、非遗、传承人之间紧密的情感，让非遗文化通过公共媒介汇聚民族共通

---

[1] 天翼云VR全网首播VR纪录片《世界遗产看中国——福建土楼》[EB/OL].https://www.sohu.com/a/482259870_549351.

[2] 雷杨.非遗题材文化节目的双重创新与价值建构——以《非遗里的中国》为例[J].视听，2023（12）：80-83.

性，呈现非遗文化的传承价值。[①]微电影、公益短片、短视频也都是当今媒体平台宣传文化的主流媒介，通过主题、人物、故事的相互穿插演绎，向观众传递文化内容和精神内涵。短片制作群体包括传承人、手艺人、导演、演艺者、青年学生、学艺者等，为非遗文化的宣传和传承工作提供了广阔的发展空间。

大众媒介能够阐释非遗文化及其非遗的历史渊源和发展历程，更全面地呈现传承工作间细腻的人物情感和灵韵的故事情节。媒介载体记录了非遗项目的本真性和再现性，是视听美学加持下呈现的现实表达[②]。借助大众媒介，非遗数字化得以创新，为文化的传承和保护提供情感互通的推动作用。

（二）非物质文化遗产与数字技术的融合

数字技术是随着互联网的迭代，在市场需求中应运而生出来的一门技术，是可以将各种信息转化为计算机可以识别的语言进行加工、储存、分析以及传递的技术。数字技术改变了传统文化的传播方式，非遗与数字技术的融合拓宽了非遗文化传播的渠道，互联网的出现使文化传递方式被数字媒体传播方式所替代，数字化博物馆、数字媒体平台、虚拟现实技术等数字技术，可以让观众在不受时间、空间限制的情况下感知文化。将非遗元素融入数字创意产业，能够开发出独具特色的非遗文化产品，提高非遗的传播效果，为非遗传承注入新的活力。同时，非遗与数字技术的融合加速了非遗文化向数字化方向的发展，为非遗产业拓展出更加广阔的市场前景。非遗利用数字化表达方式，通过多种虚拟技术的支持更加直观、立体、清晰地呈现产品文化，丰富非遗文化传承路径的同时也推动了数字技术的发展和应用。

非遗与数字技术的融合加强用户对非遗文化参与感。大众对非遗文化的感知受限于产品形式的展示和传达，数字技术在多领域的应用，为非遗文化

[①] 乔瑞华.非遗题材纪录片中代际互动的叙事话语表达——基于《传承》（第三季）的案例分析[J]. 传播与版权，2023（22）：33-35.

[②] 王晓峰，骆辐颖.非遗纪录影像中的文化内涵表达与审美意蕴呈现[J].四川戏剧，2023（01）：107-110.

的呈现和传承提供丰富的广阔场景。非遗文化的部分缺失可以通过技术创新完善，依靠模拟现实环境让大众在虚拟世界中身临其境地感受非遗文化，为大众提供文化有效信息，加深大众对非遗文化理解力。例如，中国的历史名迹圆明园，盛世有100多处景观，被誉为"万园之园"，英法联军侵华战争致使遗迹被毁，虚拟现实技术不断发展，让圆明园历史文化在新时代继续焕发光彩。广州华锐互动利用VR全景技术复原了圆明园昔日的壮丽景象，通过VR设备，人们在家中就能够身临其境地体验到圆明园西洋楼景区、大水法、线法山及其山门等景观。[1] VR全景技术不仅吸引更多的游客前来参观和体验，推动了当地旅游业的发展，更重要的是加深人们对文化遗产的认识和理解，为游客提供更加真实、生动的游览体验。

例如，黄埔民协创新构建的广绣元宇宙AR艺术项目——AR广绣展，广绣是中国的四大名绣之一，作为传统的手工艺品，数字技术的加持，让广绣的呈现方式不再局限于实际产品的表达，而是通过元宇宙科技赋能广绣文化发展，立足提升用户互动和体验感基础打造AR实景剧本游，提升广绣文化的趣味性和互动性。元宇宙技术通过移动设备支持，带领观众进入数字世界，感受打破传统展示形式的绣品效果。元宇宙AR技术对非遗文化的加持，能够激发大众了解非遗的强烈兴趣，更好地迎合年轻群体需求，对推广非遗传承起到很好的促进作用。

传统的非遗传播方式往往受限于时空条件，受众群体难以深入了解和感受非遗文化的精髓。随着数字技术的发展，大众更加追求虚拟的文化体验，以增强游览参与程度。虚拟体验是集计算机技术、电子信息技术和仿真技术于一体，将传统工艺进行采集、设计、处理，模拟出虚拟的现实环境，通过各种终端设备给用户以沉浸式、交互性、情景式等体验。[2] 虚拟现实技术正随着我国科技的飞速进步而不断发展壮大。在内容的呈现上为文化传播提供了全新的可能，通过高度仿真的场景搭建和交互式体验，也为用户提供丰富

---

[1] VR遗址复原：重现圆明园的辉煌盛世［EB/OL］.https://baijiahao.baidu.com/s?id=1776719842259818496&wfr=spider&for=pc

[2] 王名昌.文化基因视角下的虚拟现实体验产品设计[D].桂林：桂林电子科技大学，2022.

多样的传统文化体验。数字技术的介入，使非遗文化的呈现变得立体、生动，游客能直观了解产品的信息传达。这种交互式的传播方式不仅提高了传播效率，还提供了丰富的可视化效果。以永庆坊街区的广彩非遗文化为例，通过增强现实技术，人们可以更加主动地了解广彩文化的纹样、色彩、技法等信息，大大降低了学习的门槛和成本。①在《黄河非遗数字化保护》项目中，腾讯游戏运用动捕技术对太谷形意拳的非遗代表性传承人杨立勇进行拍摄，通过锁定其身体标志点并实时传输数字化运动轨迹，收集整套太谷形意拳的动作和形态，应用到山西文旅虚拟人"青鸟"的动作设计中，通过虚拟形象的演绎，太谷形意拳非遗项目得以以全新形式传承，并与新时代文化结合，增强受众群体的体验感。②《黄河非遗数字化保护》项目不仅实现了对太谷形意拳等非遗技艺的数字化保护，还为其传承和发展开辟了新的道路。数字化保护项目的实施为其他非遗项目的数字化保护提供了借鉴和参考，让更多的非遗技艺得到有效保护和传承。

非遗与数字技术的融合拓宽非遗文化呈现路径。数字技术展示能够全面呈现现实世界产品技艺过程、文化价值等，是采用数字技术构建产品三维模型和展示环境的一种仿真模拟。数字产品以实物或产品再创造为基础，以信息传播为主要目的，扩大了产品图像显示视野，让产品以更加多维的形式呈现。数字技术的支持使非遗文化和产品突破了空间的限制对传统的展示方式进行延伸，通过对视觉、听觉、触觉、嗅觉等感官体验，给大众传达更加直观的感受。非遗文化作为一种精神文化，和飞速发展的现代社会之间必然存在沟壑，虚拟展示营造了非遗生产过程的沉浸体验，以展出型方式给非遗文化更大的呈现舞台。③数字产品在现实产品的基础上进行创作形成数字产品，在线上实现生产、传播、消费与交易等活动，不仅具有记录和展览价值，还有收藏、使用和流转价值，④能够激发人们对非遗文化的兴趣，促使更多人

---

① 周俏妆.永庆坊广彩非遗技艺的数字虚拟体验及传播[J].丝网印刷，2023（05）：91-93.
② 黄河九曲，数动非遗丨腾讯游戏在2023黄河非遗大展［EB/OL］.https://tech.chinadaily.com.cn/a/202311/08/WS654b35f1a310d5acd876de5a.html
③ 赵云全.基于沉浸理论的岭南醒狮文化虚拟展示设计研究[D].桂林：广西师范大学，2022.
④ 白玉淇，朱海澎.数字藏品推动岭南文化活化与传播研究[J].声屏世界，2023（21）：84-86.

参与到非遗传承与保护中来。

2022年，《国家宝藏》栏目组结合17家博物院，推出虎文物数字藏品，与支付宝集五福文化梦幻联动，让用户在参与集五福卡的同时还能接触到中国的传统文化。在中国文化中，虎是勇敢和力量的象征，登上定制福卡的"漆木虎"彩绘纹理清晰，双目圆睁，口微张，在数字AR技术的支持下，在线上便能够解锁"漆木虎"背后更多的文物知识。①非遗产品的复杂和多样性，对实物产品的生产和制作也带来很多不便，而3D打印技术的发展和进步能够有效地解决非遗产品的制作周期，在保证非遗产品精细程度的同时，也保证了产品文化价值的表现和传播。②为弘扬非遗传统文化，民生银行制作河南滑县非遗文化木版年画主题卡，以华夏神农氏为主形象展现非遗传统美术工艺，让非遗文化分布生活各方面。中国银行借助皮影、沙燕风筝、景泰蓝、北京竹马、白纸坊太狮等非遗项目，通过3D技术显现出卡面丰富有层次的凹凸感，使非遗元素纹样生动活泼。例如，在白纸坊太狮的卡面上，制作工艺以螺钿为材料，结合烫金工艺、爆珠工艺等为主视觉形象增添生动之感。③

数字化技术的完善让非遗在线上也有系统的展示流程，包括延伸的各种产业形态。线上产品的展示需要多种形式的辅助，虚拟数字人的出现能够增强用户互动感，让虚拟系统服务更加完善和全面。源自敦煌壁画名叫"天妤"的国风虚拟数字人的诞生是数字虚拟形象的典型案例代表。天妤是结合非遗文化创造热点流量，通过数字媒体向世界表达中国的科技力量和传统文化，让非遗精神时刻在当代人的日常生活中展示。虚拟数字人天妤还加持非

---

① "萌虎"喜迎数字文化年 "漆木虎"数字文创品首登五福 [EB/OL].https://baijiahao.baidu.com/s?id=1722460332061474278&wfr=spider&for=pc.

② 黄刘喆,龙熙盼,江鹭等.数字化背景下陶瓷文创企业的数字藏品之路的探究[J].江苏陶瓷,2023,56(05):5-7.

③ 非遗＋金融！全国首张非遗传承人专属银行卡有多炫？[EB/OL].https://www.163.com/dy/article/ERL42UKC051795KB.html.

遗项目皮影，重现皮影戏经典片段《大闹天宫》，演绎非遗魅力。[①]

张小泉作为历史悠久的中华老字号品牌，以其精湛的工艺和不断创新的精神做到家喻户晓的程度。在数字化快速发展的时代背景下，张小泉积极探索数字技术和产业的融合方式，使用最新的AIGC技术，通过ChatGPT完成了世界观和视频脚本，基于Midjourney，StableDiffusion，GEN2等工具生成了精美的预告片和视觉海报，以此打造独特的品牌形象，为行业的发展注入了新的活力。[②]

非遗与数字技术的融合为非遗提供了新的发展方向和应用场景。在政策支持和市场推动下，我国非遗文化与虚拟体验的融合不断深入，为非遗文化的保护和传承提供新方式。虚拟体验为受众提供了更加自由、主动的传播环境。非物质文化遗产设计要素需要满足产品的文化意象、精神内涵和非物质性，数字技术的应用打破了受众群体被动接收信息的局限，给予用户更多的互动和体验。虚拟体验的融入吸引更多年轻人参与到非遗文化的传承和创新中来，非物质观众可以更加自主地选择文化信息，在提高受众对非遗文化的关注度和认同感的同时，也能够连接传统非遗与现代元素，使非遗技艺得以更好地传承和发扬。同时，这种融合促进虚拟技术创新为我国文化和科技的发展都提供了积极有效的推动作用。

（三）非物质文化遗产与学校教育的融合

非遗作为中国优秀的传统文化，21世纪起就被纳入了学校教育体系。2002年，国家出台文件《非物质文化遗产教育宣言》，将中国非遗正式通过学校教育来提升传播和传承能力。高校是人才培养、文化传播、知识创新的重要基地，是连接非遗与历史、科技、社会的桥梁，承担着传承和创新文化的使命。将非物质文化与学校教育融合，一方面能够促进社会发展，为社会

[①] 非遗皮影，华彩重现，天娱数科旗下虚拟数字人天妤带你探秘光影里的文化［EB/OL］.https://baijiahao.baidu.com/s?id=1772765569536599649&wfr=spider&for=pc.

[②] 非遗技艺与数字藏品的珠联璧合张小泉匠师道启航［EB/OL］.https://www.163.com/dy/article/IKAVQH5J05508FR1.html.

文化和经济效益带来影响。现如今，非遗的保护和传承中有国家和政府的参与，非遗传承的刚需都得到了有力的解决路径和支持。国家鼓励高校与政府、企业以及非遗机构的合作，既推动了非遗保护区的建设，如非遗文化校企合作基地、非遗文化展览、非遗研讨会等，也有效地拓宽了非遗的传播途径，扩大了传承者的覆盖面，加快非遗文化的保护和传承工作。另一方面，非遗文化的融入能够加强人才培养建设，推动非遗社会科学研究。学校为学生提供非遗课程或相关专业，向学生传授民族优秀传统文化，提升学生文化素养，以促使年轻一代对非遗保护和传承主体意识，向非遗人才建设层面发展。同时，非遗文化也能够利用高校学术和人才优势创新发展，与高校学科不断融合，开发非遗研究的新思路与新方法。学校之间还可以加强交流，让更多的人才发挥专业学术优势，使非遗与时俱进。[1]

非遗与学校教育的融合推动学科交叉融合。非遗涵盖的范围包括民间文学、传统音乐、舞蹈、戏剧、曲艺、杂技、民间美术、传统技艺、医药、民俗等，蕴含着独特的文化价值和审美价值，这些领域与学校教育内容可以相互补充，使学生在学习过程中接触到更丰富的知识体系。例如，非遗与艺术设计学科的融合，通过艺术设计的创新手段，传统图案、色彩、造型等元素得以表达，独具特色的文化创意产品创新让非遗在市场中焕发生机，以更加生动、多样的形式呈现给世人，吸引更多人关注和参与非遗的保护与传承工作中。在设计领域中，对非遗工艺和技术进行研究分析，汲取非遗的文化意象、精神内涵以及非物质性等重要因素，将文化融入教学，通过多种设计手法的加持传达文化理念，给大众以真实的场景体验、交互体验和情感体验（图6-10）。

---

[1] 马道玥.非物质文化遗产融入高校教育的实践与思考[D].天津：天津大学，2023.

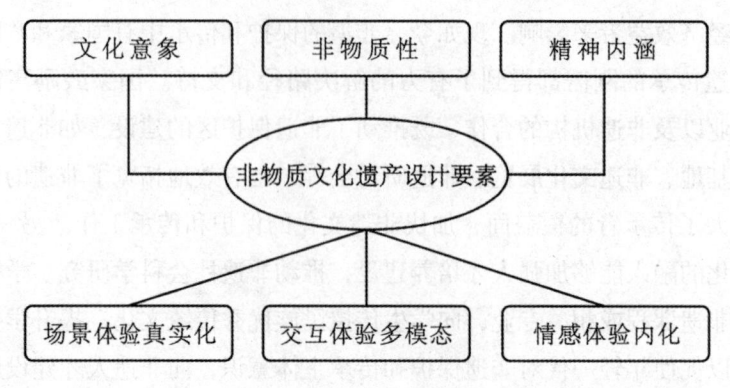

```
          文化意象        非物质性        精神内涵

                    非物质文化遗产设计要素

       场景体验真实化   交互体验多模态   情感体验内化
```

图6-10 非物质文化遗产设计要素构成

在现今高校教学和实践过程中，非遗资源融入课堂以及教学目标，提升学生创作能力，在培育学生专业素养的同时也能推动地方非遗项目的传承工作。例如，山西平阳木版年画非遗项目在高校艺术设计领域中的应用与传播。平阳木版年画伴随着年节民俗而生，是晋南传统的民俗工艺品。其制作以中国的雕版印刷技术为基础，在千百年的历史中印刻着中国的社会发展。木版年画主要以宗教神画、戏剧人物画、民俗画等为主，寄托着晋南地区人民的生活情感，传达古代劳动人民对丰年的祈盼。太原工业学院学生作品以平阳木版年画中的门神形象作为研究的对象，提取平阳木版年画中文门神和武门神形象，对其进行IP形象设计、衍生、应用与文化推广（图6-11）。在设计的过程当中，采用现代扁平化的元素，运用打散重构的方式，将形象服饰纹样化繁为简设计出现代化的形象。让传统木刻技艺与现代进行碰撞与交融，以墨线作为骨骼线，用线与线之间的叠压关系塑造层次感，通过巧妙的构思和设计，付诸朴素理念的图案化设计，使其产生强烈的装饰美感，并衍生系列化的表情包设计和文创产品，更好地建立起消费者对于平阳木版年画的好感和回忆，助推平阳木版年画的保护和传承。

第六章 非物质文化遗产的可持续发展实践

图6-11 平阳木版年画IP形象设计及海报设计

（图片来源：张路路绘制）

设计方法给予文化不同的呈现方式和情感体验，信息可视化设计作为一种直观的视觉传达信息方式，将文化广泛应用至商业、企业、教育等领域，是传播数据和信息的重要设计载体。山西绛州澄泥砚作为中国四大名砚之一，已有数千年的历史，其独特的制作技艺是表现古老文化的重要形式。太原工业学院高校学生作品以山西绛州澄泥砚为研究对象，通过信息可视化的视觉设计方式，展现澄泥砚的功能和特点，以促进大众对绛州澄泥砚的认识和深度的宣传与推广（图6-12）。在绛州澄泥砚的设计中，设计者在内容上以绛州澄泥砚制作技艺的工序流程为主要表现内容，在澄泥砚制作流程、工序、方式、用具以及功能特点上着重进行展示设计。选择和提取绛州澄泥砚的多种样式与纹饰，对山西绛州澄泥砚制作技艺进行了一个传统而又现代的设计。通过信息可视化设计，绛州澄泥砚传统而复杂的制作技艺被简单清晰地展示。同时，设计者采用简洁、直观的扁平化设计手法绘制插画，进行衍生品的创新与设计，以现代化的形式表达澄泥砚的独特魅力。

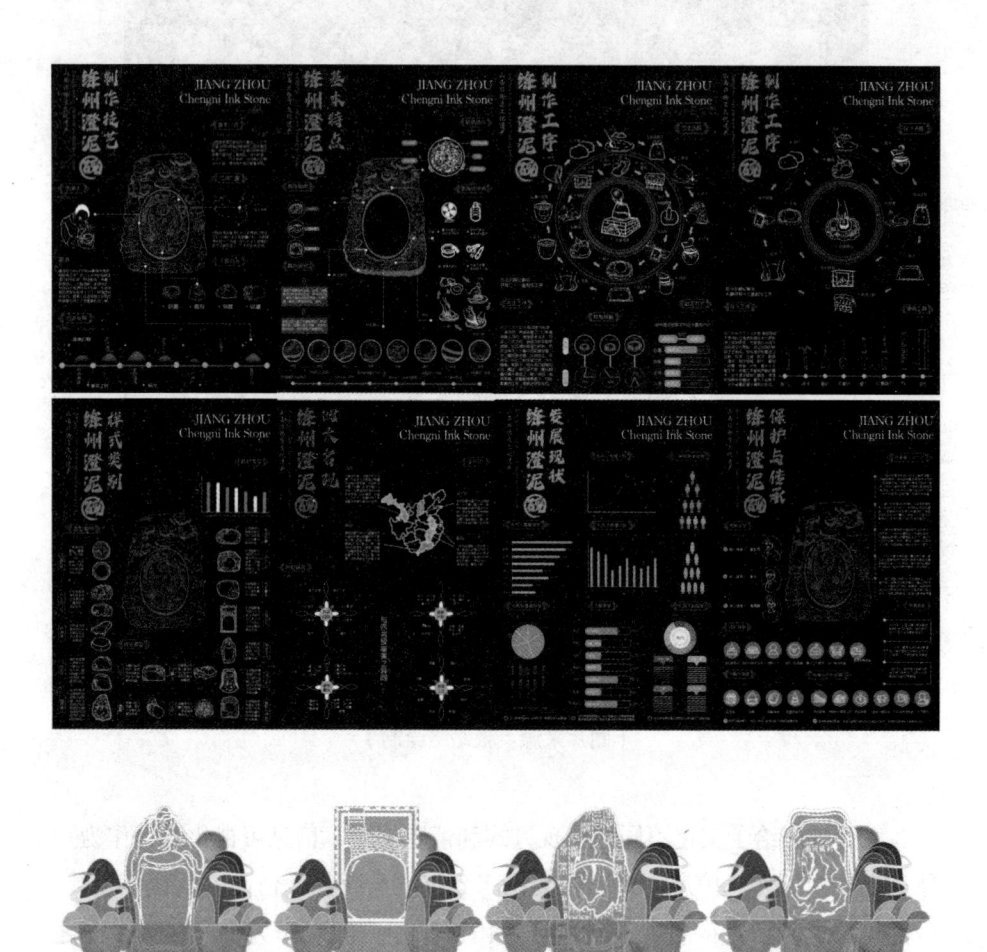

图6-12　绛州澄泥砚信息可视化设计及插画设计
（图片来源：张淑蕊绘制）

非遗与学校教育的融合促进高校人才建设。非遗文化现今被越来越多的院校融入课程和相关专业建设，开始立足于学生的建设和发展。学校自身具有的组建教学团队的优势，将非遗与学校教育融合能够拥有更广泛的传承群体，青年是国家主要的发展力量，通过企业、政府、商业与学校的合作形式，能够打破非遗文化地域的局限与时代接轨。例如，院校同企业进行合作，开展教学、教研、人才培养等活动模式，鼓励学生参与技能竞赛，将理论转化实践，将实践转化成果，实现以赛促学，以学促文的教育目标。晋剧是山西四大梆子剧种之一，又名山西梆子，具有晋中地区浓郁的乡土气息和自己独特风格。作为中国传统文化的重要组成部分，晋剧在历史的呈现中不仅仅作为一种艺术形式存在，更是文化的见证和载体。晋剧具有丰富的艺术价值和历史意义，传承晋剧不仅有助于中华优秀传统文化的传播和弘扬，同时也有助于培养年轻一代对传统艺术的兴趣，激发院校对专业课程的设置，促进专业人才素养提升，推动文化传承与学校教育的发展。太原工业学院高校学生以晋剧脸谱图案为主题的设计，通过提取晋剧脸谱原有的图案，进行块面化抽象的再设计，将晋剧脸谱年轻化、潮流化，与IP形象设计相结合，做出系列的文创衍生品参与优秀美术作品展（图6-13）。通过对文化的创新，加深当代年轻人对晋剧的了解以及晋剧艺术的传播力。再如济南非遗"兔子王"，作为山东省非物质文化遗产，这一项目不但承载着吉祥美好的寓意，也诠释着济南的泉水文化。太原工业学院院校学生以周氏兔子王和杨峰创立的兔子王为原型进行创新，在保留原有特点的情况下将其可爱化，创造出圆润的脸蛋以及丰满的体态，头戴头盔，身穿长袍为主形象，对这一形象进行衍生设计形成更加系统的设计方案，丰富视觉形态在高校毕业季优秀美术作品展中脱颖而出（图6-14）。在技能设计大赛的加持下，院校的人才培养体系也逐步完善和升级，旨在为非遗的传播创造更多的文化窗口。

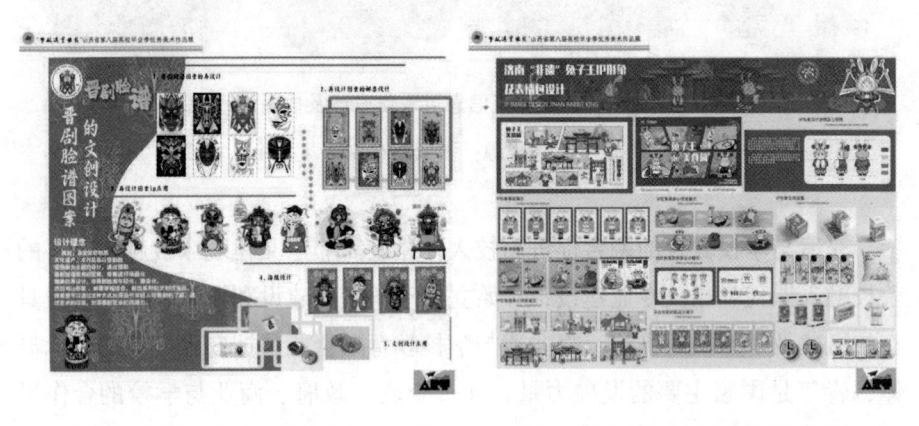

图6-13　晋剧脸谱IP形象设计　　　图6-14　"兔子王"IP形象设计及衍生

（图片来源：太原工业学院学生获奖作品）

　　学校课程即以培养人才为目标，发挥学科优势培养学生专业素养，将非遗融入学校，实现教育跨学科融合。例如，无锡古往今来都是江南文化活动的中心，有着彰显江南文化发展的重要历史遗存。无锡市积极探索教育现代化，将非遗文化融入学校教育，为江苏乃至全国教育现代化作了良好实践范例。像无锡机电高等职业技术学校开设"匠心·传承非遗职业体验中心"，融合无锡惠山泥人、留青竹刻、刺绣、陶艺、剪纸非遗项目，为非遗项目发展提供完善的配套设施和教育资源，始终坚持非遗的传承与创新并重，为非遗文化培养拔尖创新人才、融合学科发展提供新思路。例如，非遗文化在数字时代下的发展优势，不断为学校教育传输新的技术和设施。随着互联网技术的不断成熟，文化走向逐渐数字化、规范化，非遗资源在这一时代下被整合得更加系统化。上海市吴淞中学就以艺术和科技教育融合为核心，将数字技术应用非遗传承，开发了以"技术和非遗+"的课程体系。在数字技术赋能十字挑花现代表达课程中，吴淞中学借助校企合作，同优必杰教育、非遗传承人指导学生举办非遗传承罗泾十字挑花"雪花情"主题活动，了解非遗文化，赏析非遗案例，通过PYTHON编程引导学生创新实践，对非遗项目挑花进行再造，生成挑花数字化作品进行机器绣制①。非遗融入学校课程，不仅能够激发学生的现代化表达，促进学生的审美能力和文化素养提升，还能够为学生提供更专业的文化技术和实践指导。通过科技、网络、文化教育、实践课程等媒介的介入，进一步完善学校的人才培养体系，培养非遗文化复合型人才，为非遗文化的发展创造更加广阔的空间。

学生是非遗传承庞大的群体之一，建立多方位的教学体验能够为人才的培养奠定基础。将非遗与学校教育进行融合，必须注重学生学习的自主能力，利用好教师和学校资源，通过组织学生参与非遗文化相关的实践活动，激发学生对传统文化的热爱和自豪感。学校利用非遗文化资源同时契合了当下"产校结合"的时机，社会企业的加入，为学校教育提供资金、技术、人才等方面的支持，不仅丰富了学校的教学内容，也为非遗文化的传承与保护注入了新的活力。

---

① 吴淞中学：技术赋能非遗+——《十字挑花的前世今生》课程设计与实践［EB/OL］.https://mp.weixin.qq.com/s?__biz=MzI5NzE2NDY2Nw==&mid=2649662454&idx=1&sn=baae388770dca34fe5daf121bc0d2b00&chksm=f4a349e2c3d4c0f46df24d8252bdefd8876cccd5e23e74ee71a2e53b78198d14abe7acb18733&scene=27.

参考文献

[1]UNESCO编；关世杰等译.2000年世界文化报告：文化的多样性、冲突与多元共存[M].北京：北京大学出版社，2002.

[2]中国社会科学院日本研究所：日本在非物质文化遗产保护上的措施[EB/OL].http：//ijs.cssn.cn/xsyj/xslw/rbsh/201609/t20160918_3204483.shtml.

[3]中华人民共和国旅游部：保护世界文化和自然遗产公约[EB/OL].https://www.mct.gov.cn/whzx/bnsj/fwzwhycs/201111/t20111128_765131.htm.

[4]麻国庆.非物质文化遗产：文化的表达与文化的文法[J].学术研究，2011（05）：35-41.

[5]中国非物质文化遗产网：保护传统文化和民俗的建议（1989）[EB/OL].https://www.ihchina.cn/zhengce_details/15720.

[6]中国非物质文化遗产网：宣布人类口头和非物质遗产代表作条例（1998）[EB/OL].https://www.ihchina.cn/Article/Index/detail?id=15719.

[7]国际古迹遗址理事会西安国际保护中心：联合国教科文组织"世界文化多样性宣言"（全文）[EB/OL].http：//www.iicc.org.cn/Publicity1Detail.aspx?aid=904.

[8]联合国教科文组织：《保护非物质文化遗产公约》[EB/OL].https://unesdoc.unesco.org/ark：/48223/pf0000379949.locale=en.

[9]新浪网：联合国教科文组织通过《伊斯坦布尔宣言》[EB/OL].https://news.sina.com.cn/w/2002-09-19/0814732309.html.

[10]中国人大网：十一届全国人大常委会专题讲座第十七讲——我国非物质文化遗产保护的若干问题[EB/OL].http：//www.npc.gov.cn/npc/c12434/

c541/201905/t20190522_66317.html.

[11]巴莫曲布嫫.何谓非物质文化遗产？[J].民间文化论坛，2020（01）：114-119.

[12]朴爱善.公共图书馆与非物质文化遗产保护[J].科学咨询（科技·管理），2013（05）：31-32.

[13]王俊苗.山西徐沟背铁棍的传承研究[D].临汾：山西师范大学，2014.

[14]冯云.藏族口述文献述略[J].图书馆研究与工作，2018（01）：19-25+40.

[15]马波.赵季平电影音乐创作论（上）[J].交响（西安音乐学院学报），2005（01）：49-56.

[16]陈天培.非物质文化遗产的经济价值[J].改革与战略，2006（05）：99-101.

[17]刘洪艳，王宇.非物质文化遗产的多元价值探讨——以山东吕剧艺术为例[J].山东社会科学，2010（07）：32-39.

[18]人民网：徽派建筑实景亮相武汉街头[EB/OL].http：//art.people.com.cn/n/2013/0402/c226026-20993712.html.

[19]中国政府网：《中华人民共和国非物质文化遗产法》[EB/OL].https://www.gov.cn/flfg/2011-02/25/content_1857449.htm.

[20]UNESCO：《保护非物质文化遗产公约》[EB/OL].https://unesdoc.unesco.org/ark：/48223/pf0000132540_chi.

[21]王春燕.新媒体视域下非物质文化遗产的传播与发展[J].上海工艺美术，2020（04）：95-97.

[22]中共中央办公厅国务院办公厅印发《关于进一步加强非物质文化遗产保护工作的意见》[EB/OL].https://www.gov.cn/zhengce/2021-08/12/content_5630974.htm.

[23]人民网：习近平谈历史文化遗产保护[EB/OL].http：//politics.people.com.cn/n1/2022/0323/c1001-32381843.html.

[24]中国政府网：中共中央办公厅国务院办公厅印发《关于进一步加强非物质文化遗产保护工作的意见》[EB/OL].https://www.gov.cn/zhengce/2021-08/12/content_5630974.htm.

[25]人民网：健全保护非遗传承体系推动传统文化创新性发展[EB/OL].http://ent.people.com.cn/n1/2021/0818/c1012-32197733.html.

[26]中国政府网：国家级非物质文化遗产保护与管理暂行办法[EB/OL].https://www.gov.cn/zhengce/2022-09/26/content_5712549.htm.

[27]高华倩.浅谈摄影机定位跟踪技术[J].现代电影技术，2021（05）：4-11.

[28]赖建民，卜鹏飞.三维激光扫描技术在建筑物三维建模可视化中的应用探究[J].科技创新与应用，2024，14（01）：193-196.

[29]郭志洋.直书写3D打印应变传感器的设计、制造与性能研究[D].无锡：江南大学，2022.

[30]袁茜茜，吕星月，冯大权，等.基于技术驱动与服务创新的虚拟现实产业发展研究[J].中国工程科学，2024，26（01）：35-44.

[31]刘子溪，朱学芳.AR呈现型智慧知识服务模式的用户采用行为意愿研究[J].情报科学，2024（03）：1-17.

[32]初毅，邵兆通，武涛.基于MR+BIM技术的信息化建筑工程应用探讨[J].土木建筑工程信息技术，2017，9（05）：94-97.

[33]中华人民共和国国家档案局：中国国家委员会世界记忆项目[EB/OL].https://www.saac.gov.cn/mowcn/cn/index.shtml.

[34]学习公社数字图书馆：数字文化遗产的保护和联合国教科文组织的指导方针[EB/OL].http://www.bengu.cn/homepage/paper/paper84.htm.

[35]中国政府网：国务院办公厅关于加强我国非物质文化遗产保护工作的意见[EB/OL].https://www.gov.cn/zwgk/2005-08/15/content_21681.htm.

[36]中国政府网：国家级非物质文化遗产保护与管理暂行办法[EB/OL].https://www.gov.cn/zhengce/2022-09/26/content_5712549.htm.

[37]中国政府网：《中华人民共和国非物质文化遗产法》[EB/OL].https://www.gov.cn/flfg/2011-02/25/content_1857449.htm.

[38]中国城市报：我国非遗数字化保护有了标准支撑[EB/OL].http://paper.people.com.cn/zgcsb/html/2023-09/04/content_26015341.htm.

[39]欧阳爱辉.壮族师公舞非物质文化遗产数字化保护机制初探[J].北京舞蹈学院学报，2017（06）：78-83.

[40]顾犇.数字文化遗产的保护和联合国教科文组织的指导方针[J].国家图书馆学刊,2003(01):40-44.

[41]谭必勇,张莹.中外非物质文化遗产数字化保护研究[J].图书与情报,2011(04):7-11.

[42]赵跃,周耀林.国际非物质文化遗产数字化保护研究综述[J].图书馆,2017(8):10.

[43]李静雅,王卓尔,易晓.非物质文化遗产数字化游戏设计策略研究——以基于傩文化的虚实结合游戏为例[J].包装工程,2023,44(22):1-10+16.

[44]彭冬梅.面向剪纸艺术的非物质文化遗产数字化保护技术研究[D].杭州:浙江大学,2008.

[45]马云,张蕾.非物质文化遗产数字化产品创新设计实践[J].轻纺工业与技术,2023,52(05):122-124.

[46]靳桂琳.我国非物质文化遗产的数字化保护研究[D].昆明:昆明理工大学,2019.

[47]王耀希.民族文化遗产数字化[M].北京:人民出版社,2009.

[48]黄永林,谈国新.中国非物质文化遗产数字化保护与开发研究[J].武汉:华中师范大学学报,2012,51(02):49-55.

[49]杨红.非物质文化遗产数字化研究[M].北京:社会科学文献出版社,2014.

[50]叶鹏.基于文化与科技融合的我国非物质文化遗产保护机制及实现研究[D].武汉:武汉大学,2015.

[51]余日季.AR技术与非物质文化遗产数字化开发[M].北京:人民出版社,2017.

[52]丁虹.非物质文化遗产数字化研究[M].昆明:云南美术出版社,2021.

[53]国务院办公厅关于.关于加强我国非物质文化遗产保护工作的意见[EB/OL].2005-3-26.https://www.gov.cn/gongbao/content/2005/content_63227.htm.

[54]王延春.浅谈非物质文化遗产数字化保护[J].参花(上),2023(04):44-46.

[55]宋俊华.非物质文化遗产蓝皮书:中国非物质文化遗产保护发展报

告（2017）[M].北京：社会科学文献出版社，2017.

[56]王东.非物质文化遗产数字化的实践路径研究[J].大舞台，2023（05）：59-63.

[57]赵东.数字化生存下的历史文化资源保护与开发研究[D].济南：山东大学，2014.

[58]苗艳.网络时代非物质文化遗产数字化传播路径[J].新闻文化建设，2023，（04）：3-5.

[59]文化和旅游部.《"十四五"非物质文化遗产保护规划》[EB/OL].2021，5，25.https://www.gov.cn/zhengce/zhengceku/2021-06/09/content_5616511.htm.

[60]中共中央办公厅 国务院办公厅.《关于进一步加强非物质文化遗产保护工作的意见》[EB/OL].2021，8，12.https://www.gov.cn/xinwen/2021-08/12/content_5630974.htm.

[61]陈启科.象山县海洋渔文化非物质文化遗产管理制度研究[D].宁波：宁波大学，2017.

[62]秦枫.非物质文化遗产数字化生存与发展研究[D].合肥：中国科学技术大学，2017.

[63]范丽娜.互联网+对中国企业民主管理历史变迁的作用探析[J].中国人力资源开发，2018，35（03）：126-135.

[64]李鑫炜.我国公共数字文化服务政策文本分析[D].保定：河北大学，2018.

[65]单嘉博."互联网+"理念下的服务型政府电子政务建设研究[D].南宁：广西师范学院，2016.

[66]宁立成，胡继玲.我国科技创新制度改革研究[J].科技进步与对策，2014，31（05）：100-102.

[67]何帅，孙子惠，肖旸宇.非物质文化遗产的数字化保护与传播[M].北京：中国纺织出版社有限公司，2023.

[68]叶鹏.中国非物质文化遗产保护机制研究——基于文化与科技融合视角[M].北京：中国社会科学出版社，2016.

[69]林淞，祝雨璁.非物质文化遗产的数字化保护与传承[J].汉字文化，2022，22（39）：174-176.

[70]康莹.论我国非物质文化遗产的法律保护[D].长春：吉林大学，2019.

[71]常慧.非物质文化遗产的法律保护[J].文化产业，2023（24）：118-120.

[72]赵云海，刘瑞.数字化时代非物质文化遗产知识产权保护实践反思[J].文化遗产，2023（02）：10-18.

[73]褚佳星.我国非物质文化遗产数字化的知识产权保护研究[D].哈尔滨：东北农业大学，2019.

[74]宋春雪，于惠冰.少数民族非物质文化遗产数字化法律保护问题研究[J].黑河学院学报，2021，12（10）：32-33.

[75]杨焯然.宁夏非物质文化遗产行政保护实证分析[D].西安：西北大学，2020.

[76]闫文莉.非物质文化遗产的行政法保护[D].湛江：广东海洋大学，2022.

[77]叶鹏.中国非物质文化遗产保护机制研究——基于文化与科技融合视角[M].北京：中国社会科学出版社，2016.

[78]桑郁琦.完善非物质文化遗产的知识产权保护[D].上海：上海师范大学，2018.

[79]张蓉莉.关于完善非物质文化遗产保护资金管理的探析[J].会计师，2022（04）：26-28.

[80]张蓉莉.非物质文化遗产保护资金管理现状及优化建议[J].财富生活，2022（18）：79-81.

[81]王珊珊.我国非物质文化遗产保护问题研究[D].济南：齐鲁工业大学，2014.

[82]王琨.我国非物质文化遗产保护政策体系研究[D].西安：长安大学，2012.

[83]吴磊.我国少数民族非物质文化遗产政策研究[D].北京：中央民族大学，2012.

[84]王杰.山西武术非物质文化遗产数字化保护研究[D].南京：南京体育学院，2021.

[85]孙传明.民俗舞蹈类非物质文化遗产数字化技术研究[D].武汉华中师

范大学，2013.

[86]林捷，陈圣宣.非物质文化遗产数字化路径与策略探究[J].新楚文化，2023，（12）：4-7.

[87]文化和旅游部.《中国非物质文化遗产传承人研修培训计划实施方案（2021—2025）》[EB/OL].2021，10，09.https://zwgk.mct.gov.cn/zfxxgkml/fwzwhyc/202110/t20211019_928411.html.

[88]李婷.保护文化多样性，加强国际合作势在必行[N].文汇报，2023-06-09（005）.

[89]杨颖.昆明非物质文化遗产保护的协同治理研究[D].昆明：云南财经大学，2023.

[90]中国政府网.文化部副部长谈"非物质文化遗产法"出台[EB/OL].2011，02，25.https://www.gov.cn/jrzg/2011-02/25/content_1810901.htm.

[91]冯建军.教育学原理[M].北京：中国人民大学出版社，2018.

[92]顾明远.教育大辞典[M].上海：上海教育出版社，1991.

[93]扈中平.现代教育学[M].北京：高等教育出版社，2011.

[94]宋俊华，王开桃.非物质文化遗产保护研究[M].广州：中山大学出版社，2013.

[95]王文章.非物质文化遗产保护研究[M].北京：文化艺术出版社，2015.

[96]陈岸瑛.时代转折中的非遗传承与传统复兴[J].装饰，2016（12）：166.

[97]曹娜.日本和韩国非物质文化遗产保护经验及对我国的启示[J].管理观察，2012（09）：225.

[98]范涛.河南艺术类非物质文化遗产传承人生境研究[J].美术大观，2019（05）：110-111.

[99]高寿福.韩国非物质文化遗产保护工作经验之我鉴[J].延边党校学报，2018（02）：62-64.

[100]马知遥，马道玥，刘佳.论高校研培计划之于非物质文化遗产保护的几点思考[J].西北民族大学学报（哲学社会科学版）2020，（01）：172-180.

[101]钮凤秋.关于我国职业教育的思考[J].学术研究，2019（07）：16-

22.

[102]乔晓光.在大学与社区非遗传承之间建立可持续的文化桥梁[J].美术观察，2016（04）：18.

[103]祁庆富.论非物质文化遗产保护中的传承及传承人[J].西北民族研究，2016（03）：114-123.

[104]孙发成.民间传统手工艺传承中的"隐性知识"及其当代转化[J].民族艺术，2017（05）：53-55.

[105]路明."非遗"舞蹈在高等教育中的传承与保护——以六盘水师范学院为例[J].兴义民族师范学院学报，2021（05）：66-70.

[106]张光红.少数民族非物质文化遗产引入高校课程的现状和影响：以黔东南凯里学院为例[J].文化遗产，2017（1）：53-58.

[107]杨晓英，殷红梅，吴晓秋.蜡染在高校中的传承与教学发展：以贵州师范大学为例[J].轻纺工业与技术，2021（7）：158-160.

[108]王展光，蔡萍.民族地区土建类专业差异化发展的教学实践探索：以凯里学院为例[J].凯里学院学报，2020（3）：98-103.

[109]戚化怡.苗族音乐在贵州高校中的教学改革探索[J].北方音乐，2020（24）：164-166.

[110]陈梅.民族院校在"非遗"传承教育中的探索：以贵州民族大学为例[J].教育现代化，2019（76）：269-270.

[111]范昭平，田小龙.民族大学美术院系推行非遗传承与发展的多维路径：以贵州民族大学美术学院的实践为例[J].中国民族美术，2016（4）：82-87.

[112]黄琳琳，陈虞霞，杨念念.贵州苗族蜡染文化进校园发展现状调研[J].西部旅游，2022（1）：4-6.

[113]童珊.贵州民办高校民族文化进校园的发展现状研究：以贵州民族大学人文科技学院为例[C]//贵州民族大学人文科技学院.人文与科技：第六辑[M].北京：中央民族大学出版社，2020：94-104.

[114]周和平.加强非物质文化遗产保护建设中华民族共有精神家园[J].艺术评论，2012（7）：2-6

[115]王春江，陈振国.地方教育智库建设：功能定位与运行机制——以

地方教育教学研究机构为例[J].智库理论与实践，2018，3（06）：52-57.

[116]袁子薇，寿华好.高职院校教学管理机构设置与职责划分——以浙江旅游职业学院为例[J].文教资料，2019（12）：155-157.

[117]韩顺法.中国特色新型非物质文化遗产智库建设的必要性与实现路径[J].文化遗产，2023（05）：1-8.

[118]熊玮.高职院校社科联服务乡村"智库"建设的对策研究——以苏州工艺美术职业技术学院为例[J].湖北开放职业学院学报，2023，36（08）：70-71+74.

[119]孔祥智，谢东东.中国式农业现代化：探索历程、基本内涵与实施路径[J].浙江工商大学学报，2023（02）：82-91.

[120]王亚敏.山东省非物质文化遗产传承与乡村旅游融合发展研究[D].济南：山东财经大学，2022.

[121]林立英.旅游视域下手工艺类非遗文化的传承与创新路径[D].广州：广东技术师范大学，2023.

[122]肖赞.湘西苗绣在民宿室内设计中的活态传承与应用研究[D].长春：吉林建筑大学，2023.

[123]王冠翔.寿光市农村电子商务发展研究[D].秦皇岛：河北科技师范学院，2021.

[124]陈海涛."短视频+直播"的农村电商创业优势、困境与对策分析[J].商展经济，2024（01）：63-66.

[125]陈欢，杨园园，段治锐.乡村振兴背景下拉萨市农村电商发展困境及对策分析[J].智慧农业导刊，2024，4（02）：19-22.

[126]葛燕.快手平台非遗文化的消费研究[D].长沙：湖南大学，2022.

[127]刘同理，刘丹丹.牢牢把握"三农"工作重心历史性转移聚力打造乡村振兴[J].乡村论丛，2021（6）：52-61.

[128]贺雪峰，田舒彦.资源下乡背景下城乡基层治理的四个命题[J].社会科学研究，2020（6）：111-117.

[129]金及聚.中央农村工作会议精神贯彻落实之要[J].党课参考，2018（03）：38-49.

[130]张尔宁.品牌设计对于推广洛阳非物质文化遗产发展的策略探析[J].

今古文创，2021（17）：70-71.

[131]左曼.数字时代汴绣品牌传承设计研究[D].郑州：河南工业大学，2023.

[132]王璐琦."联名"——当代艺术家与时尚品牌跨界合作之现象研究[D].南京：南京艺术学院，2022.

[133]韩楚乔.中国传统服饰面料在时尚品牌设计中的应用研究[D].北京：北京服装学院，2022.

[134]何渊硕.游戏品牌价值共创的模式研究[D].武汉：武汉大学，2021.

[135]郑艺.景德镇文旅融合创新发展实践的案例研究[D].南昌：江西财经大学，2023.

[136]徐金荣.文旅融合背景下大连市非物质文化遗产的旅游开发研究[D].大连：辽宁师范大学，2023.

[137]郭李俊.文旅融合视角下新余市非物质文化遗产旅游保护性开发研究[D].南宁：广西民族大学，2022.

[138]孙悦.地域文化元素在文创产品设计中的转化研究[D].上海：上海师范大学，2019.

[139]吴梦伟.文旅融合背景下国家非遗新余夏布绣的文化创意产品设计研究[D].南昌：江西师范大学，2020.

[140]虞京津.寿县古城旅游文创产品设计[D].芜湖：安徽工程大学，2023.

[141]秦旖旋.非遗传承视角下日照旅游文创产品开发研究[D].曲阜：曲阜师范大学，2023.

[142]郭陆文.女书元素在旅游文创产品设计中的应用[D].昆明：昆明理工大学，2023.

[143]窦宏晨.数字化时代背景下侗族织锦艺术的传承与创新实践[D].杭州：浙江理工大学，2022.

[144]姚佳男.非遗数字化建设浅议——以吉林省为例[J].中国集体经济，2024（02）：131-134.

[145]汪海波，邢影，景剑雄等.用户体验视角下的祁门红茶文化数字化展示设计研究[J].黄山学院学报，2023，25（04）：16-20.

[146]王晓峰，骆韬颖.非遗纪录影像中的文化内涵表达与审美意蕴呈现[J].四川戏剧，2023（01）：107-110.

[147]李丹.大众媒介对非物质文化遗产传播的作用与策略——以鞍山"非遗"为例[J].传媒，2016（16）：80-81.

[148]雷杨.非遗题材文化节目的双重创新与价值建构——以《非遗里的中国》为例[J].视听，2023（12）：80-83.

[149]乔瑞华.非遗题材纪录片中代际互动的叙事话语表达——基于《传承》（第三季）的案例分析[J].传播与版权，2023（22）：33-35.

[150]王名昌.文化基因视角下的虚拟现实体验产品设计[D].桂林：桂林电子科技大学，2022.

[151]马道玥.非物质文化遗产融入高校教育的实践与思考[D].天津：天津大学，2023.

[152]周俏妆.永庆坊广彩非遗技艺的数字虚拟体验及传播[J].丝网印刷，2023（05）：91-93.

[153]赵云全.基于沉浸理论的岭南醒狮文化虚拟展示设计研究[D].桂林：广西师范大学，2022.

[154]白玉淇，朱海澎.数字藏品推动岭南文化活化与传播研究[J].声屏世界，2023（21）：84-86.

[155]黄刘喆，龙熙盼，江鹭等.数字化背景下陶瓷文创企业的数字藏品之路的探究[J].江苏陶瓷，2023，56（05）：5-7.